東西霊性文庫

11

L'elan spirituel

百六十七文字の公案

徳山宣鑑とふたりの学人

竹之下正俊

徳山托鉢

徳山一日托鉢下堂見雪峰問者老漢鐘未鳴鼓未響托鉢向甚処去山便回方丈峰挙似巖頭頭云大小徳山未会末後句山聞令侍者喚巖頭来問曰汝不肯老僧那巖頭密啓其意山乃休去明日陞座果与尋常不同巖頭至僧堂前拊掌大笑云且喜得老漢会末後句他後天下人不奈伊何

無門曰若是末後句巖頭徳山倶未夢見在検点将来好似一棚傀儡

頌曰

識得最初句　便会末後句
末後与最初　不是者一句

ノンブル社

目次

百六十七文字の公案　徳山宣鑑とふたりの学人

徳山宣鑑

※タイトル「百六十七文字」とは、『無門関』の公案名をふくむ文字数（原漢文）である

イラスト（本文中も） Mugiko

巌頭全豁

雪峰義存

はじめに代えて

次にかかげるのは作家志賀直哉《しがなおや》（明治一六生）と辻雙明《つじそうめい》師（明治三六生。不二禅会師家）との対談「徳山托鉢《とくさんたくはつ》の話」からの抜粋である（「内村鑑三先生のことなど」『禅・宗教についての十五章』辻雙明編、昭和三八年、春秋社）。

志賀　私は徳山托鉢の話（無門関第十三則）が好きですね。あれは、弟子が一喝くわしたら、徳山《とくさん》がすっと引っ込んで行ったというのでしょう。

あの弟子は非常につまらんと思う。一種の覇気はあるけれども、年とった人の気持なんて、ちっともわからない。年をとると、腹が減《へ》ると我慢ができないですよ。だから作りかけていても「まだできんか」と言いたくなる。

あれは非常に素直で自然でいい。あれは徳山が偉いという話でしょう。弟子が偉いという話じゃないでしょう

志賀直哉がいっている徳山《とくさん》とは、中国剣南《けんなん》（蜀《しょく》、今の四川省《しせん》↓補遺）出身の、唐代《とうだい》の禅僧徳山《とくさん》宣鑑《せんかん》のことである。禅師は、『臨済録《りんざいろく》』の主人公臨済義玄《りんざいぎげん》禅師とならび称《しょう》される、唐代禅界の一大指導者である。

いっぽうまた、「非常につまらん」と志賀に叱言《こごと》をくらっているもう一方の人物は、徳山

の法を嗣《つ》いだ弟子の雪峰義存《せっぽうぎぞん》で、この禅師もまた、ここ徳山精舎《しょうじゃ》（古徳禅院）＊3で修行を了《お》えたのち、師の徳山禅師に劣らないほどの力量を発揮して、当時の精神界の一大指導者となった。

さきほどの文中で、志賀が「腹が減ると我慢できないですよ」とくり言をいっているのは、飯時《めしどき》をしらせる鐘《かね》の合図もないのに、徳山禅師が鉢の子（食器）を掌《て》にささげもって、のこのこと法堂《はっとう》（説法場）あたりに現れでてきたのを指していっている。そのとき徳山禅師の愛弟子《まなでし》雪峰は、まさに昼食の準備で大わらわだった。

「だから作りかけていても『まだできんか』と言いたくなる」と、志賀は自身の老境にかさねて、このような感懐《かんかい》を吐露《とろ》しているのである。

この公案の粗筋《あらすじ》を、ある意味、志賀はかれなりに理解して語っている。

以下に、もう少し、その対談のつづきをのぞいてみよう。

辻　徳山が偉いのです。黙って帰るところが非常に面白い。

志賀　あれを一幕物にでもして、役者がうまくやったらいいだろうと思うのだけれども、やる役者がないし、見た人が何のことかわからんだろうと思うから……。あの脚本が、もし書ければ、書きたいと思ったことがあるのですがね。あれ非常にいい話ですね。

辻　徳山托鉢という古則は、禅宗では非常に大切な公案で、「末期《まつご》の牢関《ろうかん》」などと言われておりますが、先生は何か語録でお読みになったのですか。

志賀　いや、直方から聞いたのです。

「直方《なおかた》」とは、直哉より四つ年長《うえ》の叔父《おじ》のことである。

志賀のいっているように、この公案のストーリーをよく読んでみると、「徳山托鉢」の話《わ》は、禅話《ぜんな》としては珍しいほど、その場の光景がありありとうかんでくる。禅話のなかには「百丈野狐《ひゃくじょうやこ》」『無門関』第二則のような妖怪譚《ようかいたん》みたいなものもでてくるけれども、この話は、禅院（叢林）における日常の一景をえがいたものであって、妖《あや》しそうな話は少しもでてこない。じつに、とっつきやすい公案のようにも思われる……、が、しかしである。じつはこの公案は、むずかしいのである。

志賀直哉はこの公案の展開と、その底に秘められた真意を、あるていど理解していた。だからそれを「一幕物《まくもの》」の劇にすると、ほんとうにかっこうの素材になるのではなかろうか、といっている。

いっぽう、辻雙明師（不二禅会師家）も「末期《まつご》の牢関《ろうかん》」云々とのべている（牢関は、たやすく透り過ぎることできない関門の意）が、釈宗演《しゃくそうえん》禅師（一八六〇―一九一九。円覚寺派管長）もまた、「この一則は白隠《はくいん》門下に於いても室内の調べとして、仲々重い一則である。本則の如きは禅宗の真髄を示して居る」と、この話（公案）についてのべているよう、「徳山托鉢《とくさんたくはつ》」の話《わ》は、禅門の中でも透《とお》るのが難しい（難透難解《なんとうなんげ》の）公案とされている。

たとえば、大燈国師の語録をみると、ひとりの僧が大燈国師（宗峰妙超。大徳寺開山）に、この公案の一句ごとについて問いかけ、国師がそれにまた答えておられる（『三禅匠の「徳山托鉢」続・百六十七文字の公案』〈仮題〉を参照のこと）。それらの応酬の一端——

徳山一日斎晩《ときおそ》し、老子、鉢《はち》を托《ささ》げ方丈《ほうじょう》より下《くだ》り来《きた》ると、此《こ》の意、如何《いかん》

をのぞきみるだけでも、この則（公案）を理解することの難解さをしらされるばかりである。修行者が、この公案を透過《とうか》する（さとる）には、師の種々なる点検（しらべ）に堪《た》えなければならない、そのような、修行者の頭脳《あたま》を大いに悩ます公案のようである。なお室内とは、師資《しし》（師と求道者〈弟子〉）が互いに真実をさらけだし、法《おしえ》の奥義《おうぎ》について、いのちがけのやりとりをする場所（伝法の場）ということであろう。

さて、この「托鉢」なることばは、われわれがよく知っている、雲水《うんすい》（修行僧）が網代笠《あじろがさ》をかぶり、鉄鉢《てっぱつ》（鉢の子）を掌《て》にもって、喧騒《けんそう》の街中に布施《ふせ》（食など）を乞《こ》うて歩く、あの「タクハツ」（行乞）のことではない（それについては以下で、おいおいとふれていきたい）。

補遺

独自の風格と個性　徳山宣鑑禅師こと周金剛の出身地剣南《けんなん》（四川）について、柳田聖山師は、次のようにしるしている。

唐の禅宗史をかえりみるとき、この地はさらに興味ぶかい。六祖慧能ののち、江西、湖南の新風をおこした馬祖道一は、まさしく漢州什方のひとであり、かれにやや遅れて、華厳と禅を綜合し、唐代仏教史に独歩した圭峰宗密や、武宗の廃仏に抗議した智玄もまた四川の出身である。さらに、ここに語ろうとす

志賀直哉
（近代日本人の肖像）

る徳山宣鑑がそうであり、下って宋代に入れば、有名な四川の鄧師波《とうしは》とよばれる**法演**やその弟子の圜悟をはじめとする多くの禅僧が出ていて、川僧というあまり有難からぬあざなまで生れる。

ところで、四川出身の禅僧は、ただ単に数が多いというだけのことではない。むしろ、かれらはいずれも他の地方の人々にみられぬ独自の風格をもち、まさしく一時期を画するような個性をはっきりしている（『徳山の棒・臨済の喝』上『禅文化』第56号）

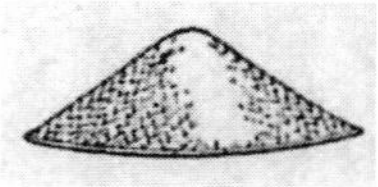

網代笠

四川の鄧師波　引文中の「四川《しせん》の鄧師波《とうしは》」とは「**法演**《ほうえん》は綿州（四川省）巴西の鄧氏の出身であることから出た名。波は尊称」（『禅学大辞典』）。『虚堂録』中にでてくることば。波は、『呉船録』に、「蜀中に尊老の者を称して波となす」とあり、師伯、師長という程の意にて師を尊崇して云う。『虚堂録』第三巻に「四川の鄧師波、東山下の左辺底を会するも、未だ是れ枯木華を開く底の時節にあらず」とあり。五祖山の法演禅師は綿州鄧民の子なるが故に鄧師波《とうしは》というなり（山田、四四三頁）

「師伯」とは、『釈名』に「父の兄を伯父と曰《い》う」とあり、師の師兄を師伯《しはく》という。或は年長者を師伯と云う」（同前）。師伯というと、雲巌曇成《うんがんどんじょう》の嗣《し》、密師伯《みつしはく》（神山僧密〈不詳〉。洞山良价の同行人）を想起する。東山とは五祖山のこと。

以下、本文中の引用文について

※必要に応じて、原文中に語句などをおくったり削減したりした

※適宜、改行したり追込んだところもある

※難読語には、ヨミがなを付した

※必要と思われる箇所には原文を添えた

1 徳山托鉢

＊徳山禅師の最晩年のできごとである

その日の不可解な行動
鐘も鳴らず、鼓も響かず
師に挑むふたりの弟子
横柄な弟子
師弟の内証ばなし
巌頭のたくらみ
この話のナゾ

その日の不可解な行動

荒っぽい振舞いで有名な禅僧といえば、臨済《りんざい》の師黄檗希運《おうばくきうん》（？―八五〇）があげられよう。

黄檗禅師は、大中《だいちゅう》の天子とよばれた宣宗帝《せんそうてい》に、麤行沙門《そぎょうしゃもん》（荒っぽいお坊さん）の称《な》さえもらっている。

しかしこのように、荒っぽい所行（麤行《そぎょう》）のもち主は、なにも黄檗だけではない。その弟子で、『臨済録』でも著名な臨済義玄《りんざいぎげん》禅師（？―八六七）は、修行者をみちびく（学人を接得する）手段として喝《かつ》（叫び声）を多用したので、それは〝臨済の喝《かつ》〟としてよく知られている。

いっぽう臨済と同じ時代を生きたもう一方の雄、徳山宣鑑《とくさんせんかん》禅師（七八〇―八六五）もやはり、修行者に棒を喫《くら》わせることでよく知られている。これは〝徳山の棒〟といって、「道《い》い得るも三十棒、道い得ざるも三十棒」で、なんと答えようと、あるいは答えまい、と三十棒をふるった（行棒）という、じつに乱暴な禅僧なのである。

そのような荒っぽい禅僧のひとり徳山宣鑑《とくさんせんかん》禅師が、ある一日、弟子の雪峰《せっぽう》を相手にとった行動、それは何とも不可解なものだった……。

鐘も鳴らず、鼓も響かず

「徳山托鉢」『無門関』の公案は、以下の文にはじまっている。

徳山、一日、托鉢《たくはつ》して堂に下る。雪峰《せっぽう》に、「者《こ》の老漢《ろうかん》、鐘《しょう》も未《いま》だ鳴らず、鼓《く》も未だ響《ひび》かざるに、托《たく》鉢《はつ》して甚《いず》れの処《ところ》に向かって去る」と問われて、(徳)山《さん》、便《すなわ》ち方丈に回《かえ》る(その一)

このくだりは——、

まず「ある日のことである」(一日)にはじまっている。

徳山宣鑑禅師が鉢《はち》(食器)を手にささげ持って(掌鉢)、自室の方丈《ほうじょう》より、お堂に下《くだ》ってこられた。

それをみて愛《まな》弟子の雪峰が師の徳山禅師に、

禅師様よ、食事の合図の鐘もまだ鳴っていませんよ、それに太鼓《たいこ》だってまだ打ち鳴らしていませんよ。それなのにあなた様は食器を持って、いったい、どこに行こうとなさるのですか

と、じつにさしでがましいことをいった。

弟子の雪峰にそのように問われると、師の徳山禅師は、自室の方丈へと回《かえ》っていかれた

というものである。

なおここでの托鉢《たくはつ》とは、食事を盛《も》るための食器(鉢)を掌《て》に托《ささ》げ(擎《ささ》げ)持つということで、これをまた「擎持《けいじ》」ともいい、十字街頭《じゅうじがいとう》(市街)に「ホーホー」と呼《よば》わって食を乞《こう》うて練《ね》り歩くことではない。

また引用文中の鐘は、多くはカネとよんでいるが、次の鼓をクとよむからにはショウとよんだほうがよかろうとおもうのだが、これも一種の訓《よ》みぐせだろう＊1。

ついでに、ここには単に鐘とあるが、これは〝斎鐘《さいしょう》〟、つまり昼飯《ちゅうはん》(斎)を報知する鐘のことである。同じように鼓とあるのも、禅院の昼飯どきをつげる〝斎鼓《さいく》〟のことである。したがってこれは、お午《ひる》前の出来事であったことがわかる。

ここに面白い話がある。この『無門関《むもんかん》』の著者無門慧開《むもんえかい》（一一八三―一二六〇）は、万寿寺《まんじゅじ》（蘇州、江蘇省）の月林師観《げつりんしかん》（一一四二―一二一七）に就《つ》いて参じている。そのとき師よりあたえられた公案が『無門関』第一則にみられる「趙州《じょうしゅう》の狗子《くす》」、いわゆる「無字《むじ》」の公案であった。

無門慧開禅師は六年のあいだひたすら、この公案について苦心（久修練行《くしゅうれんぎょう》）された。しかも、さとりを得ることができなかったならば、〝睡眠《すいみん》せず〟といって、修行にひたすら打ちこまれた。困窮《こんきゅう》すると、頭を廊下の円柱（露柱）にぶっつけて刻苦《こっく》された、そういう厳しい修行のすえに得た光明《こうみょう》、それが〝さとり〟となって結実したのである。

その禅師が、ある一日、昼飯（午斎）をしらせる鼓（斎鼓）の音を聞いて〝たちどころ〟に、さとりを開かれたのだといわれている（このあと、師弟の間では、それを検証するために、互いに激しい「喝《かつ》」の応酬がくりひろげられている）。

さて、この導入部（山、便《すなわ》ち方丈に回《かえ》る）につづく「徳山托鉢」をみてみると、次のとおりである。ただし、先につづく原文「その二」を、ここでは六つ（①ないし⑥）に分かって、このはなしのプロットを、もうすこし詳細にたどってみることにしたい。

なお、この「徳山托鉢」の公案にでてくる雪峰義存《せっぽうぎぞん》と巌頭全豁《がんとうぜんかつ》（全奯）、かれらはふたりとも徳山宣鑑禅師の弟子で、同郷（泉州）人でもあり、雲兄水弟《うんぴんすいてい》といわれるほどの仲のよい修行者どうしである。

このとき法弟《ほってい》の雪峰《せっぽう》は四十二歳、法兄《ほっぴん》（兄弟子）の巌頭《がんとう》は三十六歳である。年齢《とし》こそ雪峰が六つほど上だが、修行上では巌頭のほうがはるかに進んでいた（雪峰は、巌頭のことを兄弟子《あにでし》、つまり師兄《すひん》と呼んでいる）。そしてこの日の出来事は、徳山精舎《しょうじゃ》＊2での、ある日（一日）のことである（八六三、咸通《かんつう》四）。なお雪峰禅師が寂《じゃく》したのは九〇八年（わが国の延喜八）は、唐朝が朱全忠《しゅぜんちゅう》によって滅ぼされた翌年である。

徳山禅師にいどむ弟子ふたり

①（雪）峰、巌頭に挙似《こじ》す

雪峰が、その日の出来事のあらましを、修行仲間の巌頭に得意げに話してきかせたのである。

文中の挙似《こじ》とは、似は示と同じで、これらはともにシメす、という意味をもっているから、これは「挙示」というも同じである。したがってこれは、挙《あ》げて示す、ということになる。簡単にいえば〝こんなことがあったヨ〟と、徳山精舎でいっしょに修行に励んでいる巌頭に、雪峰が手柄《てがら》ばなしをしてきかせているのである。

その日、師の徳山禅師が飯《めし》どきでもない——昼のご飯どきの合図《あいず》の鐘や太鼓など、なんの報知もないのに、食器（鉢）をもって、自室の方丈《ほうじょう》から出てこられた。そしてちょうど、お堂の辺りで、師は、愛弟子《まなでし》の雪峰にみとがめられてしまい、そのうえ弟子の叱言《こごと》さえくらって、自室にひきあげていかれた。それが冒頭の「者《こ》の老漢《ろうかん》、鐘も未だ鳴らず……」という文言《もんごん》になってあらわれている。

その日、雪峰は当然ながら、師の徳山禅師を、すっかりやりこめたとおもっていたので、そこでかれは得意になって、その日の出来事を親しい修行仲間の巌頭に「じつは、きょう……」と、のこらずに話してしまった、それがここの文意である。

ここは、八十四歳の老いたる師徳山宣鑑《とくさんせんかん》と、それにたいする雪峰義存《せっぽうぎぞん》と巌頭全豁《がんとうぜんかつ》

鉢（応量器）

の壮年僧の弟子コンビが、大胆《だいたん》にも、師の大禅師（徳山）に挑《いど》もうとしているシーンの幕開けである。

――さてこのあとこの公案は、どのような展開をみせていくことになるのだろうか。かれら雲兄水弟《うんぴんすいてい》（道友・雲水）は、どのような決着をつけるのであろうか。

師の徳山禅師を、すっかり凹《へこ》ました（やりこめた）という兄弟弟子の雪峰の得意げなようすに、修行のうえではずっと進んでいる兄弟子（師兄《すひん》）の巌頭だが、かれは雪峰の得意顔（したり顔）をみて、いったい、どのように応答したのだろうか。それをのべたのが、次の文である。

②（巌）頭云く、大小《だいしょう》の徳山、未《いま》だ末後《まつご》の句を会《え》せず＊3

巌頭曰《いわ》く、「徳山禅師といえども、まだまだ末後の句が分かっておられないな」と

師の徳山禅師にたいして、雪峰についでしかけたのは師兄《すひん》の巌頭である。かれは、得意の絶頂にいる雪峰に、さらに、たきつけるような、けしかけるようなことをいった。つまり「大徳山禅師もいま一歩、禅の至極がわかっておられないよ」など、と。

大小、とは、あれほどすぐれた、という意（平田高士『無門関』）であるから、「大小の徳山」とは、「徳山禅師ともあろう方」（西村『無門関』）、「御立派な徳山老師」（平田前掲書）ということである。

「未だ末後の句を会《え》せず」とは、会せずは、悟《さと》っていない、ということ、つまり師の禅師はまだ、仏道の肝心なところ（要諦《ようたい》）がわかっておられないな、などと巌頭は嘯《うそぶ》いているのである。

――それにしても、これはなんとも大胆《だいたん》で不敵《ふてき》な巌頭の、弟子にあらざる発言であろうか。

師の禅師様にたいして「大徳山も仏道のギリギリのところ（末後の句）をまだ得ておられないな」などと、そのような大暴言をはいてしまって、これでいいのであろうか……。

したがってここは、巌頭さん、師に悪態《あくたい》などついて、いったい、どうするつもりですか、といったところである。

案のじょう、さっそく師の徳山禅師から、付き人（侍者《じしゃ》）を介《かい》して巌頭に呼びだしがかかった。

横柄な弟子

③（徳）山、聞いて侍者《じしゃ》を喚《よ》び来《き》たらしめ、問うて曰《いわ》く、汝《なんじ》、老僧《ろうそう》を肯《うけが》わざるかと

弟子の巌頭が仲間の雪峰にいった例の徳山批判のことば「未《いま》だ末後《まつご》の句《く》を会《え》せず（理解しないでいる）」を、徳山禅師はほかの誰《だれ》かから聞かれた。

そこでさっそく師は侍者《じしゃ》（付きびと）をやって、弟子の巌頭をよんでこさせた。

「おまえは老僧《わし》のいうことが肯《き》けないのか」と、禅師は弟子の巌頭を詰問《きつもん》されたのである。

ここで師の徳山禅師は、弟子の巌頭にたいして「お前は老僧のことを肯定《こうてい》できないのか」と鋭《するど》くせまっているが、じつは、巌頭のこの示威《じい》行為（デモンストレーション）には、ふたつの意味の事柄がかくされているようにおもわれているからだ。

一つは、徳山精舎における師のかねてのふる舞いや言行《げんこう》——それらのいっさいにたいして、である。つまり「巌頭よ、お前は老僧《わし》の常日ごろの指導ぶりを快《こころよ》くおもっていないのではないのか」と、徳山

禅師がいっていること。

そしてもう一つは、前日、徳山禅師が雪峰にたいしてとった行動——すなわち、飯どきでもないのに食器をもって法堂《はっとう》あたりまで現われでてきた、そのことについて「巌頭よ、おまえは衲僧《わし》のやっている行動に納得がいっていないのか」ということ、それら二つの問題がふくまれていると考えられる。

徳山禅師が、師を師とも思わないような、小《こ》にくったらしい巌頭の横柄《おうへい》ぶりに真正面から対峙《たいじ》しておられる姿は、江戸期の盤珪《ばんけい》禅師（一六二二—一六九三）ではないけれども「年《とし》は寄《よ》れども、心は寄らず」で、わか者（壮者）なんかにはまだ負けてなどおられないぞ、という、老禅師の気概を彷彿《ほうふつ》とさせる、つまり、ここで徳山禅師は、大いなる気概と威厳とを弟子たち〔ふたり〕にしめしておられるのである。

——さてこの難関を、弟子の巌頭は、いったい、どうやって乗りきるつもりだろうか、その〝難局回避の法〟をえがいたのが、以下にのぼるシーンである。

師弟の内証ばなし

④巌頭、密《ひそか》にその意を啓《もう》す。山すなわち休《きゅう》し去る

師の徳山禅師によびつけられた巌頭は、禅師の耳もとへ口をよせて、ひそひそとささやいた（密に啓す）。すると徳山禅師はそれにたいし、師の禅師は、話をうちきり黙《もく》された。

しかし巌頭と徳山禅師、この二人の師弟のあいだに、いったい、どのような話がかわされたのか、こ

こに、その内容はなにもしるしてないから、余人《よにん》にはうかがいしることができない。なにしろ内証《ないしょ》話（密啓）であるから――それが、この「巌頭、密《みつ》にその意を啓《もう》す」のところである。これにつづく文には「山すなわち休《きゅう》し去る」とある。休は、休歇《きゅうけつ》で、〝やめる〟の意。『従容録』第九十六「九峰不肯《きゅうほうふこう》」に、「休し去り、歇し去り……」（休も歇も、やめる）とある。すると巌頭のひそひそばなしにも、尤《もっと》もなところがあったのだろう、その証拠に徳山禅師は巌頭との話をうちきってしまわれた（無言のまま退却すること〈井上秀天〉）。休とは〝やめる・打ち切る〟の意（「休」は休歇《きゅうけつ》でからだを楽にして安らぐこと〈西村〉）だから、「休し去る」とは、話をやめる、の意（西村訳では「これを聞いて徳山老師は事態がはっきりして安心された」とあり、また平田高士訳には「何もいわなくなってしまった」と、加藤咄堂訳には「何も言わず、黙ってしまった」と）。

⑤明日陞座《しんぞ》、果たして尋常《よのつね》と同じからず

そして翌《あく》る日のことである。師の徳山禅師はその日も、いつものとおり、説法のために座（須弥《しゅみ》座）に陞《のぼ》られた。師の徳山禅師がお説きになった教えは、巌頭が思ったとおりで、ふだんとは格段に違っていて、じつに立派な〝お話〟であった。

陞座《しんぞ》とは、説法（提唱）の座（高座）につく（陞《のぼ》る）ことである。つまり説法の座とは、法堂《はっとう》のなかでも、最も聖《せい》なる座所といわれる須彌座《しゅみざ》（須弥壇）に坐《すわ》る（登る）ことである。

尋常とは、〝あたりまえ〟の意味につかわれることばで、禅の訓《よ》みぐせでは、〝ヨノツネ〟である。この〝ヨノツネ〟とは、世間なみ、とか、ごくふつうの、という意味であるから、「尋常《よのつね》と同じからず」

とあるのは、世間なみではなくて、その日の説法は〝格別であった〟ということである。

その日の徳山禅師の説法は、巌頭《がんとう》が想像していたとおりで、ふだんの説法とは、格段にちがっていて、殊《こと》のほかりっぱであった。

――こうして徳山禅師の、その日の説法が終わると巌頭は僧堂の前にやってきて、修行仲間たちに、次のように宣《の》べつたえたのである。それが以下のくだりである。

巌頭のたくらみ

⑥巌頭、僧堂前《そうどうぜん》に至って、掌《て》を拊《ふ》して大笑して云《いわ》く、且喜《しやき》すらくは老漢《ろうかん》、末後《まつご》の句を会《え》することを得《え》たり。他後《たご》、天下の人、伊《かれ》をいかんともせじ

そこで巌頭は、徳山禅師の説法がおわるとすぐさま、僧堂《そうどう》（道場）の前へやってくると、掌《て》をたたきながら大笑いをして、修行仲間の僧たちに、こういった。

なんともめでたいことではないか、徳山禅師は仏道の究極の一句をついにしめされたぞ。かくなるうえは、向後《こうご》、いかなる人といえども、もう徳山禅師をうちまかすことなど、とてもできっこあるまいよ

掌《て》を拊《ふ》して、とは、掌を拊《う》って、ということである。拊は、ウツ、軽くタタく、あるいは、ナでる、という意味の字で、拊手《ふしゅ》というと、手をたたいて喜ぶことである。

且喜《しやき》すらく、とは、

伝統的に「且喜すらくは……ことを得たり」と読むは誤り。端的に「めでたいことだ」の意（西村惠信訳注『無門関』）

とあって、「且《しばら》く喜び得《え》たり」とよむとある。したがってここは、そのように訂正しておきたい。

「末後の句」とは、最後の、とか、至極《しごく》の、という意をふくむことばであるから、〝ことばをもってしてはもうこれ以上はいいあらわしようがない、仏道のギリギリの—肝心要の—一句〟ということである。

会《え》すとは、理解スる、サトる、ワかる、ということである。

他後《たご》とは、今後、コレカラは、の意。そして伊《かれ》とは、コレ（是れ）とか、カレ（彼）ということである。

その日、徳山禅師は大衆《だいしゅ》（おおくの雲水僧たち）を前に、どのような説法をされたのであろうか。どのような極妙《ごくみょう》な一句をのべて巌頭を納得させられたのだろうか。これもおおいに興味あるところである。

それについては、幾つかの事がらが考えられる。

禅師は、大衆を、そしてなによりも巌頭そのひとを唸《うな》らせるような、みごとな一句を披露された、あるいは禅師はただ、黙《もく》しておられたばかりであった（無語であった）。さらにはお家芸の〝棒《ぼう》〟をふるわれた（行棒）、臨済ばりの喝を喫《くら》わされた、それともただ袖《そで》をうちはらって（払袖して）説法壇を去っていかれた、などである。

このように、徳山精舎《しょうじゃ》における、その日の禅師の説法のなかみについては、あれこれと推察することができる。ただしこの場面、そのことについては、なんとも説明がないので、いまは類推するしか方途はない。

以上が『無門関』にでてくる「徳山托鉢」の話をえがいた本則（古則・公案）部分の粗《あら》すじである。

このあとは、次の文のように「無門曰く」云々と、この『無門関』の作者である無門慧開《むもんえかい》自身による意見の開陳《かいちん》（見解）があり、それにつづく詩文（頌）をものべて、この則《そく》（公案）の全体がしめくくられて、この「徳山托鉢」章はおわっている。

アヤツリ人形か

その見解《けんげ》と詩文（偈《げ》）の部分は、次のとおりである。

無門曰《むもんいわ》く、「若《も》し是《こ》れ末後《まつご》の句ならば、巌頭《がんとう》、徳山《とくさん》、倶《とも》に未《いま》だ夢にも見ざる在《あ》り。検点《けんてん》し将《も》ち来《きた》れば、好《はな》はだ一棚《いっぽう》の傀儡《かいらい》に似たり」

　頌《じゅ》に曰く

最初の句を識得《しきとく》すれば、便《すなわ》ち末後の句を会《え》す
末後と最初と、是《こ》れ者《こ》の一句にあらず

まず「若《も》し是れ末後の句ならば」とは、恣意的《しいてき》に解すると、「もしもそれが余物をいっさい雑《ま》じえない、しかも真理を端的《たんてき》に表現したことばであるとするならば」ということであろう。

次の「倶《とも》に未《いま》だ夢にも見ざる在《あ》り」（西村）とは、「倶に未だ夢にだも見ざること在らむ」（加藤）とか、「倶に夢にだも見ざること在《あら》ん」（釈）、「未だ夢にも見ぬ所がある」（紀平）、「未だ夢にだも見ざる在り」（大久保道舟）、「ともにまだ夢にも見てはいない」（平田高士）などと、いくつかの読み方がある。その訓読の

仕方には、若干の異同はあるものの、おおかたの〝よみ〟はほぼ似通っている。

なおこの原文は、「倶未夢見在」で、返り点をほどこすと、「倶未㆓夢見㆒在」となる。また「倶未㆓夢見在㆒」——「倶に夢にだも見しこと在らざらん」（二人とも、まだ夢にもお目にかかったことはあるまい〈碧巌録新講話〉）とも訓《よ》む本もある。

なお、この「未夢見在」については「夢也未見在」（夢にだも也た未だ見ざること在り）とか「夢也未見」などといった表現もあるが、その意はいずれも同じである。

好《はな》はだは、ハナハだ、で、イタく、とか、イト、とかと同じで、ハナハだしく、ヒジョウに、の意。

一棚《いつぽう》の傀儡《かいらい》とは、まず一棚は、一つ棚《たな》、ということであり、傀儡とは、あやつり人形のことである。

巌頭さん、徳山さんよ、おふたりとも最初だの末後だのと騒いでいるけれども、お前たちは師弟ともども、くぐつ師（傀儡師）の意のままにあやつられている人形ではないか。同じ舞台（一棚）の上でいっしょにおどらされているだけの、なんの意志もない、ただのあやつり人形ではないか、と。

もっというなら、お前たちふたりとも戯言《ざれごと》ばかりいっている、まるっきりの、役立たずではないか、つまり〝でくの坊〟ではないか、とさえ断言しているのである。

——これは『無門関』の著者、無門慧開《えかい》禅師による、なかなか手厳《てきび》しい批評のひと言である。

検点《けんてん》とは、点検《てんけん》ということである。このうちの点は、シラベる、シルシをツける、ことである。そして検も、シラベる、ということであるから、一《いち》いちについて、点をうつようにして、綿密に検査することである。

理解に苦しむところは、この次にでてくる四句《しく》（最初の句を識得すれば、便ち末後の句を会す／末後と最初と、是れ者の一句にあらず）の解釈であろう。

一度や二度、文字面をながめていても、なんのことやら皆目《かいもく》、検討がつかない。三度、四度とよんでみても、やはり理解するのはむずかしい。ここが、この公案の難所といわれるゆえんでもあろう。ではまず、「最初の句を識得すれば、便ち末後の句を会す」とは、いったい、どういうことだろうか。なかでもこの前半の二句のうち、問題となっているのは「末後の句」である。巌頭が「大徳山もまだ仏道の至極がわかっていない」といっているその一句が、この「末後の句」ということであった。末後は、究竟《くきょう》、畢竟《ひっきょう》、究極《きゅうきょく》、至極《しごく》ということであるから、表現をかえていうと、ことばをもってしては、もはや表現することもままならないような一句、それが「末後の一句」ということである。

ここにあるように、それを、「最初（始）の句」あるいは「末後（終）の句」などといってしまえば、最初（始）があって、末後（終）があるようにおもうのは当然である。

しかしこれは文字面《もじづら》からとらえていっただけのこと（つまり、文字そのものにとらわれた見方）であるから、むしろこれを記号化して単純に、A《エー》とZ《ゼット》、あるいはα《アルファ》とω《オメガ》とおきかえてみたのが、このあとの説明である。

なお識得《しきとく》とは、よく合点《がてん》すること、識《し》っていること、見極《みきわ》めること、である。また「会《え》す」とは、理解する、悟る、会得《えとく》する、ということである。

さてこの四句を恣意的《しいてき》に解して、AとZにおきかえて考えると、次のようになるだろうか。

まず前半の二句についていうと、これらは「最初の句（Aもしくはα）にして末後の句（Zあるいはω）である」ということになる。

これを記号化すると、A《エー》であるZ《ゼット》、もしくはα《アルファ》であるω《オメガ》ということになろう。したがってこれは、二句ともに全同《ぜんどう》である。これは、最初であれ末後であれ、さとりという一事《いちじ》においては、この二句は、ともに〝まちがい〟はない、という発想法である。

しかし、それがわからないならば、末後はどこまでいっても末後のままであり、最初はあくまでも最初そのものとなってしまう。

あるいは、「最初の句」と「末後の句」との二句にわけて、それをさとりの質の、浅い・深い（浅深《せんじん》）にたとえてとらえることもできる。

それが後半二句の、「末後と最初と、是《こ》れ者《こ》の一句にあらず」という把握のしかたであろう。「最初の句」をこころゆくまで合点《がてん》（識得）していなければ、「末後の句」を会《え》す（さとる）ことはない。そうとわかれば、「最初の句」（A）が最後（末後）の句（Z）でない、ことは自明《じめい》の理《り》である。

百里《ひゃくり》の道を、たとえ九十九里までいったとしても、それでは目的を達したことにはならない。百里（最後の句）はあくまでも百里である。あと一里といえども、この最後の一里は、ほんの僅《わず》かであったとしても、それは軽《かろ》んずることのできない〝一里〟である。九十九里（最初の句）はあくまで九十九里であって、けっして百里ではない。

前半の二句の考え方は全同であったが、後半の二句は、それぞれまったく別ものである（是れ者の一句にあらず）といっているのだろう。

その見解と詩文の部分を、西村恵信師の訳にあずかりたい。その訳を以下にかかげる。

無門は言う、「もしこんなことが究極の処とでもいうなら、巌頭も徳山もまるで分かっちゃいないよ。その正体をよく見ると、二人ともお粗末なからくり人形じゃないか」。
頌《うた》って言う、
最初の一句が分かるなら、
最後の一句も分かるはず。
最後の一句と最初の一句、
どちらにしても役立たず」
なお付記すると、この四句のうちの第四句めの「不是者一句」は、伝統的には「是《こ》れ者《こ》の一句にあらず」とよまれるが、「是《こ》れ者《こ》の一句ならずや」ともよむことができる。するとこれは、最初句と末語句は一つである、となる(井上秀天『無門関の新研究』四七五頁)。
また、最初・最後を、先・後(初心・後心)というみかたで捉えることがゆるされるならば、道元は「説心説性」『正法眼蔵』の巻で、このようにいう。
仏道は、初発心《しよほつしん》のときも仏道なり。成正覚《じようしようがく》のときも仏道なり、初中後ともに仏道なり、たとへば、万里をゆくものの、一歩も千里のうちなり、千歩も千里のうちなり、初一歩と千歩とことなれども、千里のおなじきがごとし(大久保道舟『道元禅師全集』)
はじめて道《どう》を発《おこ》したときの心(初発心)も、それを成《な》し遂《と》げたときの心(成正覚)も、一切時中であれ、どれもこれも仏の道(さとり)に変わりはなかろう、ということであろう。
道元禅師はまたいう「弁道話《べんどうわ》」の巻『正法眼蔵』に、のべている。
仏法のなかに真実をねがはん人、初心後心をえらばず、凡人聖人を論ぜず(同前)

ところで、旅の目的は出発点にもどってくることである、といわれる。

また道元の思想にも、「行持道環《ぎょうじどうかん》」ということばがある。行持とは、まず「行」とは修行のこと、「持」とは護持・持続、ということだから、修行をよく持《たも》つ、ということであろう。「仏祖の大道を持続して倦怠《けたい》せぬこと」とある。したがって「行持道環」とは、

> 行持は初発心《しょほっしん》より究境位《くきょうい》まで、究境位よりさらに向上位《こうじょうい》まで、環《わ》が無始無終に連続するように、いささかの間隙もなく、かならず連続するように、いささかの間隙もなく、際限なく連続する意『禅学大辞典』

とある。かりに〝さとり〟というものを、A点（初）からB点（中）へ、さらにB点を通過してC点（後）へとたどるように考えると、これは一本の棒線にたとえたようなものである。しかし輪《わ》っか状ならば、棒線のように途中で途切《とぎ》れるようこともなく、そこには始まりも、中間点も、ましてや終わりもない。どの地点におりたっても、かならずもとの出発点にもどってこようし、それは終わりのない、連綿とした円のようなもの、つまり環状《わじょう》になっていると考えられる。そればかりか、その初発点すらもなんの差別すらない、そのさまを「道環《どうかん》」（大道）と表現していったものだろう。

つまり〝輪《わ》っか〟ならば、その円《まる》い輪の上に、いささかの〝間隙《すき》〟でもあったとしたら、それはもはや〝環《わ》〟といわれない。道元は、

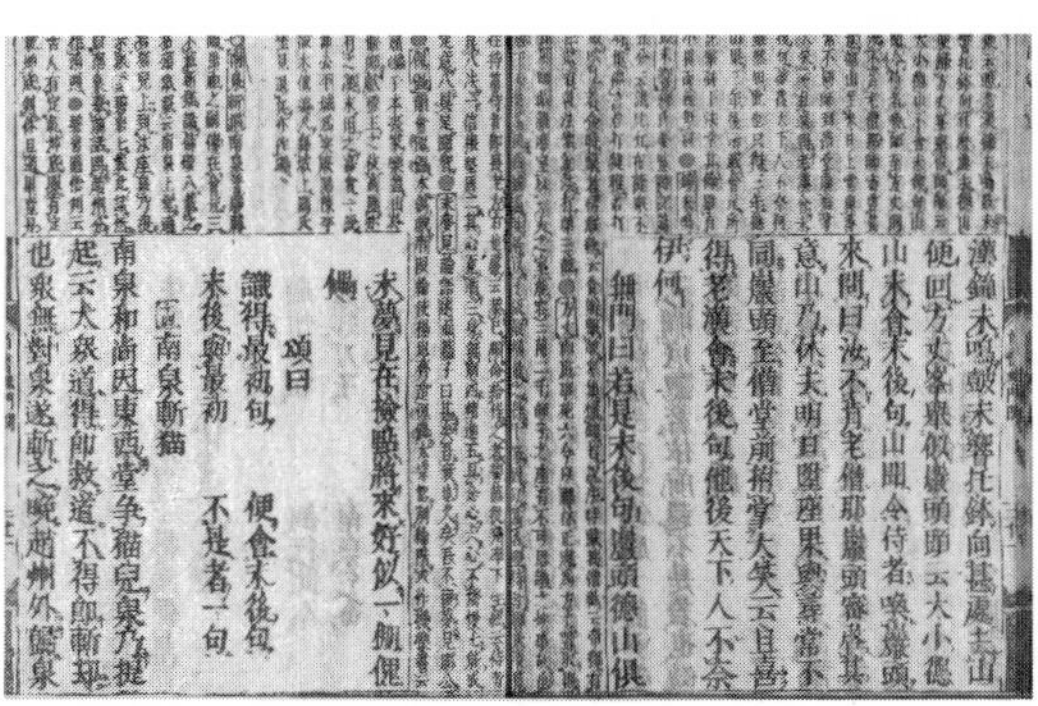

『無門関』第十三則「徳山托鉢」

〝さとり〟のありかたに「行持道環《ぎょうじどうかん》」ということばをあてているが、それは禅師独特の表現法（もとは『華厳経』五十三に「仏の十一持あり、第九を行持と名づく」と＊4）であろうが、これは、まさに〝末後の一句〟ということでもあろう。

この話のなぞ

一つ。徳山宣鑑禅師は、弟子の雪峰義存に揶揄《やゆ》されながらも、すごすご居室の方丈《ほうじょう》にひき返していった、それはなぜか。

一つ。雪峰の功名《こうみょう》ばなし（手柄ばなし）をきいて、兄弟子の巌頭が仲間の雪峰に、師の徳山禅師にさからうような大壮語《だいそうごん》（徳山は未だ「末後の一句を会せず」）を吐《は》いた。それはどのような理由からか。

一つ。徳山禅師によばれた巌頭は、師の耳もと口をよせて、ひそひそと何ごとかをつぶやいて（密啓。密かに啓して）、師を納得させた。その内容はどのようなものであったろうか。

最後に、巌頭が「且《しばら》く喜び得たり、老漢《ろうかん》、末後の句を会《え》することを」とは、どういうことだろう。徳山禅師は、どのような説法（究極の一句）をしてなみいる大衆《だいしゅ》を、雪峰を、そしてなによりも巌頭その人をうまく納得させたのだろうか。

いうまでもなく、この「徳山托鉢」の話は、いまだ修行のすすんでいない雪峰に〝めざめ〟をうながしている話ともうけとれる。雪峰の発奮《はっぷん》をうながしている、奮起《ふんき》を求めているのであろう。それを師の徳山禅師と兄弟子の巌頭が仕組んで、雪峰を〝めざめ〟させようとした。そうと捉えると、この話には、そのために用意された〝仕かけ〟が仕組まれている、とも考えられる＊5。

そうすると、それでは、この出来事の立役者《たてやくしゃ》はだれだったのか。やはり師兄《すひん》の巌頭ということになろうか。手柄《てがら》ばなしに得意になっていた雪峰は、まんまんと巌頭の誘導にひっかかってしまった。そのうえ師の徳山禅師までもが、巌頭の口車《くちぐるま》にのせられた——このような筋書きもまた仄見《ほのみ》えてこよう。

このように巌頭〝単独説〟か、それとも巌頭と徳山の〝共謀説〟かなど、あるいは、巌頭の誘いをいいことに、師の徳山が弟子の巌頭をもまきぞえにした、徳山〝単独説〟などと、あれやこれやと考えられる。

これまでのところは、徳山宣鑑《とくさんせんかん》という大禅匠に、弟子の雪峰義存《せっぽうぎぞん》と巌頭全豁《がんとうぜんかつ》の若い修行僧コンビが挑んだという「徳山托鉢」のスジをみてきた。ここには、検証しなければならない話が幾つか残っているが、それはあとの章で、おいおいと確認していきたい。

「徳山托鉢」がえがいているものは主に晩年、つまり徳山禅師八十四歳のときの像であった。これだけでは、徳山禅師という方の為人《ひととなり》はあまりうかんでこない。やはり修行時代にはじまって晩年にいたるまでの人生もみてこなければ、禅師の全貌を知ったことにはならない。

晩年をむかえた大禅匠がご飯どきでもないのに、食器（鉢）を手に托《ささ》げもって法堂《はっとう》（説法場）にでてこられた（あるいは法堂から下ってこられた）というだけでは、この時点で、禅師はもうすでに老耄《ろうもう》（オイボレ）を来《き》されているのではないかと、ただそれだけの話になってしまう。

そのようなものが、はたして公案とよべるのであろうか、と疑問すらわいてくる。しかし、これは本格的公案なのである。しかも難問中の難

道元禅師

問といわれる公案である。

禅に造詣《ぞうけい》がふかかった志賀直哉が、晩年になったとき、なぜ、この公案の話を脚本にしてみたいという強いおもいをもったのか、それをも考えてみる必要があろう。人生の終末期をむかえるにあたって志賀は、この「徳山托鉢」を台本にしたてて、自らの人生の終局とは、いったい何か、それを会得《えとく》したかったのかもしれない。

こんにちは高齢化ではなくて、文字どおりの高齢社会になった。老いをむかえて、われわれはいかに生《い》くべきか、それも問われている。それにたいする答えが禅でいう、〝究極の一句〟、〝末後の一句〟ということであろう。

徳山宣鑑禅師の弟子雪峰にとって修行上の兄弟子巌頭は、末後の一句とは、とたずねられて「コレはコレ」と断言をくだしている。そうとしか表現できないもの、それが末後の一句の真意であろう。しかも巌頭は、きょうだい弟子の雪峰に、同じ枝《えだ》（條＝条）の上に生まれ、遊び戯《たわむ》れた子スズメどうしだって、死ぬ〝時〟と〝所〟はちがうのだよ、と親切にさとしている。

ことばこそ優しいが、巌頭のいっている意味はなかなか重い。その一文とは、次のとおりである。

雪峰、我れと同條《どうじょう》（同条）に生ずといえども、我れと同條（條〈条〉は〝枝《えだ》〟の意）に死せず。末後の句を知らんと要せば、只《た》だ這《こ》れ是《こ》れ（『碧巌録』第五一則「雪峰、是れ什麽《なん》ぞ」評唱。同一五則評唱）

同條生《どうじょうしょう》はけっして、同條死《どうじょうし》へとはつながらないのである。これは兄弟どうようにすごしてきた修行仲間（雲兄水弟）だけのことではない、われわれの人生だってそうなのである。いくら親しい間柄であっても、死ぬときには同伴（随伴）できない。大集経《だいじっ》に、

妻子・珍宝および王位ですら臨命終《りんみようじゆ》の時にあたっては、身に随《したが》わず

とある。いくら愛《いと》おしい妻や子であっても、あるいは親・兄弟や知己であっても、ましてや同じ郷里に育った兄弟どうようの修行仲間（雲兄水弟）といえども、死の時と所とを異《こと》にしているのは、世の摂理《せつり》である。

人の一生は「棺の蓋《ふた》を覆《おお》ってしまって初めて評価が定まる」という。平生《へいぜい》、いくらりっぱなことばを連《つら》ねてみても、それでは末後の一句にはほど遠い。

末後の一句は、平生のおこない（最初の一句）の中にあるのであって、いざ一句（末後の一句）をといわれても出てくるような代物《しろもの》ではなかろう。

それを江戸期に不生禅《ふしようぜん》をとなえた大禅匠の盤珪永琢《ばんけいようたく》禅師（一六二二―一六九三）は臨終《りんじゆう》にさいして、侍者《じしや》の周蔭らに遺偈《ゆいげ》（臨終にのぞんで、あとに残しおく偈＝詩文）を請《こ》われて、

老僧、在世《ざいせ》七十二、度生《どしよう》四十四年、前後半生、爾《なんじ》ら諸人に示す底《てい》は是れ悉《ことごと》く遺偈《ゆいげ》なり、此《こ》の外《ほか》、別に遺偈を作るべきなし

とこたえている。在世とは、世寿のこと。度生とは、いわゆる法臘《ほうろう》（僧としての年齢）のことで、いっさい衆生の済度《さいど》（救う）にあたっていた期間のことである。

またかねて鹿島《かしま》根本寺の仏頂《ぶつちよう》禅師に師事していた俳聖の松尾桃青芭蕉《まつおとうせいばしよう》（一六四四―一六九四）は、

きのうの発句《ほつく》は今日の辞世《じせい》、今日の発句は明日の辞世、我れ生涯に言い捨てし句、一句として辞世ならざるはなし

といっている。常日ごろにしめすことば、それがすべてなのである。それ以外には、末後の一句など

といって格別にしめすような、最後の一句も遺偈《ゆいげ》も、もとよりあろうはずはない、とさえいっている。
これが、今生《こんじよう》の別《わか》れにのぞんでつむぎだす、禅僧たちのギリギリの一句（末後の一句）の謂《いい》であろう。
次章では、徳山宣鑑がまだ周金剛（金剛経をきわめた周さん）とよばれていたころ、旅の路《みち》に休息（歇息《けつそく》）した折、ひとりの餅売り（売餅《ばいびよう》、マイヒンとも）の老婆とかわした会話をさぐってみたい。

原文

（その一）

徳山《とくさん》、一日、托鉢《たくはつ》して堂に下《くだ》る。雪峰《せつぽう》に、「者《こ》の老漢《ろうかん》、鐘《しよう》も未《いま》だ鳴《な》らず、鼓《く》も未《いま》だ響《ひび》かざるに、托鉢《たくはつ》して甚《いず》れの処《ところ》に向《む》かって去《さ》る」と問《と》われて、〔徳〕山《さん》、便《すなわ》ち方丈《ほうじよう》に回《かえ》る

（その二）

〔雪〕峰《ほう》、巌頭《がんとう》に挙似《こじ》す。〔巌〕頭云《とういわ》く、大小《だいしよう》の徳山《とくさん》、未《いま》だ末後《まつご》の句《く》を会《え》せず。山《さん》、聞《き》いて侍者《じしや》を喚《よ》び来《きた》らしめ、問《と》うて曰《いわ》く、汝《なんじ》、老僧《ろうそう》を肯《うけが》わざるかと。巌頭《がんとう》、密《みつ》にその意《い》を啓《もう》す。山《さん》、すなわち休《きゆう》し去《さ》る。明日陞座《みようにちしんぞ》、果《は》たして尋常《よのつね》と同《おな》じからず。巌頭《がんとう》、僧堂前《そうどうぜん》に至《いた》って、掌《て》を拊《ふ》して大笑《たいしよう》して云《いわ》く、且《しばら》く喜《よろこ》び得《え》たり老漢《ろうかん》、末後《まつご》の句《く》を会《え》することを得《え》たり。他後《たご》、天下《てんか》の人、伊《かれ》をいかんともせじ

（その三）

無門曰《むもんいわ》く、「若《も》し是《こ》れ末後《まつご》の句《く》ならば、巌頭《がんとう》、徳山《とくさん》、倶《とも》に未《いま》だ夢《ゆめ》にも見《み》ざる在《あ》り。検点《けんてん》し将《も》ち来《きた》れば、好《はな》はだ一棚《いつぽう》の傀儡《かいらい》に似《に》たり」

頌《じゅ》に曰《いわ》く

最初《さいしょ》の句《く》を識得《しきとく》すれば、便《すなわ》ち末後《まつご》の句《く》を会《え》す

末後《まつご》と最初《さいしょ》と、是《こ》れ者《こ》の一句《く》にあらず

＊1　『道元禅師清規』（大久保道舟訳注）によると「鼓《く》を鳴らし鐘《しょう》を鳴らし」とあるほか、鐘を「ショウ」とよむものはいくつかが知られる。

＊2　**徳山精舎**　古徳禅院のこと。「湖南省常徳府武陵県の東南一五里にある。別名善徳山・枉山。山中に乾明寺《けんみょうじ》があり、宣鑑・存徳・縁密（円明大師）等がここに住した」とある。文中の乾明寺とは、

唐、咸通《かんつう》年間（八六〇―八七四）馬祖《ばそ》の法嗣《はっす》、三角《さんかく》総印（不詳）の開創《かいそう》。初め徳山精舎と呼称した。

武陵《ぶりょう》大守薛廷望《せっていぼう》の援助により宣鑑これを再建し、古徳禅院と称す

とあり、またさらに「南宋代には太平興国寺、後に乾明寺と改めた」（以上『禅学大辞典』）。

五燈録のひとつ『景徳伝燈録』によると、霊祐《れいゆう》禅師のいる潙山《いさん》を辞《じ》した徳山はまた澧陽《れいよう》にもどり、そこで三十年間住していたとある。そして武宗の会昌《かいしょう》五年の「廃仏《はいぶつ》」に遭《あ》って、その難を独浮山の石室に逃れていた、と。

大中の初め（八四七）とあるから武宗《ぶそう》の世が終わったころのこと、つまり、大中《だいちゅう》の天子《てんし》と呼ばれた宣宗《せんそう》（唐朝の第一九代皇帝）のみ代《よ》のこと、武陵《ぶりょう》の大守（郡の長官）の薛廷望《せっていぼう》が「再び徳山精舎を崇《あが》めて古徳禅院《ことくぜんいん》と号して、徳山宣鑑禅師を請《しょう》じて住持せしめようとした。ところが徳山禅師はその要望

芭蕉
（穎原退蔵『江戸文芸』晃文社、昭和 17）

を聞きいれなかった。そこで薛廷望は詐略を弄《ろう》した（はかりごとをした）」。
それが以下にえがく、次のくだりである。

〔薛〕廷望、乃《すなわ》ち詭計《きけい》（いつわりの計略）を設けて、吏を遣《つか》わしめて茶塩を以て之れを誣《こ》して（あざむくこと）禁法を犯すと言いて、師を取って、州に入れて瞻礼《せんらい》して、堅《かた》く請し、之れに居らしめて、大いに宗風を闡《ひら》かしむ。

瞻礼《せんらい》とは、仏祖を仰ぎみて礼拝《らいはい》すること、である

第二代の徳山　『臨済録』にも、「第二代の徳山、垂示《すいじ》して云く、道《い》い得《う》るも亦た三十棒、道い得ざるも也た三十棒」とある。第二代の徳山とは、『景徳伝燈録』（五燈録の一つ）にも「〔三角〕総印禅師（不詳）、山を開き、院を創《はじ》む。〔宣〕鑑は即ち第二世として住せるなり」とあって、徳山精舎の第一代の住持は三角総印（不詳）で、徳山宣鑑は第二代めの住持《じゅうじ》ということになる。したがってこの精舎《しょうじゃ》を古徳禅院と称している。

次に『釈氏稽古略』巻第三の記事を参照すると、そこでも、徳山入山について同様の記事をえがく。

……来日将《まさ》に携ふる所の疏鈔をもって法堂前に於て之れを焚く。火を挙げて曰く、諸の玄弁を窮むるも一毫《ごう》を太虚に置くが若《ごと》し。世の枢機《すうき》を竭《つく》すとも一滴《てき》を巨壑《こがく》に投ずるに似たりと。辞し去って、潙山に抵り、復た還って澧陽《れいよう》に住すること三十年なり。武宗の廃教に属して独浮山の石室に隠る。宣宗の大中の初め（八四七）武陵の刺史薛廷望《せっていぼう》は再び徳山の精舎を葺いて古徳禅院と号し、師を請じて住持せしむ。背へて山を下らす。廷望は詭計《きけい》を設け、茶塩を以て師に誣い之れを致し、州に入れて礼敬し堅請して然る後に之れに居らしめ、以て玄化を開かしむ。是に至って咸通六年（八六五）十

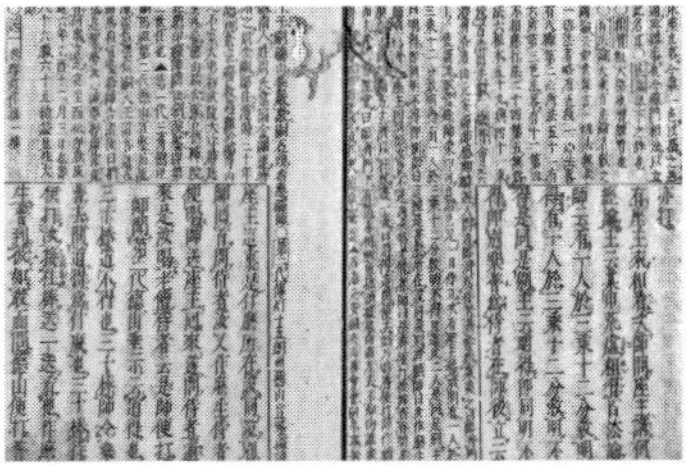

『臨済録』「行録」
文中「第二代の徳山の垂示して」

二月三日に、衆に謂って曰く、空を捫し響を追い、汝が心神を労す。夢覚めて覚非なり（非を覚る？）。竟に何事か有ると。言い訖って安坐して化す。勅して見性禅師を諡す。龍潭の崇信禅師に嗣ぐ。（伝灯録　武陵は唐には郎州と為す。今の常徳路荊の域なり）（『釈氏稽古略』巻第三、二九一―二九二頁）

＊3　**徳山禅師の予言**　巌頭が宣鑑《せんかん》禅師を徳山精舎《とくさんしょうじゃ》にはじめて訪れ、その会下に参じることになったとき、本師の宣鑑禅師は、

　爾《なんじ》、已後《いご》、老僧が頭上に向《むか》って屙《あ》し去ること在《あ》らん（お前はこののち、わたしの頭の上に糞をひってのけるだろう）

といっているが、そう予言されている当《とう》の人とは、とうぜんながら、巌頭全豁《がんとうぜんかつ》である。徳山禅師のこのときの託言《たくげん》は、そののちになって「徳山托鉢」中の出来事となってみごとに的中したのである。

それが巌頭の「大小の徳山、未だ末後《まつご》の句を会《え》せず」（『無門関』）という、大言壮語《たいげんそうご》となって表出《ひょうしゅつ》している。それを万松行秀《ばんしょうぎょうしゅう》の『従容録』第十四則「廓侍過茶《かくじかちゃ》」の評唱（総評）は、このようにえがいている。

屙し去る　爾、已後、老僧が頭上に向って屙《あ》し去ること在らんと、後来果《はた》して大小の徳山末後の句を会《え》せずと謂《い》う

なお、これをえがいた公案名中の、廓侍とは「（守）廓という名の侍者」（不詳）のこと、過茶は「茶を手渡す」の意（加藤咄堂）である。守廓《しゅかく》は興化存奨《こうけぞんしょう》（八三〇―八八八）の嗣。侍者は、住持につかえて補佐する役。

また巌頭・雪峰のふたりが、徳山宣鑑禅師に入門した時機については、後述するように、雪峰が宣鑑禅師の会下《えか》に参じたとき、巌頭自身も、その膝下《しっか》（会下）につらなったものだろう。巌頭・雪峰、それに洞山良价の法を嗣《つ》いだ欽山《きんざん》は三人連れ立って（伴を結んで）尋師訪道している。このときも三人して徳山の道場に掛塔《かとう》（カタとも。掛錫。叢林《そうりん》にとどまるの意）している。

＊4　**道環して断絶せず**　謂く、「如来、往昔《おうせき》、一切殊勝の妙行を勤修《ごんしゅ》すること無量無辺にして、恆《つね》に厭足《えんそく》せず、是を行持《ぎょうじ》と名づく」とあり、故に仏祖の道を修行して永久に持続して懈《け》怠《たい》せざるを云う。

『正法眼蔵』行持巻に「仏祖の大道、かならず、無上の行持あり。道環《どうかん》（円い輪）して断絶《だんぜつ》せず、発心・修行・菩提・涅槃、しばらくの間隙《かんげき》あらず、行持道環なり」（安良岡康作『正法眼蔵・行持』上）

訳　もろもろの仏や祖師が正法を継承し、発揚なされた、仏道という大道においては、必然的に、仏や祖師のこの上もなくすぐれた行持（仏行の持続）が存する。その仏祖の行持は、環の如く、尽きることなく連続していて、断ち切れることがない。発心も、修行も、菩提（さとりを得ること）も、涅槃（一切の苦悩を脱した、寂静の境地）も、その間に少しのすきまが存しない。これが行持の道環なのである（同前）

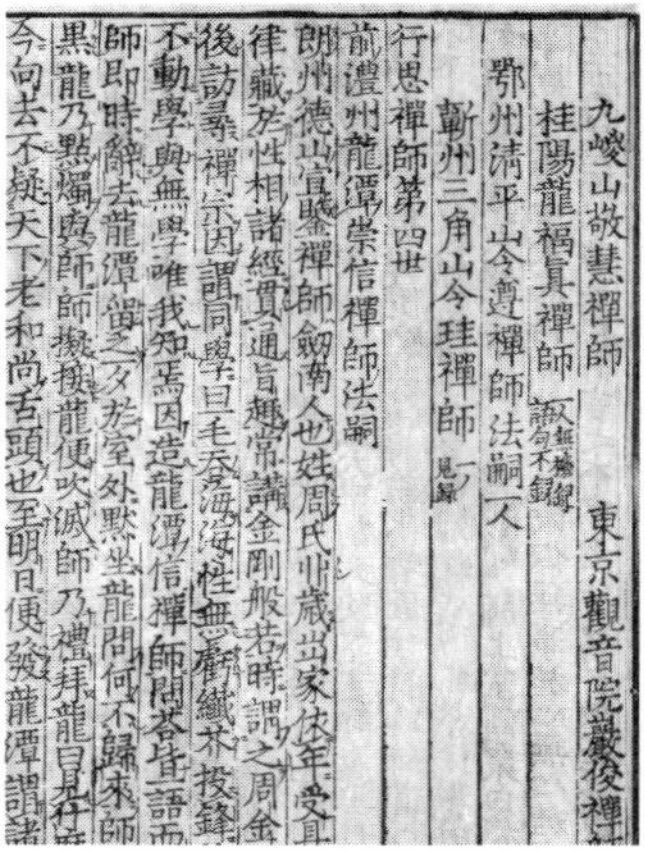
九峻山敬慧禪師　東京觀音院巖俊禪師
桂陽龍福眞禪師
鄂州清平山令遵禪師法嗣一人
蘄州三角山令珪禪師
行思禪師第四世
前澧州龍潭崇信禪師法嗣
朗州德山宣鑒禪師劍南人也姓周氏丱歲出家依年受具
律藏於性相諸經貫通旨趣常講金剛般若時謂之周金
後訪尋禪宗因謂同學曰毛吞海海性無虧纖芥投鋒
不動學與無學唯我知焉因造龍潭信禪師問答皆語而
師即時辭去龍潭留之一夕於室外默坐龍問何不歸來師
黑龍乃點燭與師師擬接龍便吹滅師乃禮拜龍曰見什
今向去不疑天下老和尚舌頭也至明日便發龍潭謂諸

『景徳伝燈録』巻第十五
「朗州徳山宣鑑禅師」

＊5　「末尾に「然りと雖も、也だ三年の活を得んのみと。山果して三年後に滅《めつ》を示す」とある。これによって見ると、徳山遷化《せんげ》三年前のことであることがわかる。この話の内容はきわめて理解が困難であるために、古来種々の解釈があるが、畢竟、徳山の「末後向上の一句」（禅のぎりぎり最高のところ）が中心問題となっている。徳山遷化の三年前の話とすれば、徳山老漢は八十一歳、時に雪峰は四十一歳で巌頭は三十五歳となる。これらの師弟の間で行なわれた話と考えねばならない。一番愚鈍であったといわれる雪峰に、最後向上の宗旨を知らせるための徳山と巌頭の芝居と見てもよい」（平田高士『無門関』六一頁）

2 若き日の周金剛（徳山宣鑑）

＊餅売りの老婆に痛棒をくらった若き周金剛

わが国に来た
　蜀（四川省）の禅僧
三世（過・現・未）の心は
　得られない
売餅の婆子（餅売りの老婆とのであい）

わが国にきた蜀の禅僧

徳山宣鑑《とくさんせんかん》禅師の俗姓は周氏《しゅう》である。このひとは、もともと金剛経《こんごうきょう》という経典＊1の注釈書（『青龍疏』。同疏については次章を参照のこと）に精通《せいつう》していたところから、時のひとは、かれを周金剛《しゅうこんごう》とよんでいた＊2。『燈史《とうし》（『景徳伝燈録』）によると、剣南《けんなん》（蜀《しょく》）のひととあるから、こんにちでいうと中国西部の四川省《しせんしょう》の出《で》ということになる。この蜀《しょく》地方は嶮峻《けんしゅん》の峰々に幾重《いくえ》にもかこまれた土地がらのところだといい、そこがのちに俊傑の禅僧とよばれた徳山禅師の故地《こち》（ゆかりの地）である。

四川《しせん》の文化的風土について、柳田聖山《やなぎだせいざん》師は、以下のようにしるしている。

四川は長江の上流に位置する別天地として、中央文化の奥の院であった。西に峨々《がが》たる高嶺を負ってチベットに接し、北に要崖の嶮道をへだてて、南部には広大な盆地を擁《よう》して南方系の植物が繁茂し、食糧ゆたかなこの地は、歴代文人の避難地として恰好《かっこう》であった。

周知のように、かつて盛唐には、杜甫《とほ》の浣花草堂《かんかそうどう》のあったところであり、落魄《らくはく》の詩人李商隠《りしょういん》がしばらくここに在って、晩唐の文学にさいごの光輝を添えたこともある＊3

「李商隠《りしょういん》」は、唐初の詩人で、『李義山詩集』がある。また「浣花草堂《かんかそうどう》」とは、杜甫《とほ》が成都《せいと》の浣花渓《かんかけい》にいとなんだ草堂のこと（土岐善麿）。

なおこの地からは鎌倉時代以降、わが国にもなじみの渡来《とらい》（東渡）僧が幾人《いくたり》もでている。たとえば西蜀《せいしょく》

（四川）出身の禅僧としては、まずおもいうかぶのは、鎌倉中期の蘭渓道 隆《らんけいどうりゅう》（大覚派の祖。大覚禅師、一二一三―一二七八）がいるし、兀庵普寧《ごったんふねい》（兀庵派の祖。宗覚禅師、一一九七―一二七六）や鏡 堂覚円《きょうどうかくえん》（霊光派の祖。大円禅師、一二四四―一三〇六）もいる。

わが国の栄西《えいさい》が日本に禅を伝えて（確立して）より、この国に入ってきた禅の流れに二十四の流派、（門流・門派）を数えることができる。ここにあげたこれらの禅僧は、その五流〔派〕、六流〔派〕、そして十三流〔派〕にあたる東渡《とうと》（海を渡ってきた）の禅僧たちである。

第五流（建長門徒《もんと》）の蘭渓道隆は、ときの執権北 条時頼《しっけんほうじょうときより》（一二二七―一二六三。鎌倉幕府第五代執権。最明寺殿とも）の帰依《きえ》をうけて、わが国で初の禅寺、鎌倉建長寺《けんちょうじ》の開山《かいさん》となった。またその子、北条時宗《ときむね》（一二五一―一二八四。鎌倉幕府第八代執権。相模《さがみ》太郎）＊4の後援をうけて、鎌倉円覚寺《えんがくじ》建立《こんりゅう》のために寺地の選定をするなど尽力している。

時宗は十八歳で鎌倉幕府の執権《しっけん》となり、文永・弘安の役といった〝元寇《げんこう》〟に際しては蒙古《もうこ》の軍を撃破している。その時宗を評して、江戸後期の儒者頼山陽《じゅしゃらいさんよう》（一七八一―一八三二）は「蒙古《もうこ》来《らい》」（「蒙古、来《きた》る」。蒙古来は元寇の意）の中で、「相模太郎、胆甕《たんかめ》（タンオウ）の如し」と詠《うた》っている。相模太郎《さがみたろう》は、時宗の通称である。頼山陽は時宗のことを、「時宗の胆《きも》は、並みの人間とはちがって、甕《かめ》のように、なんとも大きいことよ」と嘆《たん》じている。

杜甫

さて、蘭渓《らんけい》禅師が渡来してわが国に来たそのきっかけには、このような話が伝えられている。一二四六年（淳祐六、わが国の寛元《かんげん》四）、日本から商船が来て来遠亭にあった。そこへたずねていった蘭渓は、埠頭《ふとう》である人影を認めた。すると、そのなぞの人物は蘭渓《らんけい》に、「師（蘭渓）の縁《ゆかり》は東方にあり、時すでに至れり」と託言《たくげん》したという。もともと東遊《とうゆう》（来朝）のこころざしをもっていた蘭渓は、その何者かもしれぬもののことばに魅《み》せられたかのようにして、かれはいまさらながら、東航《とうこう》の決意をかためたのであった。そうして、寛元《かんげん》四年（一二四六）、蘭渓は波頭《はとう》をこえ、義翁紹仁《ぎおうしょうにん》（一二一七―一二八一。西蜀）、龍江応宣（年不詳）ら数人をひきつれて、かねて聞いていたわが朝にはいる（東遊）。蘭渓が太宰府《だざいふ》についたのは三十三歳のときだった。

第六流（宗覚門徒）の兀庵普寧《ごったんふねい》は、北条時頼《ほうじょうときより》の〔招〕請によって来日して、蘭渓道隆《らんけいどうりゅう》のあとを襲《おそ》って鎌倉の建長寺第二世となっている。兀庵は、海を渡ってきた多くの僧（東渡僧）、たとえば無学祖元《むがくそげん》（仏光派の祖。一二二六―一二八六）がそうであったように、無準師範《ぶじゅんしばん》（破庵祖先の嗣《し》。一一七七―一二四九）の法を嗣《つ》いでいる。ここにかかげるのは、その師の無準師範と兀庵の問答の一部である。

無準曰く、「道《どう》を得るは易《やす》し、道を守るは難《かた》し。須《すべから》く黙々として之《こ》れを守る、久久《きゅうきゅう》にして自然《じねん》に感験《かんげん》あらん」と

なおこの兀庵禅師は建長寺《けんちょうじ》の開堂《かいどう》の日に、「地蔵《じぞう》は是《こ》れ菩薩《ぼさつ》のみ、その地位たる我《わ》れよりも卑《ひく》い、故に礼《らい》するに足《た》らず」（大内）、つまり、わしのほうが、お地蔵さんよりも偉いのだから、地蔵尊など、拝むにたらず、といって、もとは鎌倉の刑場の地（小袋《こぶくろ》、改めて巨福《こふく》）に安置されていた本尊の地蔵菩薩を拝もうとしなかったともいう。

北条時頼《ほうじょうときより》は、兀庵《ごったん》禅師のみちびきによって、悟りをひらいている（開悟）が、その子の時宗《ときむね》の時代になると、兀庵は、「無心《むしん》にして此《こ》の国に遊び、有心《うしん》にして宋国に復《かえ》る。有心は無心の中……」と、上堂《じょうどう》の語をのこして、かれは東渡《とうと》よりわずか六年にして帰国している。

兀菴が宋国に復《かえ》ってしまってから——一二七九年（弘安二）の冬、これまた西蜀《せいしょく》出身の無学祖元《むがくそげん》（第九流〈無学派の祖、仏光門徒〉）が、執権《しっけん》北条時宗《ときむね》の招きで、第十三流の鏡 堂覚円《きょうどうかくえん》（一二四四—一三〇六。蜀。霊光門徒）や桃渓徳悟《とうけいとくご》（一二四〇—一三〇六。鎮西の人。蘭溪道隆の嗣。円覚寺四世）らとともに来日する。

この時宗と祖元（円覚寺《えんがくじ》開山）とのかかわりはよくしられているが、そのことは、時宗の三回忌にさいして、祖元がとなえた法語（「仏光録」）の中にもよくあらわれている。

人生百歳、七十の者稀《まれ》なり。法光寺殿（時宗の法号）齢《よわい》四十に満たず、功業を成就すること、却《かえ》って七十歳の人の上に在り、看《み》よ他、国を治め、天下を平定することを。喜怒《きど》の色有ることを見ず、矜誇衒耀《きょうかげんよう》（自慢したり自らを誇示したりすること）の気象《きしょう》（性質）あることを見ず、此れ天下の人傑（すぐれた人物）なること也た自如（自若）たり。弘安四年虜兵百万、博多に在れども、略《ほ》ぼ経意せず。但《た》だ毎月老僧を請《しょう》じて、諸僧と与《とも》に下語《あぎょ》（一転語《てんご》を下すこと）し、法喜禅悦を以て自ら楽しむ。後果して仏天響のごとく応じて家国貼然たり。奇なる哉、この力量あること、仏法中再来の人なり（荻須純道『日本中世禅宗史』一二二頁。括弧内は、引用者による補注）

弘安四年は「弘安《こうあん》の役《えき》」（蒙古襲来・元寇）のこと。禅悦は「悟境に入り心が愉悦自適すること」。一転語とは、「心機を一転させる語」（『大辞泉』）の意。

時宗の法号は「法光寺道杲《どうこう》」である。かれは臨命 終《りんみょうじゅ》にさいして、落髪《らくはつ》の師でもある祖元によって法号をさずかると、そのゆうべ、自らの最後を予知していたかのように、しずかにその息をひきとった。

また第十三流の鏡 堂覚円《きょうどうかくえん》は、無学祖元《むがくそげん》の来日にともない、三十六歳のときにわが国に来朝し、つねに祖元のかたわらにあってかれを補佐したという。この覚円も、北条時宗の帰依《きえ》をうけている。建長《けんちょう》寺七世、円覚《えんがく》寺三世、建仁《けんにん》寺六世といった、名だたる禅寺（いずれも鎌倉）の住持《じゅうじ》となっている。

以上は渡来僧（東渡僧）。これらの東渡僧以外にも、蜀《しょく》出身の禅僧としてよく知られている禅僧たちは、まだまだいる。さきかかげた無準《ぶじゅん》師範《しばん》は剣州《けんしゅう》出身というから、やはり四川《しせん》ということになる。また、「宗門第一の書」とよばれるかの著名な『碧巌録《へきがんろく》』の著者圜悟《えんご》克勤《こくごん》（一〇六三—一一三五。五祖法演の嗣）も、出身は彭州《ほうしゅう》崇寧《すうねい》のひとだから、この四川省成都府《せいとふ》の出ということになる。そしてなによりも、『碧巌録』のもととなった『雪竇頌古《せっちょうじゅこ》』の著者雪竇重顕《せっちょうじゅうけん》（九八〇—一〇五二。智門光祚《ちもんこうそ》の嗣）そのひとも四川省《スーチョワン》（遂寧市）の出身といわれる。

ついでにもうひとりあげると、道元《どうげん》（一二〇〇—一二五三）禅師が中国の寧波《にんぽう》の湊《みなと》にあって足止めをくらっていた折、桑《くわ》の実をもとめにやってきた阿育王寺《あいくおうじ》の老典座《ろうてんぞ》がこの蜀《しょく》の出身であった。

吾《わ》れは是《こ》れ西蜀《せいしょく》の人なり。郷を離れて四十年を得、今、年、是れ六十一歳なり

道元禅師は、かれのことを『典座教訓《てんぞきょうくん》』のなかにしるし、おのれの禅道修行の出発点にしている。なおこの四川《しせん》省は、文殊菩薩《もんじゅぼさつ》の五台山《ごだいさん》（ウータイシャン、山西省）、観音《かんのん》菩薩の普陀山《ふださん》（浙江省）、地蔵菩薩の九華山《きゅうかざん》（安徽省）とならんで、仏教の四大聖地（中国）のひとつ、普賢《ふげん》菩薩の聖地峨嵋山《がびさん》がある。またこんにちでは、ジャイアントパンダの生息地としても知られている。

さて南北朝のころ、若干十八歳にして、わが国から渡元《とげん》（入元）したひとりの禅僧がいる。越後白鳥郷出身の雪村友梅《せっそんゆうばい》（号は雪村、幻空とも。一二九〇—一三四六）である。

かれは海を渉《わた》って各地を遊歴するが、のちに湖州《こしゅう》の道場山（鳥程県）に登り、叔平隆公《しゅくへいりゅうこう》（叔平□隆）に師事している。ところがかれは、日本の間諜《かんちょう》（スパイ）とみなされてとらわれてしまう。霅川《とうせん》＊5の獄《ごく》

にあって、ついに刑吏《けいり》（刑官）に刃《やいば》を擬《ぎ》せられようとした（刃をからだにさしあてられた）まさにそのとき、かれは、無学祖元《むがくそげん》（一二二六—八六。渡来僧。円覚寺開山、仏光派の祖）の、かの「臨刃偈《りんじんげ》」をとなえた。

乾坤《けんこん》（天地）孤筇《こきょう》（ひとつ杖）を卓《た》つるの地なし。
喜び得たり、喜び得たり
人は空《くう》に、法もまた空なり
珍重す、大元三尺の剣
電光影裏、春風を斬《き》る

その雪村の気迫の声に気圧《けお》されたのか、刑吏《けいり》（刑官）らはおどろきたじろいだ。ために雪村は、その難からのがれえた。そののち、この雪村友梅は西蜀に流されているが、齢《よわい》四十のとき（天暦二年・一三二九）の夏、商船《しょうはく》に附して故国日本に帰る。かれには詩文集『岷峨集《みんがしゅう》』などがある。

売餅《まいひん》の婆子

さて話を、周金剛《しゅうこんごう》の行脚《あんぎゃ》（師僧さがし）の旅にもどそう。南方では不立文字《ふりゅうもんじ》という魔子《ます》の教えというものがあるそうだ（南方魔子、敢えて言う、直指人心《じきしにんしん》、見性成仏《けんしょうじょうぶつ》〈『五灯会元』三七一頁〉）——周金剛《しゅうこんごう》は、そのようなうわさを常日ごろ耳にしていた。金剛経学者（講僧）として令名《れいめい》のたかかった周金剛《しゅうこんごう》（徳山宣鑑）にとって、それはなんとも我慢《がまん》がならなかった（南方の禅席、頗《すこぶ》る盛んなり。師、気、平らかならず〈同〉）。

そこでかれは、これはひとつ、そのようなおしえなど論破《ろんぱ》してやらなければならない、そう勇《いさ》みたって、故郷の蜀《しょく》を出立《しゅったつ》し、南詢《なんじゅん》してきたのであった。周金剛の背の笈《おい》（ふみばこ）にはもちろん、自慢の金剛経《こんごうきょう》の疏《しょ》(解説書）がおさまっている（遂に青龍疏鈔を担って蜀を出づ〈同三七一頁〉）。

〝疏《しょ》〟とは、経典などに〝注釈〟をほどこした書きもの。かれが背《せ》なに担《にな》っていたというその「金剛経の疏」とは、青龍寺道氤《せいりゆうじどういん》（六六八―七四〇。長安）の『青　龍疏《せいりゆうしょ》』である。その疏について『頓悟要門《とんごようもん》』（禅の語録6）中には、「『金剛経』を講ずる座主との問答」をえがいた「青龍疏を講ずる座主問う」云々の一文がある。これは馬祖の嗣《し》、大珠慧海《だいしゆえかい》の語録（論書）だが、その文中の『青龍疏』とは、同所の傍注に、

玄宗皇帝の『金剛経注』に青龍寺道氤が複注したもので、『御注金剛経宣演』という

と、訳者平野宗浄《ひらのそうじょう》（一九二八―二〇〇二）師によって傍注が付されている（一七四頁。宇井伯寿訳も同）。同疏は、具名《フルネーム》を『御注金剛般若波羅蜜経宣演』六巻〈「大正蔵」第八五巻〈古逸部〉所収〉という（『禅学大辞典』。また『御注金剛般若波羅蜜経宣演』の書下し文には平井宥慶〈大正大学名誉教授〉氏の論考「豊山学報」〈第五十六号〉がある。道氤の「伝」としては、『宋高僧伝』中に「唐長安青龍寺道氤伝」がある）。

わが国の空海が入唐《につとう》した折、青龍寺《せいりゆうじ》（中国長安〈陝西省〉）の東塔院にあった恵果阿闍梨《けいかあじやり》（七四六―八〇五。青龍寺和尚とも。不空《ふくう》三蔵の弟子）に師事し、伝法阿闍梨位《あじやりい》の灌頂《かんじよう》（儀礼）をうけて伝法者となった。空海がそのとき、請来《しようらい》（将来）し、時の政府に提出した目録の中に、道氤《どういん》の金剛経の、この〝注疏〟があった。

去《い》んじ延暦《えんりやく》の末に命《めい》を銜《ふく》んで入唐《につとう》す。適々《たまたま》、京城青龍寺の大徳恵果阿闍梨《けいかあじやり》に見《まみ》ゆ（『性霊集』）

さて、周金剛《しゆうこんごう》はもともと、どの地方の修行道場を目指し、あるいは、いずれの禅匠をたずねていこうとしたものか。『釈氏稽古略《しやくしけいこりやく》』によると、「青龍の疏鈔《しよしよう》を担《にな》って蜀《しよく》を出て澧州《れいしゆう》に至る」とあって、かれはまず澧州＊6をめざしていたことがわかる。澧州《れいしゆう》（Li–chou）は、「湖南省北部。湖北省境に近い都市。澧県の俗称。澧水《れいすい》に沿い、洞庭湖《どうていこ》の西方に位する」（星斌夫『中国地名辞典』）ところで、近郊には常徳《じようとく》（武

陵県）や、名勝の地、桃源《とうげん》（桃源郷＝理想郷）がある。

周金剛《しゅうこんごう》（徳山）が〝まいひん〟の老婆＊7に出会った澧州《れいしゅう》の路上はいまの湖南《こなん》（洞庭湖の南）省（フーナン）の北部地方である。『宋高僧伝』では、売餅《まいひん》（餅売り）の老婆とのやりとりは省《はぶ》かれてはいるが、

　重湖《じゅうこ》の間に禅道、大いに興《おこ》ると聞き、乃《すなわ》ち志を抗《あ》げて雲遊し、龍潭《りゅうたん》の〔崇〕信禅師に造《いた》る

とある。重湖とは、湖南《こなん》・湖北《こほく》の地のこと、洞庭《どうてい》・鄱陽《はよう》の地方のことである。するとかれは、その地方に住まう龍潭寺の崇信禅師のもとを訪ねていった、とわかる。五岳《ごがく》（中国にある五大山）のひとつ、衡山《こうざん》（南岳）が湖南省にある。南岳懐譲《なんがくえじょう》（六七七―七四四。慧能の嗣）禅師にゆかりの地だ。五岳《がく》とは、東に泰山《たいざん》（タイシャン。山東省）、西に華山《かざん》（ホワシャン。陝西省）、南に衡山（ホンシャン。湖南省）、北に恒山《こうざん》（ホンシャン。山西省）、そして中央に崇山《すうざん》（ソンシャン。河南省）がある五つの霊場だ。

そこで『景徳伝燈録《けいとくでんとうろく》』を、いま少しひもといてみよう。

　常に金剛般若《こんごうはんにゃ》を講《こう》ず。時に之《こ》れを周金剛と謂《い》う。厥《そ》の後、禅宗を訪尋《ぼうじん》す。因《よ》って同学に謂《い》いて曰《いわ》く、「一毛《いちもう》、海を呑《の》む。海性は虧《か》くること無し。繊芥《せんかい》（少し）、鋒に投ず。鋒、利動ぜず。学と無学と、唯《た》だ我《わ》れ知る」と。因《よ》って龍潭の〔崇〕信禅師に造《いた》る

「一毛…我れ知る…唯だ我れ知る」とは、――。

　大海が毛先に呑みこまれても、海の本性は欠けることなく、針先に芥子粒を投げつけても、針の鋭さに変化はない。しかるに、学んで至るものとそれを超えたものがあることを、わたしははっきりと知った（衣川「徳山と臨済義玄」）＊8

ここには『宋《そう》高僧伝』とおなじように、餅売りの老婆との問答もなければ、「厥《そ》の後、禅宗を訪尋《ぼうじん》す」

とだけあって、どの地を目指していったものか、それも書かれていない。ただ龍潭崇信禅師を訪ねていった、とだけあるのは『宋高僧伝』とおなじである。最後に『五灯会元《ごとうえげん》』の記事をみてみよう。

後に南方に禅席、頗《すこぶ》る盛んなるを聞き、師の気、平かならず（中略）遂に青龍疏鈔を担《にな》い、蜀を出て、澧州《れいしゅう》に至る。路上に一婆子《ばす》の餅《もち》を売るを見る。因《よ》って肩を息《やす》め、餅を買って点心《てんじん》せんとす＊9

ここにもたどりついた先は「澧州《れいしゅう》」とある。そしてこののち、やってきた餅売り（売餅《まいひん》）の老婆との問答がくりひろげられる。

婆、担《たん》（荷）を指して曰く、「這箇《しゃこ》は是れ甚麼《じんも》（何）の文字ぞ」と。師曰く、「青龍疏鈔《せいりゅうしょしょう》」。婆曰く、「何の経をか講《こう》ず」と。師曰く、「金剛経」。婆曰く、「我れに一問《もん》有り、你《なんじ》、若《も》し答え得ば、施与《せよ》して点心《てんじん》とせん。若し答え得ずんば、且《しばら》く別処《べっしょ》に去れ。金剛経に道《い》う、過去心も不可得《ふかとく》、現在心も不可得、未来心も不可得、と。未審《いぶか》し、上座《じょうざ》、那箇《なこ》の心《しん》をか点《てん》ぜん」と。師、無語《むご》、遂《つい》に龍潭《りゅうたん》に往《ゆ》く。……一夕、侍立《じりゅう》する次いでに、〔龍〕潭曰く、「更深《こうふ》けぬ、何ぞ下《くだ》り去らざる」と。師、珍重して便《すなわ》ち出づ。却回《きゃくかい》（きゃうい、とも）して曰く、「外面黒《くら》し」と。〔龍〕潭、紙燭《ししょく》を点じて師に度与《どよ》す。師、接せんと擬《ぎ》す。〔龍〕潭、復《ま》た吹滅《すいめつ》す。師、此《こ》こにおいて大悟す＊10

餅売りの老婆とかわした問答のほか、龍潭寺でさとりを開く（龍潭滅燭／龍潭吹滅《すいめつ》）までを、ていねいにえがいている。また「徳山挟複子《きょうふくす》（問答）」『碧巌録』第四則 にも、

初め澧州《れいしゅう》に到《いた》り、路上に一婆子《ばす》の油糍《ゆじ》を売るを見て、遂に疏鈔を放下《ほうげ》して 云々

とあって、周金剛《しゅうこんごう》がたどりついたさき、そこは澧州（澧陽の路上に至る〈同〉）であったことがわかる。

この澧州は現在の湖南省《こなんしょう》で、そこは洞庭湖《どうていこ》（中国第一の淡水湖。湖南省北部）の南の地方にあたるところ

から、湖南《こなん》とよばれている。

ということは、西蜀《せいしょく》（四川省）をでてから周金剛は、江西《こうせい》や湖南《こなん》のあたりを行脚《あんぎゃ》していたのであろう。その南詢《なんじゅん》（問法行脚）の旅の途次《とじ》、周金剛（徳山）は小腹《こばら》がすいたので、澧州の路上でゆきあった餅売りの老婆から餅をあがないもとめようとした。もちろん、胸安《むねやすめ》（点心＝小食《こづけ》）をとらんがためである。周金剛《しゅうこんごう》が故郷の嶮峻《けんしゅん》の地（百牢関《ひゃくろうかん》）をやっとの思いで脱《ぬ》けきったとき、その旅の途次《みち》に、おもいもよらない陥穽《かんせん》（わな）が待ちうけていようとは想像だにしなかった。

かれの人生の中に一大転機（画期《かっき》）をもたらすことになった小事をつづったのが、周金剛と餅売りの老婆とのやりとりからなるくだりである。

小腹《こばら》をみたす（点心を求める）ために、出会った路傍の餅売りの老婆に、「あなたが背負《せお》っている笈《おい》のなかには、いったい何がはいっているのですか」（這箇は是れ甚麼《何》の文字ぞ〈同〉。「その担を指して曰く、「這個、是れ甚麼ぞ」と〈『釈氏稽古略』〉。「何の経をか講ず」〈『五灯会元』〉）と、周金剛（徳山）はたずねられた。

「青龍 疏鈔《せいりゅうしょうしょ》だ！」と、周金剛（徳山）は、ただひとこと、そう答えた。

すると「それはいったい、どのようなお経を講《こう》じたものですか」（何の経をか講ず）と老婆。

「金剛経だ」と講僧《こうそう》の周金剛。「そうですか、それならば……」と、老婆はさらにことばを継《つ》いでたずねた。「ひとつお問いしたいことがあるのですが」（我れに一問有り〈同〉）と。

この老婆、ただ者ではなかった。「そのお経典のなかに、過去の心も得べからず、現在の心も得べからず、未来の心も得べからず、とあるそうですが……」

老婆のさらなる追いうちである。そればかりか、餅売りの老婆は周金剛《しゅうこんごう》（徳山）のこたえもまたずに、さらにことばをつづけて、「いったいぜんたい、あなたさまは、そのなかの、どの心に点《てん》じようとなさるのですか」（未審し、上座、那箇の心をか点ぜん〈同〉）と。――これが、老婆のいいぶんだった。もうすでに過ぎてしまった（過去の。已滅の）心にも、時々刻々とかわっていく（現在の。第一義の）心にも、ましてや、これからはじまろうとする（未来の。未有の）心、これら三世《さんぜ》（過・現・未の三際）にわたるいずれの心にも、点ずることなど、けっしてできようはずはなかろう。

時というものは、いま来たかとおもうと、その瞬間には過ぎさっていく。心というものは虚空《こくう》と一体で、つかみどころがない、あるいは李白《りはく》に「前水また後水、古今相続して流る」とあるよう、心は流水《りゅうすい》のように一所に住《とどま》ることは瞬時たりともなく、途切れることもなく連綿としてながれているのである。

授記をめぐって、維摩居士《ゆいまこじ》が弥勒《みろく》菩薩に、三世の「生《しょう》」について問うている場面がある。

> 時に維摩詰《ゆいまきつ》（維摩居士）来《きた》って我れに謂《い》って言く、弥勒《みろく》、世尊は、仁者（弥勒）に記《き》を授く、一生、阿耨多羅《あのくたら》三藐《みやく》三菩提《ぼだい》を得べし。何の生《しょう》を用いて受記《じゅき》を得《う》となすか、過去なりや、未来なりや、現在なりや、若《も》し過去の生ならば、過去の生は已《すで》に滅す。若し未来の生ならば、未来の生は未だ至らず。若し現在の生ならば、現在の生は住《じゅう》することなし。仏の所説の如し。比丘汝今即時に亦た生じ、亦た老し亦た滅す、と（「菩薩品第四」『維摩経』）＊11

このように過去や現在というも未来というも、時（三際）は一ときも休息することなく住《とどま》らないさまをいっている。また大珠慧海《だいじゅえかい》（不詳。馬祖の嗣）の『頓悟要門《とんごようもん》』は三世心《さんぜしん》についてふれて、こういっている。

「一心三観とはどういうことでしょうか。」「過去の心はすでに過ぎさり、未来の心はまだやってこない。現在の心はとどまることがない。その中間に、どんな心でもって観を起せようか。」（「一心三観の義又た如何。」師曰く、「過去心は已《すで》に過ぎ去り、未来心は未だ至らず、現在心は住《とど》まること無し。其の中間に於て、更に何の心を用《も》ってか観を起《おこ》さん」）（平野宗浄訳、一六五—一六六頁）

さて、このようにして、餅売りの老婆に、そのときどきの、どのときの心に、そなたさまは点じようとなさるつもりか、とたずねられ、周金剛（徳山）はすっかり返答に窮《きゅう》してしまった。なんとも返すことばがみつからなかった。周金剛（徳山）といえば〝講僧《こうそう》〟として知られ、金剛経の講経《こうきょう》（講義）がもっとも得意だったはずである。しかも、かれがたずさえている笈《おい》の中におさめてきたそのお経典にかかれた「三世心不可得」の一文句について尋ねられても、かれはなんとも答えられなかった（師、無語〈同〉）。経典や語録の文字面だけから仏法をとらえることに汲々《きゅうきゅう》としていたかつての金剛経学者の周金剛（徳山）である。そのかれにいま、さらなる転機がおとずれようとしている。——それがこの場面である。

はじめは餅売りの老婆ごとき、と侮《あなず》っていた。ところが周金剛（徳山）は、その老婆に「あなたは、いったい、三世《さんぜ》（過去・現在・未来。三際）のうちの、どのときの心に点《てん》じるのか」といって、ぎゃくに説破《せっぱ》されて（言い負かされて）しまった＊12のは、なんとも無残である。

しかしそこは、金剛経学者として令名《れいめい》の高い周金剛（徳山）のことである。老婆の親切なさとしに素直にしたがって、龍潭《りゅうたん》（岳州府澧州）に住むという崇信《そうしん》禅師のもと（禅院）を訪れることになった。

維摩居士
ヴィマラキールティ

それを、「未《いま》だ敢《あえ》て婆子《ばす》の句下《くか》に向かって死却《しきゃく》せず、遂に婆子に問う（そこで老婆に参ってしまうことなく……西村訳）」といって、老婆にたずねているのは、〝さすが〟徳山である（『無門関』）。

「婆子の句下に……死却《しきやく》せず」とは、周金剛（金剛経をきわめ尽したひと）自身、「斉肩《せいけん》の講者」（肩をならべる者もない学者）とよばれた若い日の学僧から禅者へ〝転身《てんしん》したすがた〟を表現したものといえよう。

――じつはこれこそが、徳山宣鑑の禅道探求への歩みとなった原点のエピソードなのである。

そしてさらには、この老婆との出会いがまさに、徳山がこののちに、師となる龍《りゆう》潭崇信《たんそうしん》禅師のもとへと参《さん》じるゆえんへともつながっていった。

餅売りの老婆との出会い、というこの一事がなかったならば、その後の大指導者としての徳山禅師の誕生はなかったろうし、また、その指導のもと（会下《えか》）から次世代をになう弟子の雪峰（→玄沙師備など）、そして巌頭（→瑞巌師彦など）などの名だたる禅僧（大知識）が輩出《はいしゆつ》することもなかったろう。

柳田聖山師はこうしるす（柳田訳では、たんなる「餅売り」ではなく「茶店の老婆」とある）。

かれが当時『金剛経』の注釈として最高の権威であった『青龍疏鈔』を背に担《にな》って、澧陽のあたりまできたとき、路上に餅を売る茶店の老婆と、『金剛経』の中の「三世心不可得」の一句について問答し、ついに老婆に説き伏せられ、その指示によって澧陽の龍《りゆう》潭《たん》崇信を訪うにいたる有名な一段のものがたりは、『祖堂集』にも『伝燈録』にも見えない。それは円悟の『碧巌録』第四則の評唱にはじめてあらわれるはなしで、おそらくは円悟の創作であろう（傍線、引用者）

師はまるでストーリーテラーのごとき円悟（圜悟）像をえがき、さらにつづけて、こうもいっている。

しかし、先にいうように、円悟もまた四川《しせん》の人である。南方の禅を求めて長江《ちようこう》を下った経験をもつ円悟の評唱としては、そこにはいかにも客気の僧の実感がこもっている＊13

三世心

周金剛《しゅうこんごう》（徳山）持参《じさん》の金剛経《こんごうきょう》はまた、金剛般若経の略称で知られるが、くわしくは金剛般若波羅蜜経《こんごうはんにゃはらみつきょう》という。禅宗においては、五祖弘忍《ぐにん》禅師いらい、これをたいせつな経典としている。

そこでこの「心不可得《しんふかとく》」（心は得べからず、心は得られない）のくだりを、もうすこし引用してみたい。

師は言われた――「スヴーティよ、これらの世界にあるかぎりの生きものたちの、種々さまざまな心の流れをわたしは知っているのだ。それはなぜかというと、スヴーティよ、『〈心の流れ〉〈心の流れ〉というのは、流れではない』と、如来は説かれているからだ。それだからこそ、〈心の流れ〉と言われるのだ。それはなぜかというと、スヴーティよ、過去の心はとらえようがなく、未来の心はとらえようがなく、現在の心はとらえようがないからなのだ＊14

過去・現在・未来の三世の縦《たて》（時間）にわたっても、尽十方《じんじつぽう》の横（空間）にさがしもとめても、流れゆく心に、住《じゅう》する（とどまる）ことのない心、その心にこれといった落処《らくしょ》（帰着点）などあろうはずはなかろう。

次章の「3 禅僧への道のり」では、老婆の一拶《いっさつ》（ひと突き。拶着）をうけた（拶着せられた）徳山が、禅門における師となった龍潭《りゅうたん》禅師のもとへと参じたそのゆえんを、「徳山挟複子問答《きょうふくすもんどう》」『碧巌録』第四則「評唱」の記事を中心にしてとりあげてみてゆきたい。

＊1 **金剛経鳩異** 柳田聖山「徳山の棒・臨済の喝」上『禅文化』第56号九―一〇頁。また柳田聖山師は、次のようにいう。「『金剛経』は、当時広くよまれていたが、四川《しせん》では一般庶民のあいだにかなりの関心や、その霊現に対する信仰があったらしい。『西陽雑俎』の編者段成式に、『金剛経鳩異』という本があり、『宋高僧伝』にも同じ傾向の記事がある」（柳田前掲、一一頁）

＊2　**前澧州竜潭崇信禅師の法嗣**　朗州徳山の宣鑒禅師は剣南の人なり。姓は周氏なり。丱歳《かんさい》（総角《あげまき》のころ）にして出家し、年に依って受具《じゅぐ》す（具足戒を受けること）。律蔵《りつぞう》を精究し、性相《しょうそう》の諸経に於いて旨趣に貫通す。常に金剛般若を講ず。時に之れを周金剛と謂《い》う（『景徳伝燈録』巻第十五）

＊3　柳田前掲書。李商隠《りしょういん》とは、「八一三―八五八、中国、晩唐の詩人。字は義山、号は玉谿生。杜牧・温庭筠と併称《へいしょう》され、その華麗な詩風は宋代の西崑体《せいこん》の流行を導いた。著「李義山詩集」「樊南文集」（『大辞林』）

＊4　**相模太郎、胆甕《たんかめ》の如し**　時宗は通称を相模太郎《さがみ》という。頼山陽《らいさんよう》の漢詩「蒙古来」で、未曾有《みぞう》の元寇にあって大きな戦捷《せんしょう》をもたらした相模《さがみ》太郎こと北条時宗に、頼山陽は最大級の賛辞をなげあたえて「時宗の胆《きも》は並みの人間とはちがって、甕《かめ》のように、なんとも大きいことよ」といっている。

＊5　**霅川《とうせん》の獄**　とは、今谷明氏の『元朝・中国渡航記』によると、「現在の苕溪《ちょうけい》のことで、天目山の北側と南側から発した東苕溪、西苕溪が合流して太湖に注《そそ》ぐ川のことで、『霅川《とうせん》の獄』とはその合流点である湖州路（現、浙江省湖州市）に置かれた元朝の獄舎を指している」という。

＊6　澧州（澧県の俗称）とは、湖南《こなん》省北部のことで、ここは、「県の北に龍潭寺（崇信禅師の道場）、南に薬山寺（唐の惟儼禅師の道場）、西に欽山寺《きんざん》（唐の文邃《ぶんすい》禅師の道場）などの名刹《めいさつ》がある」（星斌夫『中国地名辞典』）。

＊7　**婆子来りあう**『五燈会元』中、三七一頁（中国仏教典籍選刊）。「澧陽に至って路上に一婆子《ばす》の餅を売るを見て」（至澧陽路上、見一婆子売餅……）とあり、老婆が〝茶店〟のあるじだ、とはしるしていない。道元禅師の『正法眼蔵』第八「心不可得」には「ちなみに龍潭の信禅師の会《え》にあへり。かの会に投ぜんとおもむく、中路に歇息《けつそく》せり。ときに老婆子きたりあひて、路側に歇息せり」と。歇息とは、「休息する」ということで、龍潭禅師のもとをおとずれる旅の路上で、禅師が休息していると、そこへ餅をあがなうひとりの老婆がやってきて、彼女もそのかたわらに憩《いこ》うた、と。あるいは「後心不可得」には「ちなみに南方に無上道の

嫡々相承せるありと聞きて、書をたづさえて山川をわたり行く、龍潭にいたらんする道の左に歇息《けっそく》するに、婆子来《きた》りあう」と。茶店でなければ〝棒手振《ぼてふり》〟のような行路を売りあるく商人の存在もかんがえられる。

＊8 原文は「一毛呑巨海、海性無虧、繊芥投針鋒、鋒利不動、然学与非学、唯我知焉」（『祖堂集』巻五徳山章〈二一三頁〉。訳文は衣川賢次「徳山と臨済」〈『東洋文化研究所紀要』第百五十八冊、四一―四二頁〉）

＊9 『五燈会元』中、三七二頁（中国仏教典籍選刊）

＊10 同前三七一―三七二頁

『維摩《ゆいま》経』の漢訳本には、支謙《しけん》・羅什《らじゅう》・玄奘《げんじょう》訳がしられている。次にかかげるのは近年チベットのポタラ宮で、新出サンスクリット写本をもとに、発見者（大正大学名誉教授高橋尚夫氏）によって訳された。

「(50)『マイトレーヤよ、あなたはあと一度の生を受け（一生補処）、無上正等菩提を［得る］と世尊は予言なさいました。マイトレーヤよ、あなたはそれをどの生として予言されたのでしょうか。過去のですか、あるいは未来のですか。それとも現在のでしょうか。そのうち、過去の生ならば、それは滅し去っているし、また、それが未来のであるならば、それは未だ到達していません。現在の生であるならば、止まることはありません』」（「菩薩品第四」『維摩経ノート』Ⅱ）

＊11 柳田前掲一一―一二頁

＊12 「上座は那箇《いずれ》の心をか点ぜんと欲す」（どの心に対して点心するのかい〈末木編『現代語訳　碧巌録』上〉）。那箇点心」に傍注して「過去心・現在心・未来心の「心」を「点心」の「心」にかけて言っている」と。金

澧州 レイシュウ Li-chou

湖南省北部。湖北省境に近い都市。澧県の俗称。澧水に沿い、洞庭湖の西方に位する。隋以後の澧陽県、明以後の澧州、民国の澧県。此間、隋の澧陽郡、唐・宋の澧州又は澧陽郡、元の澧州路等の首邑となり、俗に澧州と称せられる。此地、北に長江を控え、南に洞庭湖を帯し、西に楚西山地を望み形勝の地を占める（星斌夫『中国地名辞典』五七七頁）

剛経はもともと「般若の不可得空」を説く（増永）。

＊13 仏、須菩提《すぼだい》に告げたもう、「そこばくの国土の中のあらゆる衆生の若干種の心を、如来は悉《ことごと》く知る。何を以ての故に。如来は、もろもろの心を説きて、皆非心となせばなり。これを名づけて心となす。ゆえはいかに。須菩提よ、過去心も不可得、現在心も不可得、未来心も不可得なればなり……」（『般若心経・金剛般若経』）

＊14 中村元・紀野一義訳注『般若心経・金剛般若経』（一〇四頁）。不可得とは「認識され得ない」の意（一五四頁）。

コラム

婆子、点心の話は、圜悟の創作か

柳田聖山師は、すでにふれたように、「路上に餅を売る茶店の老婆と、『金剛経』の中の「三世心不可得」の一句について問答し、ついに老婆に説き伏せられ、その指示によって澧陽の龍潭崇信を訪うにいたる有名な一段のものがたり……、それは圜悟《えんご》の『碧巌録』第四章の評唱にはじめてあらわれるはなしで、おそらくは圜悟の創作であろう」といっている（禅僧と婆子については「6　婆子の禅」を参照）。

柳田師はまた、徳山宣鑑禅師の故地（四川）について「四川は長江の上流に位置する別天地として、中央文化の奥の院であった」と記述しているが、ここはまた鎌倉期の執権北条時宗《ほうじょうときむね》の師、無学祖元《むがくそげん》禅師をはじめ海をわたってわが国にやってきた多くの禅僧の生地・故地でもあった。

師はまた、この地は中央文化の〝別天地〟だった、ともいっているが、それのみならず、政治的な〝要害〟の地（逃竄《とうざん》の地）でもある。『碧巌録』第六十六則 中の公案に、「巌頭《がんとう》収黄巣剣」（巌頭黄巣過後などとも。入矢ほか訳注本〈岩波〉では「巌頭、什麼処《いずこ》よりか来たる」）があるが、そのうちの影の主人公とでもいうべき黄巣《こうそう》事件の立役者黄巣《こうそう》（八三五―八八四）によって、時の皇帝僖宗《きそう》が〝みやこ〟（長安）を逐《お》われ、中央より逃げ隠れたその先（逃竄地《とうざんち》）が、この蜀の地（成都）であった。これは塩賊黄巣《こうそう》が国家を樹立した金統元年（八八〇）十二月のことだった。

3 禅僧への道のり

＊老婆の一拶に遭った周金剛

碧巌録と無門関と

公案のはじまり

展開期の禅宗

看話禅と黙照禅

大慧の主張

若き日の徳山宣鑑

老婆の指示

ここでは〝周金剛《しゅうこんごう》〟とよばれた、あの若い日の徳山宣鑑《とくさんせんかん》のエピソードを、主に『碧巌録《へきがんろく》』の記事よりとりあげて、それに『無門関』㋰の記事をもおぎなってもう一度ふりかえってみたい（文中に㋰を付したところは『無門関』の記述）。

碧巌録と無門関と

それにさきだって『碧巌録』と『無門関』という、両書について少しうかがっておきたい。というのも、両書は、この時代の〝周金剛〟について同趣旨の記事を扱っていながらも、『碧巌録』の中にあって『無門関』にはない表現があり、ぎゃくに『無門関』にはあるけれども、『碧巌録』にはない記載がある。したがってこれらを相互に補いあって参照すると、いっそう理解しやすいだろう。

無門慧開《むもんえかい》の『無門関』一巻四十八則（南宋。一二二八成立）は、万松老人の『従容録《しょうようろく》』六巻百則（一二二五成立）とともに、公案集のさきがけともなった圜悟克勤《えんごこくごん》禅師の『碧巌録』「宗門第一書圜悟碧巌集」十巻百則（宋。関友無党の後序によると一一二五成立）の影響を強くうけたもので、この三書はいずれもほぼ同時期につくられた。

これらは、禅を修行する学人《がくにん》（禅学・禅子）にとっては指南《しなん》となるたいせつな参究の書であった。

碧巌録の成立年代はいつか

さて、その『碧巌録』の成立年代についてだが、そのことにかんしては、確かなことは明らかでない。ただ、関友無党《かんゆうむとう》の後序（跋《ばつ》）から推測すると、後序の成立は一一二五年（徽宗皇帝〈一〇八二―一一三五〉の宣和七）だから、したがって碧巌録の成立年代をここでは、かりにこの年と措定《そてい》しておくこともできよう（酒井得元脚注『従容録』など）。

『碧巌録』この『碧巌録』は『無門関』とちがって、その構成面においても成立面でもいささか複雑である。もともとこの書『碧巌録』は、雲門宗中興《うんもんしゅうちゅうこう》の祖《そ》といわれる北宋代の雪竇重顕《せっちょうじゅうけん》が『景徳伝燈録《けいとくでんとうろく》』や『趙州録《じょうしゅうろく》』あるいは『雲門広録』の中にあらわれた千七百人あまりの禅僧の語録（常談）の中より百則を抽《ぬ》きだしてそれを公案（古則・本則）とし、さらにそれに拈評《ねんぴょう》（拈弄評唱）した頌《じゅ》を付した『雪竇《せっちょう》頌古《じゅこ》』が原典《オリジナル》であった。

そして、それより六十余年ののちに圜悟克勤《えんごこくごん》が、その『雪竇頌古』の一則ごとに、はじめに垂示《すいじ》の語（垂示に云く……）を、次に公案（本則）をかかげ、そして句ごとに著語《じゃくご》（割注形式の短評）を挿入し、さらには本則と頌《じゅ》に、それぞれ評唱（批評）を付したもの、それがこの『碧巌録』（碧巌集）である。つまり『碧巌録《へきがんろく》』は、垂示・本則《ほんそく》・著語《じゃくご》・頌《じゅ》・評唱《ひょうしょう》の五部だて（五成分）となっている。

したがって『碧巌録』の本則ならびに頌《じゅ》は原著者の雪竇《せっちょう》によるもので、いっぽう垂示《すいじ》・著語《じゃくご》・評唱《ひょうしょう》は共著者というべき圜悟による。

圜悟は名を克勤《こくごん》、字を無著という。宋代のひとで、南宋の高宗《こうそう》から圜悟《えんご》、北宋の徽宗《きそう》からは仏果《ぶっか》の号を賜ったところから、圜悟克勤《えんごこくごん》もしくは仏果克勤《ぶっかこくごん》ともいう。臨済宗楊岐派《ようぎは》（五家七宗の一つ。楊岐方会《ようぎほうえ》を派祖とする）に属する。圜悟の本師《ほんじ》は四川《しせん》の鄧師波《とうしは》と尊称された五祖山《ござん》（東山）の法演《ほうえん》である。圜悟の法嗣《はっす》に、このこのちにでてくる、看話禅《かんなぜん》（公案禅）の唱道者大慧宗杲《だいえそうこう》（一〇八九—一一六三）がいる。看話《かんな》とは、話《わ》（公案）を参究《さんきゅう》（参看・工夫）するの意。後出の虎丘紹隆《くきゅうじょうりゅう》（一〇七七—一一三六）も圜悟に法を嗣《つ》ぐ。

このように『碧巌録』は、雪竇重顕の『雪竇頌古《じゅこ》百則』が原本《オリジナル》であって、それに圜悟克勤（仏果克勤）が、垂示《すいじ》・著語《じゃくご》・評唱《ひょうしょう》を付したものであるから、この『碧巌録』は単著ではなく、雪竇と圜悟の共著ともいうべき書である。

なお、その題（碧巌録、碧巌集）は、圜悟が住していた夾山《かっさん》霊泉禅院の方丈《ほうじょう》にかかげられた額《がく》の文句（猿、児を抱いて、青嶂《せいしょう》の後に帰り、鳥、花を啣《ふく》んで碧巌《へきがん》の前に落とす——猿抱児帰青嶂後、鳥啣花落碧巌前）中の「碧巌」の字を冠したものという。

圜悟《えんご》のそれ（無党の後序によると「三たび宗綱《しゅうこう》を提《かか》ぐ」とあって、「圜悟の評唱が三回も行われた」〈朝比奈〉）を、のちの建炎《けんえん》年間（一一二七—一一三〇）に、圜悟《えんご》の弟子の普照《ふしょう》らがこれをあつめて題したものがこの『碧巌録』であるといわれる。

しかしこの書はそののち二百年ちかく（百七、八十年）、叢林《そうりん》（禅道場）から姿を消すことになってしまう。それは圜悟の法を嗣《つ》いだ大慧宗杲《だいえそうこう》が焼却《しょうきゃく》（焚書）してしまったからである。それを『碧巌録』の馮子振《ふうししん》（一二五七—一三三七?）の「跋《ばつ》」文は、

一嵎中《ぐうちゅう》の張居士《ちょうこじ》の手ずから栽《う》うる無影樹子《むようじゅし》の上より、全体敗露す。直得《ついい》に般若《はんにゃ》は説かるる無く、諸天は花を雨《ふ》らす。百七八十年、納僧驀地《のうそういきなり》横に鼻孔《びくう》を穿《うが》たれ、従前曾《いまだかつ》て嗅《か》がざる底《ほど》の宝熏《かおり》、一旦《ひとたび》……〈入矢ほか訳注『碧巌録』下、二八四頁〉

とえがき、大慧による焚書《ふんしょ》から張氏（張明遠）の重刊に至るまで、およそ百七、八十年ほどの年月を閲《けみ》していることになる*1。

【無影樹】『碧巌録』第八十六則の頌に「花謝して樹に影なし」とある。「花が散って何んの色香もなくなった上に、日が暮れてしまって、その樹の影も見えなくなった。それでは光明でなくて暗黒だというかも知れないが、前にも申した通り、光明も暗黒も、本分の大道の符牒に過ぎない、明暗を超越したものだから、或時は暗昆々と照らす、どちらにしても自然孤明だ」（加藤咄堂『碧巌録大講座 11』七八頁）とある。また加藤氏訳には「日、午に当って樹に影無しと言い、正中不偏の意をあらわす」（『従容録』第八十五則「国師塔様」七二頁）と。「花謝樹無影」に「花謝《ちり》りて樹に影《すがた》無し」（入矢ほか訳註本）とルビがふってある。

先の引文中にあげた、蜀《しょく》（四川省）の張　明遠《ちょうめいえん》とは、次の記述にみるよう、大徳四年に『碧巌録』そのものを今日によみがえらせた当の人物なのである。

宗門第一書　『碧巌録』がはじめて刊行された年月は定かではない。圜悟門下の高弟大慧宗杲《だいえそうこう》が、一門の門弟らが圜悟の評唱や著語にとらわれて自己の主体的判断を喪失している風潮を非とし、刊本を集めて薪で燃やしたという伝聞があるが、真偽のほどは不明である。確かなのは元の大徳四年（一三〇〇）に、張煒《ちょうい》、字は明遠《めいえん》がこれに「宗門第一書」の名を冠して出版したという事実で、これがつまり張本とよばれる現在の流布本である（入矢ほか訳注『碧巌録』上、一一頁、解題・溝口雄三）。

現行の『碧巌録』は、この張本《ちょう》を底本にしているといわれる（このほか蜀《しょく》・福《ふく》本などがある）。

しかし、そこに収録される関無党《かんむとう》の後序は宣和《せんな》七年（一一二五）、また普照《ふしょう》の序は建炎二年（一一二八）の日付を有しているから、それ以前の刊行があったことは明らかであり、延祐四年（一三一七）の虚谷希陵《きりょう》の後序も「嵎中張明遠、偶獲㆓写本後冊㆒、又獲㆓雪堂刊本及蜀本㆒、校訂㆓訛舛、刊㆓成此書㆒」と、雪堂道行による刊本のあったことを指摘する（『禅学大辞典』）

張氏の重刊本には、原版の普照の序と無党の後序とを載せた外に、新たに、方回万里。休々居士。三教老人。三人の（後）序と、浄日。希陵。海粟老人。三人の後序とを添えてあります。それらに記されてある年月に注意して見ますと、大徳四年、同九年、同八年、同六年、延祐四年、というようにまちまちになっていてどれが出版された年月であるか不明（加藤『碧巌録大講座』1、一四四頁）

ちなみに『碧巌録』は十巻一百則よりなる。『従容録《しょうようろく》』も同じく一百則より構成されるが、こちらは全六巻からなっている。

公案のはじまり

公案の〝おこり〟（時期）については、『碧巌録』の「三教老人の序」に簡明にのべられている。

嘗《かつ》て祖教の書を謂いて、之《これ》を「公案」と謂うは、唐に倡《はじ》まり宋に盛んなり

唐代にはじまった公案は、宋代に大慧《だいえ》宗杲《そうこう》らによって活用され、その禅道修行のひとつの手段としてこれの工夫探求が唱道され重要視されるようになった。

このように公案禅は、「三教老人の序」にみるように、宋の時代に隆盛をみたのであるが、そもそもこの公案禅が発生するその消息について、市川白弦師（『大慧』臨済禅僧書4）は「禅宗勃興期における宗

匠の接化」についてふれて、

多くの場合、門弟が随時告白する疑団に応じて指示を与えることによって行われた（六四―六五頁）

とのべている。たとえばそれは、具体的な応答をかかげると、雪峰義存の嗣で、さらには雲門宗を樹立した雲門文偃《えん》（八六四―九四九）とひとりの僧との問答がそうだ。

雲門偃禅師に僧問ふ、如何《いか》なるか是れ祖師西来意《そしせいらいい》。師云く、日裏に山を看《み》る

雲門禅師の座下にあったひとりの僧が、師の文偃《ぶんえん》禅師に、こう問いかけた――祖師西来意《そしせいらいい》とは如何《いか》に、と。

つまり、こうである――。

じつはこの話にでてくる文偃《ぶんえん》の問いとは、いわゆる〝諸方の旧話《きゅうわ》〟とよばれるたぐいのそれのひとつであって、いわゆる禅の根本義についてふれた大切な質問でありながらも、そののち各地の叢林《そうりん》（諸方）で問いつくされ、言い旧《ふる》されてきた問答（祖師とは達磨《だるま》のこと。その達磨が西方《さいほう》のインドからやってきたそのいわれとは何か＝旧話＝いい旧《ふる》されたはなし）なのである。

ひとり僧の問いかけに雲門文偃《うんもんぶんえん》禅師は「日裏ニ看ルレ山ヲ」（「明明亮亮にして一切蔵《かく》す処なし」〈『禅語字彙』〉とか、「ハッキリよく見える」〈柴山全慶輯『禅林句集』〉とかの意）と答えている。

このように学人《がくにん》（修行者）がいだく疑問（疑団《ぎだん》）、それにこたえて教導

問答とは

学徒問い、師家之に答う。之《これ》問答なり。若《も》し、其れ師家のみなるときは、之を対機《たいき》という。緇門警訓《しもんけいくん》に仏眼云く、「近世多く問答を以て、禅家の家風となす。古人の、事を明めず一向に末を逐《お》うて反らず。怪むべし。恠むべし。昔人は迷に因むて問う。故に問処に証人を求む。今人は胡乱に問い、口を趁て答う。笑いを達者に取る」と（禅学要鑑）

する者（宗匠）の応答応接とからなっていた。これについて、禅学者の鈴木大拙《だいせつ》（一八七〇―一九六六）博士も同様な指摘をする。

そのかみ修行者が自ら問題を提《ひっさ》げて来た。この問題にぶつかるまで、彼は一方ならぬ苦心をした、そして非常な緊張した意識を以てこの問題の解決にとりかかった。指導者に向ってこの問題をもちだす刹那の緊張味には、渾身の力を傾けたものがあった（『鈴木大拙選集』第二十五巻、八五頁）

――これが勃興期の公案事情であった。

ところが禅宗も次の守成期（市川）にはいると、勃興期《ぼっこうき》と比《くら》べて、そういった学人の求道心だよりでは生《なま》ぬるくなってしまった。修行者まかせの接化（応答）ではもはや立ちいかなくなってきてしまった。

公案禅はこのようにして、そののち（宋代）の成熟のときをむかえるのであるが、市川師はそのことについて、さきの引文につづけて、こうのべる。

公案禅はすでに唐末、五代に端を発しているが、これが成熟したのは宋代であり、その主唱者は大慧であった。大慧語録巻九「室中機縁」の条を見ると「師、僧に問ふ」という形式が列記せられている。これが公案の消息である（市川前掲書、六五頁）

この期になると公案はもうその内実に変質をきたしてきている。

修行僧が指導者に問答をしかけていた初期。そしてそれが守成期になると、宗師家（指導者）のほうから学人《がくにん》（学侶・禅子）にむけて問いを発している（鈴木博士も、「これが看話禅《かんなぜん》」になると、問題は指導者の方から与えられる〈前掲書〉）。いまや〝ただびと〟となってしまった学人（禅子《ぜんす》）を激発・策励《さくれい》しているのである。

『碧巌録』の序文　碧巌集※は碧巌録とも称す

普照《ふしょう》の序　「時に建炎《けんえん》戊（一一二八）中暮春晦日、参学嗣《つ》祖の比丘普照謹んで序す」。普照は圜悟に法を嗣ぐ。

方回《ほうかい》（万里）**の序**　「大徳四年庚子（一三〇〇年）四月初八日癸丑、紫陽山の方回（字）は万里序す」。序の冒頭に「四十二章経、中国に入りてより始めて仏あることを知る」と。中国初の仏寺といわれる白馬寺は後漢の永平十一年（六八）に建てられる。道元は福井の禅寺建立にあたり、当初の寺名（大仏寺）を改め、永平の元号を冠し）ている（永平寺）。文中「死灰を燃して復た板行す」と、復刊の旨をしるす。

周馳《しゅうち》（休休居士）**の序**※　方回の序と同じく、大慧宗杲による焚焼があった旨をしるす。また「**嵎中の張氏始めて更に木に刻し、来たりて予に謀《はか》る**」と。「大徳九年、歳乙巳（一三〇五年）三月吉日、玉岑《ぎょくしん》の休休居士・聊城《りょうじょう》の周馳《しゅうち》、銭唐観橋《せんとうかんきょう》の寓舎に書《しる》す」

三教老人の序※　文中に「公案は唐に倡《はじ》まり宋に盛んなり」。「大徳甲辰（一三〇四年）四月望（十五日）、三教老人書す」。大徳甲辰（一三〇四年）は大徳八年。

『碧巌録』の後序（跋）

無党の後序　「宣和《せんな》乙巳（一一二五年）春暮上休、罕《かい》人《ひと》関友無《かんゆうむ》党《とう》記す」。宣和《せんな》乙巳《いつし》は宣和《せんな》七年。

浄日の跋　「大徳壬寅（一三〇二年）中秋、天童に住する第七世の法孫、比《び》丘《く》浄日《じょうにち》拝手し謹んで書す」。大徳壬寅《じんいん》は大徳六年（一三〇二）。

比丘希陵の後序※　「延祐《えんゆう》丁巳（一三一七年）迎仏会の日、径山《きんざん》住持の比《び》丘《く》希陵《きりょう》拝書して以て後序と為す」。延祐《えんゆう》丁巳《ていし》は延祐《えんゆう》四年。希陵《きりょう》は虚谷希陵。

大慧による『碧巌集』焚焼（焼却）**のいわれ：**

「我《われ》碧巌集※の中より記《おぼ》え来たれり。実には悟り有るに非ず」と。因って其の後、根本を明めず、専ら語言を尚《とうと》び以て口捷《くちだつしゃ》ならんと図《はか》るを慮《おもんぱか》り、是《これ》に由って之を火《や》き、以て斯の弊を救う。

馮子振（海粟老人）**の跋**　「是れは年延祐《えんゆう》丁巳（一三一七年）の中元の日（七月十五日）、海粟《かいぞく》老人馮子《ふうし》振《しん》題す」。馮子《ふうし》振《しん》には『居庸賦』がある。

語録中にあらわれた公案の語

公案という語は、自ら幻住《げんじゅう》と称した中峰明本《ちゅうほうみょうほん》禅師（一二六三―一三二三）が『山房夜話《さんぼうやわ》』の中で、「公案とは公府の案牘《あんどく》に喩《たと》うるなり」云々と字義解釈している。案牘《あんどく》とは、公文書のこと。

ある人問う。仏祖の機縁、世に公案と称するものは何ぞや。幻曰く、公案とは乃ち公府の案牘《あんどく》に喩《たと》うる也。法の所在にして王道の治乱実にこれに係れり。公とは乃ち聖賢その轍を一にし、天下その途を同じうするの至理なり。案とは乃ち聖賢理を為すことを記する正文なり。（……）夫れ仏祖の機縁を目《な》づけて公案と云うも亦爾《しか》り」（柴山全慶老師訳）

「個人の私情によって曲ぐべからざる、万人の等しく依って立つべき法文」（柴山）、これが公案の意味だという。

語録に公案という語があらわれたその初見については、次のとおりである（『正宗賛』巻一「黄檗章」）。

宇宙は所現の万法其の侭《まま》が悟の現れであるということ。公案は師家が学人を提撕《ていぜい》するに用ひる警策なり。（……）公案の語の禅録に現れたるは、黄檗希運禅師の「昨日公案未了老僧休去」を以て始めとす。又広義には至理の所在、大道の帰結するところを謂う（国訳狂雲集 上巻、九頁）

展開期の禅宗

こころみに禅宗の歴史的展開期をさぐっておきたい。

増永霊鳳《ますながれいほう》氏は、次のようにわけている。「成立」「発達」「守成」「衰退」時代の四時期・時代である（次頁、下段参照）。そのうち守成時代とは、法眼宗《ほうげんしゅう》の祖《そ》たる「清涼文益《せいりょうもんえき》が亡くなってから、一二年（九六〇）

を経て、北宋《ほくそう》に興《おこ》ったが、その頃より南宋の滅びるまで、およそ三百二十年間を禅宗の守成時代となづける」(「第五章　中国禅の守成時代」『禅宗史要』八三頁)のである(清涼文益は、法眼宗の祖。八八五―九五八)。

さらにその時代、「一般の禅風は前代の闊達不羈の自由さを失って、漸次固定化し、古則公案に拘泥《こうでい》して、やや小径に入った観がある」(同前)と。つまりは雲門の系統が旺《さか》んだったときである。

次の伝法次第《でんぼうしだい》にみるよう、雲門文偃《うんもんぶんえん》禅師のもとからは、香林澄遠《きょうりんちょうおん》(九〇八―九八七)を輩出し、さらには次第して智門光祚《ちもんこうそ》(生没年不詳。宋代。澄遠の嗣)や、『碧巌録』の原著《オリジナル》『雪竇頌古』をものした雪竇重顕《せっちょうじゅうけん》をもうみだしている。

徳山宣鑑(唐代)―雪峰義存(唐末五代)―**雲門文偃《えん》**(八六四―九四九。雪峰義存の嗣《し》。唐末五代)―香林澄遠《きょうりんちょうおん》(後梁北宋)―智門光祚《ちもんこうそ》―雪竇重顕(光祚の嗣《し》。北宋〈九六〇―一一二七〉)

守成時代〔期〕の禅についてふれて、市川師は以上のようにのべている。そしてさらには、「公案禅(看話禅*2)発生に至る過程」についてもいい及んでいるが、その事情はすでにさきにのべ来《きた》った。

既にあらゆる問題があらゆる方向に答えられ、もはや独自の問を提《ひっさ》

> 禅宗の歴史的展開(増永霊鳳)
>
> 【成立時代】菩提達摩から、六祖慧能までの二百五十年(『禅宗史要』二七頁)
>
> 【発達時代】南嶽青原の時代より、唐末五代の終りに至るまで、およそ二百五十年間はいわゆる中国禅の発達時代(同四四頁)
>
> 【守成時代】(本文中参照のこと。同八三頁)
>
> 【衰退時代】元が中国全土を平定してより、明代を経て清の乾隆に至るまで、およそ四百五十年間(同九五頁)

げて師の指示を求める余地がなく、他方寺院経済が発達して僧侶の数が激増するにつれてその質が低下し、彼此相俟って全般に無気力沈滞の傾向が現れ、勢い先人の語句の訓詁的な反芻に日を送ることになる。それでは如実の参究を生命とする禅は亡びざるを得ない。この危機を救うために、師家の方から話頭を提示して、門弟の疑団を誘発し、これを導いて禅体験に入らしめる必要が生じた。その昔、潙山が香厳の低迷を見て「父母未生の時一句を道《い》へ」と逼《せま》ったことがあるが、いまその必要が切実化したのである。このようにして公案禅（看話禅）が発生した。公案禅はすでに唐末、五代に端を発しているが、これが成熟したのは宋代であり、その主唱者は大慧であった（市川前掲書、六五頁）

勃興期とはぎゃくに、守成期には「師家《しけ》の方から話頭《わとう》を提示」し、指導者がわから学人の悟道をうながしている様《さま》がうかがえる。

「香厳の低迷」云々とは、霊雲志勤《れいうんしごん》（不詳）の「桃花悟道《とうかごどう》」（桃花をみてさとった）とともによく知られた禅話《ぜんな》「香厳撃竹《きやくちく》大悟」（掃除のおり、掃《は》きすてたツブテ（礫）が竹を撃《う》ち、その音でさとりをひらいた）中にえがかれた求道《ぐどう》者香厳の修行時（未悟のとき）の譚《はなし》である。

〝聡明博識〟でしられた香厳禅師が潙山霊祐《いさんれいゆう》（大潙大円）禅師の会下《えか》にあって悟りを得られずに、あれこれと逡巡《しゅんじゅん》していた、つまりこれは「香厳智閑禅師、かつて大潙大円（潙山霊祐のこと）禅師の会《え》に学道せしとき」（『正法眼蔵』「渓声山色《けいせいさんしょく》」）の消息（いわれ）である。

そのさまを『景徳伝燈録』は、このようにしるす（『禅門宝訓話集』にも同趣旨を載せる）。

〔霊〕祐和尚、其（香厳）の法器なるを知り、智光を激発せんと欲す。一日、之《これ》（香厳）に謂《い》いて曰く。

吾《わ》れ、汝が平生の学解《がくげ》、及び経巻冊子《さっし》上に記得せる者は問わず。汝、未だ胞胎《ほうたい》を出でず、未だ東西を弁《べん》ぜざる時、本分の事について、試みに一句を道《い》い来《きた》れ。吾《わ》れ汝を記さんと要すと。師、惜然として対《こた》うること無し。沈吟すること久しくして、数語を進めて其の所解を陳《の》ぶるに、〔霊〕祐、皆《みな》許さず。

また引文中の「未《いま》だ胞胎《ほうたい》を出でず、未だ東西を弁《べん》ぜざる時、本分《ほんぶん》の事《じ》」とは、「父母《ぶも》未生以前《みしょういぜん》の本来の面目《めんもく》」などと同じで、父母があってこその自己（おのれ）なのに、そのあなた自身が母の胎内からうまれ出ないその前《さき》、東も西も分からないそのときのあなた自身ということで、これは、威音王已前《いおんおういぜん》、天地未分以然、朕兆未萌已然《ちんちょうみほういぜん》（朕兆已然。朕兆は〝きざし〟）の〝本来の面目〟（ほんとうのすがた）の意である。

師の潙山より、天地《あめつち》も未だ分かれざるときの、おまえのほんとうの〝すがた〟はいかなるものか、と問われても、学識もあり経巻の文句の一々にも通じていたはずの香厳だが、その問いに、かれはなんとも答えられなかった（師、帰堂し、諸経を検して遂に一言あらず）。なんとも無残なことである。

そしてかれは、画《え》にかいた餅《もち》（かれ自身、いくら博識をつんで聡明であっても）は飢餓《きが》（師より与えられた課題）のまえには、いかほどの役にも立たなかった（画餅不レ可レ充レ飢〈画餅は飢を充《み》たさず〉）と歎《たん》じている。

看話禅の〝発生〟について鈴木大拙は、さきほど引文につづけて、こういう。

これが看話禅になると、問題は指導者の方から与えられるのだ。勿論、これを受けるまでに、修行者は系統ある教理に対する幾分かの知識を用意している。そしてこれと連関して禅に対する尋求の心も備わっている。けれども、往昔の修行者のように自ら問題を提げ得るほどの苦心はまだできない、これはむしろこれからのプログラムになっている。与えられるべき問題は、かくの如くにしておのづから従来のものとその構造・目的を異にすべきは論を俟たない（鈴木前掲書八五頁）

看話禅と黙照禅

当時、この『碧巌録』を禅道修行上の参究の手引き書としてもちいる者がでてきた。つまり、〔碧巌〕録（集）中の語句をいたずらに弄《ろう》する修行者（学人）があらわれたようである。大慧禅師はそのことを慨《なげ》き、これではかえって、この書は、学人《がくにん》を益するのではなく、かえって学人の理解を〝鈍《にぶ》らせる〞、〝弊害《へいがい》がある〞として、その刻版を焼いてしまった（『碧巌録』の序や比丘希陵の後序などを参照のこと）。

・大慧が最も力を入れて警告し排除したものは、先人の語句を考証し注釈して能事《のうじ》了《おわ》れりとする態度、および無念無想の寂黙境に枯坐することを以て究竟と考える態度の二つであった。これが当時の禅界における二大病弊とかんがえられたからである。かれは好んで「語黙を以て通ずべからず」という言葉を用いているが、かれにおいて「語黙」とは、具体的にはこの病弊を意味したと察せられる（市川前掲書、六五－六六頁）

・学人《がくにん》（修行者）の徒《いたずら》にその葛藤《かっとう》（文字）を弄《ろう》して本分《ほんぶん》の参究を忽《ゆるが》せするの弊《へい》に陥《おちい》るを慨《がい》し、この刻版を把《と》って一炬《こ》に付せり＊3

大慧《だいえ》禅師の禅の参究《さんきゅう》にたいする手法は、当時、黙照禅《もくしょうぜん》の側からは看話禅《かんなぜん》だといって揶揄《やゆ》されたものの、禅の修行法に〝公案〞というものをとり入れ、それを修道の一助としようとしたものであった。それだけに大慧は、語録の中のことばを弄《ろう》するものがでてきた、それゆえに、とうとう焼却（焚書）というやり方をえらばざるをえなくなってしまった（比丘《びく》希陵《きりょう》の後序〈跋〉を参照のこと）。いずれにしろ、そこ（公案の採用）には大慧禅師ならではの見識があったのは〝勿論《もちろん》〞だったろう。が、大慧じしんによる公案焼却は、修行者にとっては、かれの苦衷《くちゅう》をはっきりとしらしめした行為と映じたにちがいない。

看話禅《かんなぜん》と黙照禅《もくしょうぜん》とは併称《へいしょう》してよばれる。看話の〝話〟（話頭）とは公案のことで、その公案を工夫《くふう》する（看《み》る）ことを修行の階梯《かいてい》（段階）に導入したやり方である。

『碧巌録』の原著者ともよぶべき雪竇《せっちょう》禅師（智門光祚《ちもんこうそ》の嗣。九八〇―一〇五二）とは、山名（雪竇山〈浙江省にある山、別名を四明山《しめいざん》とも〉）を冠した禅師名で、その付法の次第（雲門四世）は、先にかかげた。

そこで次には、雪竇の嗣法《しほう》の弟子、およびその付法の弟子かかげる。

雪竇重顕《せっちょうじゅうけん》―
天衣義懐《てんねぎかい》（九九三―一〇六四）・称心省宗《しょうしんしょうそう》―法雲法秀《ほううんほうしゅう》（一〇二七―一〇九〇）―仏国惟白《ぶっこくいはく》（不詳）

さらには、雪竇の、いや、『碧巌録』の共著者ともいうべき、五祖法演《ごそほうえん》の嗣《し》、圜悟克勤《えんごこくごん》禅師の事蹟《じせき》をもたどってみたい。

碧巌録の著者夾山《かっさん》の圜悟《えんご》禅師は、臨済《りんざい》十世の法孫にして、名は克勤《こくごん》、字は無著《むちゃく》、彭州崇寧県駱氏《ほうしゅうすうねいけんらくし》の子なり。世々儒《よよじゅ》を業《ごう》とす。幼にして強記《きょうき》、日々《ひび》千言《せんげん》を諳《そら》んず。幼時、妙寂寺《みょうじゃくじ》に遊び、仏書を見て感ずる所あり、遂に祝髪《しゅくはつ》して僧となり、文照《もんしょう》に従って講説を聴き、敏行座主《びんぎょうざす》に就《つ》いて楞厳《りょうごん》を受く。尋《つい》で玉泉《ぎょくせん》の皓《こう》、金鑾《きんらん》の信《しん》、大潙《だいい》の喆《てつ》、黄龍《おうりょう》の心《しん》、東林《とうりん》の度《たく》等の諸老に歴参《れきさん》し、皆以て法器となす。而《しか》して黄龍の晦堂《まいどう》、特に称して曰く、『他日《たじつ》、臨済《りんざい》の一派、当《まさ》に之《こ》の子に拠《よ》って興《おこ》らん』と。最後に斯州《きしゅう》に至り、五祖法演《ごそほうえん》に参じて遂に其《そ》の法を嗣《つ》ぐ。政和《せいわ》の初め、張無尽《ちょうむじん》の請《こい》に応じて夾山《かっさん》の澧泉院《れいせんいん》に住し、雪竇の百則頌古《ひゃくそくじゅこ》を評唱して、其《そ》の玄微《げんび》を発揮したるは実に此の時なり。崇寧《そうねい》年中、安沙府《あんさふ》の道林《どうりん》に徙《うつ》る。時に枢密《すうみつ》の鄧公子常《とうこうしじょう》、奏《そう》して紫服《しふく》及び仏果《ぶっか》の師号《しごう》を賜《たま》い、徽宗《きそう》皇帝、詔《みことのり》して金龍《きんりゅう》の蔣山《しょざん》に住せしむ。学者輻輳《ふくそう》して門風大いに振《ふる》う。帝又勅《ちょく》して天寧《てんねい》・万寿に住せしむ。建炎《けんえん》の初め、鎮江《ちんこう》の金山《きんざん》に遷《うつ》る。適々高宗《たまたまこうそう》賀して揚州《ようしゅう》に幸《みゆき》し、入対《にゅうたい》して号を圜悟禅師と賜《たま》う。次で江西《こうぜい》の雲居《うんご》に徙《うつ》り、去って照覚寺《しょうがくじ》に住す。南宋の紹興《しょうこう》五年八月、微恙《びよう》を示して寂《じゃく》す。勅《ちょく》して真覚《しんがく》と諡《おくりな》す。著《あらわ》す所、碧巌録の外、語録二十巻、圜悟心要《えんごしんよう》二巻、撃節録《げきせつろく》三巻等あり。嗣法《しほう》の徒、大慧宗杲《だいえそうこう》、虎丘紹隆《くきゅうじょうりゅう》等二十余人あり。称して臨済の中興《ちゅうこう》となす（国訳註解碧巌録〈上村観光、二松堂書店、昭和六年〉解題、三頁）

夾山澧泉院《かっさんれいせんいん》の圜悟克勤の嗣法《しほう》の弟子——大慧宗杲・虎丘紹隆《くきゅうじょうりゅう》についてのべると、以下のとおり。

大慧と虎丘（一〇七七—一一三六）は圜悟《えんご》に嗣《つ》ぎ、圜悟は法演《ほうえん》に嗣ぎ、法演は白雲守端《はくうんしゅたん》（一〇二五—一〇七二）に嗣ぎ、守端は楊岐方会《ようぎほうえ》（九九二—一〇四九。石霜楚円の嗣）に嗣《つ》ぐ。このうち、克勤禅師の嗣法《しほう》の弟子中、龍虎（二大弟子）のひとりと称された大慧宗杲は、碧巌録〝焚焼（焚棄）〟でしられ、また、看話禅《かんなぜん》の創始者としても著名である。

看話《かんな》とは、「看は参究工夫。話は公案」（『仏教語大辞典』）。看話禅とは「一つの公案を目じるしとして工夫し、それを理解しえたならば、さらに他の公案をとって工夫し、かくて遂に大悟に至ろうとする禅風」（同前）、したがって曹洞宗がわからは、待悟禅《たいごぜん》（己れの大悟を待ちうけのぞむ禅風。曹洞宗がわから看話禅を批判した語）とか、梯子《はしご》禅（ハシゴを一段一段とのぼるようにして大悟に近づく禅風）などとも貶称《へんしょう》される。

看話禅の大慧と、『黙照銘《もくしょうめい》』あるいは黙照禅の創始者としてもしられる宏智正覚《わんししょうがく》（一〇九一—一一五七。丹霞子淳の嗣）、かれらふたりはよくならび称されるが、じっさいのところ、かれらがたがいに反目していたわけではない（後述）。

このように曹洞宗では、黙照禅《もくしょうぜん》をかかげて宗旨《しゅうし》としており、いっぽう臨済宗では、看話禅《かんなぜん》を修《しゅ》することをその教えの主たる柱とする。

黙照禅とは、黙々《もくもく》と、ひたすら坐禅をする曹洞宗の宗風のことで、それを看話禅の主宰者大慧宗杲《そうこう》は、自身のよって立つところから、宏智《わんし》のおしえを罵《ののし》っていったのだ。しかし宏智正覚は、そのことばを逆用した。

次に辞書（『日本国語辞典』）の説明をかかげる。

【黙　照】黙々と坐禅するさまを形容したことば。もとは、南宋の初め、宏智正覚《わんししょうがく》の禅風に対して、禅の活《い》きたはたらきを欠くものとして大慧宗杲が用いた貶称《へんしょう》であったが、宏智正覚はこの語を逆用して禅の正統を表わすものとし、「定慧円明」（禅定《ぜんじょう》と智慧《ちえ》とがともにそなわり、円《まど》かで明らかなこと）の意に解した（『日国』）。

次の語釈は、中村元氏（『仏教語大辞典』）よる。

【黙　照】黙々としてただ坐禅するばかりで、他の雑事をしないこと（大慧書）。

【黙照邪師】大慧が宏智《わんし》一派の禅僧をののしった語。黙照の禅を実修する師家たちの意（大慧書）。

【黙照禅】ただ無念無想になることを修する禅。沈黙してもっぱら坐禅し、照、すなわち慧のはたらきを従とする禅の意（曹洞宗はこの傾向を受けている）。(1)もと南宋初期の大慧宗杲が宏智正覚の禅風を批評した語。〈大慧書〉(2)これに対し、正覚は『黙照銘』などをつくり、この誹謗の語を逆用して、黙して坐禅することがそのまま慧のはたらきを活発にし、さとりに至る正道であるとし、宗杲の禅は公案に拘泥する看話禅であると応酬した〈黙照銘〉。

大慧の主張――『大慧書』を中心に

〝黙照禅〟にかんする大慧の記述（現代語訳は、荒木見悟『大慧書』、以下同）を、以下にとりあげてみたい。

【黙照】『大慧書』下〈李郎中に答える〉に、「下の下の者は、黙照して一言も言わず、空々寂々として、亡者の洞窟の中におち込み、無上の安楽を求めます（下下《げげ》なる者は、黙照無言、空空寂寂を以《もっ》て、鬼窟裏《きくつり》に在《あ》って著到《ちゃくとう》し、究竟《くきょう》の安楽を求めんとす〈原文は、国訳禅宗叢書第参巻より。以下、同〉）」

【黙照邪師】『大慧書』下〈宗直閣に答える〉に、「あなたのお手紙にしかじかと述べているのは、すべて玄沙がやかましく言っている弊害でして、黙照の邪師が人を埋めこむ坑《あな》です（荒木前掲書）（左右の来書《らいしょ》に云云するは、尽《ことごと》く是れ玄沙《げんしゃ》の所訶底《しょかてい》の病にして、黙照邪師《もくしょうじゃし》の人を埋《うず》む底の坑子《こうし》なり）」

【黙照禅】『大慧書』上〈陳少卿に答える第一書〉に「近年以来、一種の邪師があって、黙照禅を説き、朝から晩まで人にこの事への関心をもたせず、安静にして、声を出すことも許しません（同前）（近年以来、一種の邪師有りて、黙照禅を説いて、人を教えて十二時中、是れ事、管《かん》すること莫《なか》れ、休し去り歇《かつ》し去って、声を做《な》すことを得ざらしむ）」

さきにみたように、大慧《だいえ》宗杲は、臨済宗の圜悟《えんご》克勤《こくごん》（五家七宗のひとつ楊枝派）の法嗣《はっす》で、上村観光氏の文（国訳註解碧巌録）にでてきた虎丘紹隆《くきゅうじょうりゅう》も同じように、圜悟に法を嗣《つ》いでいる。

いっぽう宏智正覚は、真歇清了《しんけつせいりょう》（一〇八八―一一五一）とともに丹霞《たんか》子淳《しじゅん》（一〇六四―一一一七）の法を嗣《つ》いでいる。子淳は芙蓉道楷《ふようどうかい》に嗣《つ》ぎ、道楷は雲居《うんご》道膺《どうよう》（？―九〇二）に、雲居《うんご》は洞山良价《とうざんりょうかい》（八〇七―八六九）に嗣《つ》いでいる。ただ、付記しておくならば、大慧自身、その上《かみ》（往時）、曹洞の宗旨《おしえ》をも学んでいるのは興味ある事実である。

『碧巌録《へきがんろく》』の原著《オリジナル》をしるした雪竇重顕《せっちょうじゅうけん》禅師は、智門光祚《ちもんこうそ》に法を嗣《つ》ぐ。諱《いみな》は重顕。字《あざな》は隠之。

同録の著者・夾山《かっさん》の圜悟《えんご》禅師は、五祖《ごそ》〔山の〕法演《ほうえん》に嗣《つ》ぐ。北宋の徽宗《きそう》より仏果《ぶっか》の号を、南宋の高宗《こうそう》（在位一一二七―一一六二）より圜悟《えんご》の号を賜《たま》う。諱《いみな》は克勤《こくごん》、字は無著《むじゃく》。

臨済の看話禅《かんなぜん》（公案禅）と曹洞の黙照禅――両者の禅風は〝さとり〟そのものを、どのようにとらえるのか、そのとらえ方の違いによるものである。黙照禅の〝黙〟とは黙々《もくもく》ということで、只管《ひたすら》に坐禅する（只管打坐《しかんたざ》）、その黙然《もくねん》として坐禅をする中に仏性《ぶっしょう》をさがしもとめる（照らしみる）修行法である。

これ（黙照禅）は、そのような修行のやり方（曹洞禅の修行法）を、大慧が罵《ののし》っていったことばなのだ。それを曹洞宗の宏智正覚《わんししょうがく》は〝逆用〟し、あえてそれを黙照禅と称した。さすが、宏智《わんし》禅師である。

したがって看話禅と黙照禅は、いわば相対《あい》立する〝対《つい》〟の概念ともいえよう。

人間はほんらい、仏となる（成仏の）種《たね》をもっているのである、という考え方と、それは坐禅修行によってでなければ得られないという思惟《しい》方法、めざすところは一つでも、そこにむくベクトルの向きは、このようにまるっきり逆方向なのである。かんたんにいってしまうと、さとりを求める（向上）道をえらぶか、それとも、もともと具《そな》わっているさとりを見きわめて、そこから衆生救済《さいど》の道（向下）にしたがうのかということだろう。

さて、その大慧禅師（世寿七五、法臘五八）の亡きあとのこと、大徳四年（一三〇〇）に、張明遠なる居士《こじ》が諸寺の蔵本をかきあつめて重刊したのが、こんにちの『碧巌録《へきがんろく》』である。ただし垂示《すいじ》の部分を欠いている則《そく》（公案）があるのは、この録（集）が残簡《ざんかん》から成《な》っている証左《しょうさ》でもある。

また朝比奈宗源《あさひなそうげん》老師（円覚寺派元管長）によると、大慧《だいえ》によって焚書《ふんしょ》された『碧巌録』が、のちに再版されたとき、「内容の乱雑《らんざつ》を来《きた》した」との指摘がある（『碧巌録講話』）。内容の乱雑とは、密教の口伝《くでん》における「爛脱《らんだつ》」（乱脱）をおもわせるものがある（爛脱とは、慢法の者を防がんが為《た》め文を錯乱《さくらん》せしめ、師授を受けずんば文意を解し難からしむる〈密教大辞典〉こと）。また『大慧法語』にも、「密室伝授して禅道と為る者あり」（「看話禅」『日本仏教史辞典』古田紹欽）のことばがある。

初版の刊行は、単純に計算すれば、一一〇〇年ごろか、それともあるいは宋の宣和《せんわ》（北宋第八代徽宗のみ代）七年（一一二五）であろうか。ただし、これは関〈友〉《かんゆう》無党《むとう》による「後序〈跋《ばつ》〉」（張明遠）の日付である。

いっぽう公案集『無門関』の印行（印刷刊行）は一二二九年（紹定二）である。したがって仮に、初版本『碧巌録』の刊行を一一二五年とすれば、『無門関』刊行（一二二九）までの間には、ほぼ百年余りのへだたりがあることになる。このあいだ叢林《そうりん》（禅僧の修行場所、禅宗寺院）では『碧巌録』を参照することは難しかったのだといえよう。つまり無門慧開《むもんえかい》禅師が『無門関』を印行《いんこう》（出版）したおりには、世に『碧巌録』は流布《るふ》していなかったということになる。

さて、いっぽうの『無門関』とは、無門慧開《むもんえかい》が禅語録中から本則《ほんそく》（公案）四十八則を抽《ぬ》きだし、それにかれ自身の評唱《ひょうしょう》（コメント）と頌《じゅ》（詩文）を付したものから成《な》りたっている語録（公案集）である。

この語録（公案集。僧が説き示したことばを記録したもの）とは、師の教えなどを記したもの、つまり平生《へいぜい》に話されたことば（常談）を、後学の修行者（学人）のために記しのこした本のことである。師である禅師が弟子の修行者に、日常にしめされたビビッドな生《せい》のあかし、修行の軌跡《きせき》を、目にみえることばとして記録・構成して指南《しなん》（指導）の書としたもののことである。

『無門関』の「習庵序」につづく「表文《ひょうもん》」によると、「紹定《しょうてい》二年（一二二九）正月初五日、恭《うやうや》しく天基の聖節《せいせつ》に遇《あ》う。臣僧慧開《しんそうえかい》、予《あらかじ》め元年十二月初五日に於いて、仏祖の機縁四十八則を印行拈提《いんこうねんてい》し、今上皇帝聖躬《せいきゅう》の万歳《ばんざい》万歳万万歳を祝延したてまつる」（紹定《しょうてい》二年〈一二二九〉正月五日、有り難いことに今年も皇帝陛下の誕生日を迎えました。皇帝を思う一人の僧慧開は、昨年十二月五日、仏祖の機縁に関する話を四十八例選び、その一々に私なりの見解を付して印刷刊行し、もって皇帝陛下のご安泰をお祝い申し上げる次第であります〈西村訳注。ルビは引用者〉）と。このように本書の撰述・刊行の意図をのべている。

聖帝（天基）理宗《りそう》（南宋の第五代皇帝。一二〇五―一二六四）の誕生日にのぞんで、そのみ代の長からんこと（万歳）を寿《ことほ》ぐために印刷し刊行した（印行）ものという。有名な「趙州無字《じょうしゅうむじ》」第一則にはじまって、「乾峰《けんぽう》の一路《いちろ》」第四十八則にいたるまでを収録したものである。

『碧巌録』は「達磨廓然無聖《だるまかくねんむしょう》」第一則にはじまり、「巴陵吹毛剣《はりょうすいもうけん》」第百則までを収載した、全百則十巻（一〇則を一巻とする）からなる語録である。『従容録《しょうようろく》』も同様の構成で、こちらは百則六巻からなっている曹洞宗で重要視される公案である。

ついでながら『碧巌録』のなかで、もっとも多くとりあげれている禅僧は、当然のことながら、宋代に活躍した〔五家七宗の〕禅僧たちであり、雪竇《せっちょう》にとっては大祖師《だいそし》でもあり、また、雲門宗《うんもんしゅう》の開祖でもある雲門文偃《うんもんぶんえん》（八六四―九四九。雪峰義存の嗣《し》）で十八回、趙州従諗《じょうしゅうじゅうしん》の十二回である。

雪峰の本師《ほんじ》である徳山宣鑑《とくさんせんかん》は一回（第四則）、また同じく徳山の弟子の巌頭《がんとう》は二回（第五一・六六則）、同じく巌頭の兄弟《ひんでい》（修行仲間）にあたる雪峰義存《せっぽうぎぞん》は五回（第五・二二・四九・五一・六六則）である。

この両書について多少なりとも理解しておいて、そのうえでそこにあらわれた表現のちがいをみていくのもいいかとおもって、ここではその相違について少しふれてきた。

周金剛――若き日の徳山宣鑑

前置きがながくなったが、本題（「3　禅僧への道のり」）にはいろう。

周金剛《しゅうこんごう》（徳山禅師）と老婆（売餅《まいひん》の婆子《ばす》）とのやりとりを細かくみるには、『無門関』と『碧巌録』の両方の記事をとりあげて相互に補完しながら参照したほうがよりいっそう親《した》しめるだろう。そしてなによりも、そこにこそ徳山禅師誕生の原点となるできごとが凝縮してえがかれているからである。

ここでおもに参照するのは『碧巌録』中の「徳山挾複子《きょうふくす》（問答）」第四則「評唱。巻末の原文のEを参照のことからで、その主たる内容は、修行の旅の途上で行きあった餅《もち》売りのひとりの老婆と、周金剛（徳山禅師）とのやりとりからである。それにくわえて、『無門関』からは第二十八則の「久響龍潭《きゅうきょうりゅうたん》」章の記事をもおぎなってみていきたい。

南方で禅宗が隆盛しているとのうわさを耳にして、それは世を惑乱《わくらん》するものだ、それだけは、なんとしても打破し（打ち破る）なければならない、と奮然《ふんぜん》として故郷の蜀《しょく》（四川省）を出立《しゅったつ》した周金剛（徳山）だが、途中で小腹《こばら》がすいてきた。そこで、路傍で往《ゆ》きかったひとりの老婆から、餅を購《あがな》いもとめてお腹をみたそうとした（この老婆が、茶店の老婆か、ただの餅売りの老婆か判然《はっきり》としない）。すると、その餅売りの老婆に、「載《の》する所の者は是れ什麼《なん》ぞ」と。「あなた様が、その背《せ》なにせおっている、お経典はなんですか」とたずねられた。

――ちなみに『無門関』のこのくだりは㋰「大徳の車子《しゃす》の内は是れ什麼《なん》の文字ぞ」（お坊様の引いてい

る車のなかの、それはいったい何の書物で……西村訳）とある。――載《の》する所のもの（『無門関』中の「車子」）を、ここでは笈《おい》の中に、の意に解した（伝記の中には〝担う〟という表現もみえる）。

旅の必携品をおさめるものといえば、インド旅行記（『大唐西域記』）をしるしたかの玄奘《げんじょう》三蔵（六〇二―六六四）がインドへの旅で背負っていた笈《おい》が即座にうかんだからである（なお井上秀天氏は、車は「匣《こう》」〈はこ〉ではない、かと指摘している。また事実、「匣子の内、是れ何の文字ぞ？」としるす提唱本もある）。

徳山はそこで、「これか、これは金剛経の疏鈔《しょしょう》！」とこたえた。背負っているのは、金剛経《こんごうきょう》（金剛般若波羅蜜多経）という、ありがたいお経典の講釈書《こうしゃくしょ》（疏）である、と。

すると老婆は、さらに、「我《わ》れに一問《もん》、有り！」と、老婆はこうきりかえしてきた――何とも勇《いさ》ましいことである。「この婆にも、そなた様（周金剛こと徳山）におたずねしたいことがあります」という追いうちのことばである。

　なんじ、若《も》し答え得ば、油糍《ゆじ》を布施《ふせ》して点心と作《な》さん

と。「あなた様が、それにこたえてくれるなら、この婆ァもまた、餅（油糍）を供養《くよう》してさしあげましょう。それでもって胸やすめ（点心）になさってください」という。

この油糍は、古来、稲餅ともいい、稲黍米を粉にして作つくるもの、また団子の油揚《あぶらあげ》とも饅頭《まんじゅう》の油揚ともいう。さらに胡麻餅《ごまもち》のこともいい、ゴマをいれてつくった餅 禅学辞典 ともいう。

老婆は、わたしの質問にこたえてくれるなら、このお餅を、お坊さまに、ご供養してさしあげましょう、と。もし、「それができない

玄奘三蔵

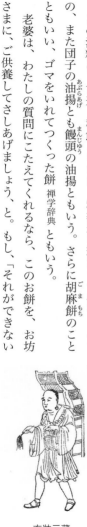

ようならば、よそ（別処）であがなってほしい」（若《も》し答え得ずんば、別処《べっしょ》に買い去れ）と、なかなか手厳しい対応、なんとも辛辣《しんらつ》な老婆の提言である。はたして周金剛《しゅうこんごう》は、この胡麻餅《ごまもち》を食することができるのであろうか、それも気にかかってくる。

そこで周金剛（徳山）は老婆の問いかけにたいして、「但《た》だ問え」――〝委細承知《いさいしょうち》〟とばかり、自信満々に、餅売りの老婆にそう応対した。すると老婆は、

金剛経に云く、「過去の心も不可得（得べからず）、現在の心も不可得、未来の心も不可得」と、上座、那箇《なこ》の心をか点ぜんと欲す

と。老婆に「どの（那箇）の心に点心するのか」と問われているが、これは、なかなかの難題だ。

老婆が、「上座《じょうざ》」云々といっているは、経匣《きょうばこ》（笈）を担《にな》った周金剛（徳山）の風体《ふうてい》をみて、かれは講僧《こうそう》だとしって、そのように、有徳《うとく》のひとよ、長老よ、と尊称しているのだろう。老婆は、僧形《そうぎょう》をした旅の僧、周金剛（徳山）のことを、ある意味、敬《うやま》って称《い》っているし、ある意味では揶揄《やゆ》してもいる。上座《スタビラ》は、「上に人なき」をいい、梵語《ぼんご》のスタヴィラ（sthavira）は、長老、首座・上首などとも意訳《いやく》される。

道元の評価：道元は『正法眼蔵』「心不可得」の巻で、徳山宣鑑について、次のようにのべている。

十二担《たん》の書籍《しょじゃく》を撰集《せんじゅう》せり。斉肩《せいけん》の講者《こうじゃ》なきがごとし

十二担《たん》とは「十二人の人が担ぐ量」（水野弥穂子）。斉肩とは、「肩をならべる」の意で、このばあい、徳山と肩をならべうるような者はだれひとりといなかった、と。

しかし道元は徳山について、さらにいう、「しかあれども文字法師の末流なり」（文字の研究だけしていて実際の修行のない僧〈水野〉）と。そればかりか、「数百軸の釈主、数十年の講者、わづかに弊婆の一問をう

るに、たちまちに負処《ふしょ》に堕して、祇対におよばざること」（数百巻の注釈書の主、数十年にわたって研究してきた学者が、わずかに老婆の問いに遇うて、たちまちに窮して、答うるところを知らなかったとは〈増谷文雄〉）と。

さてこの箇所《くだり》だが、『無門関』中には、次のようにしるす。なおそこでは、「上座」ではなく、「大徳」（高徳の僧）との記載がある。

㋰只《た》だ経中に道《い》うが如《ごと》きんば、過去心も不可得、見在心《げんざいしん》も不可得、未来心も不可得と。大徳《だいとく》、
那箇《なこ》の心《しん》をか点ぜんと要す

〝経中〟の経〔典〕とは、金剛経のこと。過去心・見在心《げんざいしん》・未来心とは、竪《たて》の方向、つまり時間的には、過（前際）・現（中際）・未（後際）の三世（三際）にわたる心（三世心）、これは、不可得《うべからず》は、得《え》られない、の意。そのありがたいお経典（金剛般若波羅蜜経）には、過去の心も、現在（見在）の心も、未来の心も得べからず、とあるが、いったいぜんたい、そなたさまが点心《てんじん》（中食《ちゅうじき》）なさろうというのは、その過去・現在・未来のうちの、どのとき（那箇《なこ》）の心に点《てん》じよう（点心）となさるのですか、といっているのである。点心は、間食《かんしょく》（心をしずめるため、少しだけ食すこと）で、俗にいう〝胸やすめ〟のこと。

そのように老婆にたずねられても、周金剛《しゅうこんごう》こと徳山には、なんともかえすことばが見つからなかった。そこのところが『碧巖録』にいう、「〔徳〕山、無語（師、語なし）」の箇所《くだり》である。つまり周金剛（徳山）は、後生大事と背に担《にな》ってきた自慢の注疏《ちゅうしょ》のなかに、それにこたえるにたる（モチを獲得できるような）ことばを探りあてることができなかった。

そこのところを『無門関』では、もう少しくわしく描写している。すなわち、こうである。

㋰徳山、者《こ》の一問を被《こうむ》って、直《じき》に得たり、口《くち》、匾檐《へんたん》に似たることを。是《か》くの如くなりと雖然《いえど》も、

未《いま》だ肯《あえ》て婆子《ばす》の句下《くか》に向かって死却《しきやく》せず

ここで目をひくのは、徳山が「婆子の句下に向かって死却せず」というところだろう。これは徳山が、転《ころ》んでも、ただではおきなかったという〝あかし〟である。ちなみに西村訳ではここのところを「老婆に参《まい》ってしまうことなく」とある。

への字ぐち

みなれないことばがつづいているので、注釈をつけておきたい。文中の「口、匾檐《へんたん》に似たること」とはどういう容子《ようす》をいっているのか。これは禅録の中、たとえば『臨済録《りんざいろく》』の示衆《じしゅ》（説法。垂示とも）にも、

眼《まなこ》は漆突《しつとつ》に似て、口は匾檐《へんたん》の如し（眼玉はヤニの付いた煙突みたい、口は「へ」の字に結んだまま〈入矢訳〉）

とあり、あるいは「保福妙峰頂《ほふくみようぶちよう》」『碧巌録』第二十三則の評唱 にも、

恁麼《いんも》に問著《もんじやく》せば、便《すなわ》ち只《た》だ口、匾檐《へんたん》に似たり（荷物を担いだ棒のように口を「へ」の字に結んで一句も対答することが出来ない〈加藤咄堂〉）

とある。恁麼は「ドンナ、ソンナ、コンナ」の意で、問著は「問う」ということである。

ついでながら、この「保福妙峰頂《ほふくみようぶちよう》」の則《そく》（公案）には、保福《ほふく》〔従展〕、長慶《ちようけい》〔慧稜〕、鏡清《きようせい》〔道怤〕ら、雪峰義存《せつぽうぎぞん》（徳山宣鑑禅師のあとつぎ）の三弟子のほか、雪竇《せつちよう》〔重顕〕（『雪竇頌古』）も登場している。

この公案（「保福妙峰頂」）は、「玉は火を将《も》って試み、金は石を将《も》って試み、剣は毛《け》を将《も》って試み、水は杖を将《も》って試みる」ではじまる垂示《すいじ》（序）で知られている則（公案）である。

ほんものの玉《ぎよく》ならば、三日三晩、焼いてもその色沢《しきたく》（かがやき）は失われないし、金《きん》ならば、試金石《しきんせき》

（石）のことばどおり、硬度《こうど》の硬《かた》い石（試金石《しきんせき》）で磨《す》りつけてみると、そこにできた条痕《じょうこん》の色で、それがほんものかどうか（真贋）がはっきりとするという。

また名剣（たとえば鏌鎁《ばくや》の剣）かどうか、それを知りたいならば、剣先に毛を吹きつけてみるといい、その切味《きれあじ》で名剣かどうかがよくわかる、これが〝吹毛剣《すいもうけん》〟といわれる名剣のゆえんである。

さらに水の浅い深いを知るには、杖《つえ》を挿《さ》し入れてみるといい、杖の下部の目印で、水深がどれほどあるかをも判断できる。

では、人間ならばどうか。その人の為人《ひととなり》を知るには、喋《しゃべ》らせる、発語させてみると分かる。「巌頭拝喝」章『従容録』二十二則の示衆にもあるよう、この「人は語を将って探る」の、「探る」の語はもともとは、試みる、である＊4。

話をもどすと「口、匾檐《へんたん》」とは、たとえるなら〝竹篦口《しっぺいぐち》〟のことである。これを、もっとかんたんにいうと〝への字ぐち〟ということだ。竹篦《しっぺい》とは、禅匠が、修行者を接化《せっけ》（教化指導）するのにもちいる竹製の法具（竹でつくったうすいヘラ・ムチ）で、その形が「へ」の字に似ているところから、口を「へ」の字にむすぶことを「竹篦口」という。『国訳禅宗叢書』には「あたかも擔《にな》（担）い棒のごとく、口をへの字にして答えをなすこと能《あた》わざる状《かたち》を示す」と注記してある。この「匾《へん》」の字は、ウスい、とか、ウスイモノという意で、檐は「擔」に通じており、新字では「担」で、意味は、ニナう、ということ。

これらから推定すると、物をかつぐさいに使用する道具、たとえば〝担桶《たご》〟（コエタゴ、など）をになうときに用いる棒（擔《にな》い棒。天秤棒。担桶《たご》の棒）のことで、前後にものをぶらさげると、その重みで棒がよくしなう。それがあたかも口を「へ」の字にむすんだ様《さま》に似ているところから、このことばはうまれたようだ。

老婆の指示

さらに「徳山挟複子《きょうふくす》〔問答〕」章『碧巌録《へきがんろく》』「評唱」を参照しよう。さきにつづけて、文はこうしるす。

遂《つい》に指して去って龍潭に参ぜしむ

老婆は彼方《あなた》を指し、「あっちに行かっしゃれ」（龍潭《りゅうたん》〔寺〕に善知識（和尚）がおられるよ）という。

そこでもういちど『無門関』にもどると、このくだりには、ふたり（周金剛と老婆）のやりとりがだいぶ具体的にえがかれている。すなわち「久《きゅう》嚮《きょう》龍《りゅう》潭《たん》」章『無門関』第二十八則をみると、そこでは徳山が、

㋰近処《きんじょ》に甚麼《なん》の宗師《しゅうし》か有る

と、老婆に積極的に〔すすんで〕たずねている。餅売りの一老婆でさえ、これほどの力量がある！ もし、そうならば、この近くにかならずや名知識（宗師）とよばれるお方がおられるはずだ、と徳山はおもった。そこで老婆にたずねると、徳山にこういう。

㋰五里の外《ほか》に龍潭和尚有り

「五里もいけば、龍潭に大徳（善知識）がおられますよ」と。

このように『碧巌録』では、「遂に指して去って龍潭に参ぜしむ」とあるところを『無門関』では、㋰「近処《きんじょ》に甚麼《なん》の宗師（指導者。師家）か有る」と徳山が老婆にたずねると、それにたいして「五里の外に龍潭《りゅうたん》和尚有り」という老婆の〝いらえ〟があって、この応酬のなかみがいっそう具体的にうかびあがってくる。

もう一箇所、具体的にかかれたところをあげると、『無門関』で㋰「点心を買わんとす」とあるが、

こんどは「徳山挟複子《きょうふくす》（問答）」『碧巌録』のほうがよりはっきりと書かれていて、そこには、「且《しばら》く点心を買って喫《きつ》せんとす」といった周金剛（徳山）にたいして老婆は、わたしの質問に的確にこたえてくださるならば、「油糍《ゆじ》を布施《ふせ》して点心と作《な》さん」とある。この油糍というのは、さきほどもかかげたように油で揚《あ》げた饅頭《まんじゅう》のことである。

老婆が揚げマンジュウ（油糍）をあがなっているのをみて、徳山が「遂に疏抄《しょしょう》を放下《ほうげ》」したのは面白い。「放下」とは「投げ捨てる。ほうり出す。手放す。何ものにもとらわれず、一切を捨て去ること」という意である。故郷の関所をでてからも、ずっとだいじに背負ってきた自慢の金剛経の疏抄（注釈書）が入ったその箱（笈）を放り投げてしまった。そしてなによりもかれは〝腹ごしらえ〟にかかろうとしたことであろう。うがった読みかたをするなら、こののち龍潭をおとずれた徳山がついには、自慢の疏抄《しょしょう》を法堂《はっとう》（説法堂）のまえで焼いてしまうシーン（徳山焼疏）を語録（公案）はえがくが、これは、その予兆ともとらえかねない行動でもある。

さて徳山は、老婆のさとしにしたがって早速、龍潭《りゅうたん》の地（龍潭寺）に崇信《そうしん》師をたずねていっている。「久響龍潭《きゅうきょうりゅうたん》」章で無門はうたって、

㋰名を聞かんよりは面《おもて》を見んに如《し》かじ、面を見んよりは名を聞かんに如かじ＊5
鼻孔《びくう》＊6を救い得たりと雖然《いえど》も、争奈《いかん》せん、眼睛《がんぜい》を瞎脚《かつきゃく》することを

と頌《じゅ》している。まさにそのとおりである。「かねてから一度お目にかかりたいものと景慕《けいぼ》しておりました」（『禅語辞典』）というけれども、「その名を聞いて」逡巡《しゅんじゅん》しているよりは、いっそのこと「拝顔する」にこしたことはないではないか、と。そしてまた、そのぎゃく（面を見んよりは……）も然《しか》りだという。

「鼻孔《びこう》を救い得たりと雖然《いえど》も、争奈《いかん》せん、眼睛《がんぜい》を瞎脚《かつきやく》することを」とは、西村訳に、「たとえ鼻がたすかっても、／目玉抜かれて何とする」とある。

さて『無門関』では、㋰「五里の外に龍潭和尚有り」につづいて、㋰「龍潭に到るに及んで敗闕《はいけつ》を納《い》れ尽くす。……一場の好笑ならん」とある。ここのところも西村師の訳にあずかりたい。

そこで龍潭までやって来て、いやというほどの敗北を喫してしまったわけである。これでは故郷での大言壮語と龍潭での出来事とが、さっぱり合致していないというほかはない。龍潭和尚はといえば、この若造が可愛いばかりにそのお粗末に気付かなかったのか、わずかばかりの見どころがあると見て、慌てふためき、いきなり泥水をぶっかけてしまって、折角の火種を消してしまった。冷静に見れば、こんなお笑い草もないものさ

さて、次章にとりあげる〝久嚮龍潭《きゅうきょうりゅうたん》〟の話は、「久嚮龍潭」章『無門関』からではなくして、「徳山挟複子《きょうふくす》〈問答〉」の評唱『碧巌録』第四則の中からである。

それというのも、「久しく龍潭と嚮く」（この「嚮」の字の意味については、さざまな解釈がある。たとえば、この嚮の字は、「向かう・向ける」「近づく・接近する」「肩を持つ・情する・ひいきする」「〜へ向かって。〜へ。〜に」などの意味を有している）の話は、一般に「第二十八則」『無門関』ぜんたいを標《しる》す章タイトルとして扱われてはいるが、じつはこの「久嚮龍潭」ということばは『無門関』の中には、タイトル（公案名）にこそあるものの、それについての具体的な説明は、どこにも記載されてはいない。

それでは、それはいったい、どこに書いてあるかというと、それが以下にとりあげる「徳山挟複子《きょうふくす》〈問答〉」の評唱『碧巌録』第四則の中の一文である（原文のEを参照）。

纔《わずか》に門に跨《またが》って便《すなわ》ち問う、「久しく龍潭と嚮く、到来するに及んで、潭も又た見えず、龍も亦た現《げん》ぜず」

周金剛《しゅうこんごう》とよばれた、若き日の徳山禅師が、茶店の老婆の一拶《さつ》（ひとおし）にまけて、こののち師となる龍潭寺《りゅうたん》（寺院名のよみ方は、リュウタン・リョウタンのふた通りがかんがえられるが、本書では『禅学大辞典』による呼称を採《と》った）の崇信禅師をたずねていったシーンについては、次章でのべていくことにする。

余談ながら、周金剛（徳山）は、婆子の問いに答えることができずに、とうとう胡麻餅《ごまもち》にもありつけなかった（「乃ち油糍を得ずして去る」〈釈氏稽古略〉）のである＊7。

原文

E「徳山挟複子（問答）／徳山到潙山」（『碧巌録』第四則の評唱）原文　（岩波文庫版より）

（…略…）徳山は本《も》と是れ講僧、西蜀《せいしょく》に在って『金剛経』を講ず。因《ちなみ》に教中に道《い》う、「金剛喩定後得智《こんごうゆじょうごとくち》の中《うち》に、（…略…）他《か》の南方の魔子《ます》は便ち「即心是仏《そくしんぜぶつ》」と説く。遂に発憤して、疏鈔《しょしょう》を担《にな》いて行脚《あんぎゃ》し、直《じき》に南方に往《ゆ》きて、這《こ》の魔子の輩を破らんとす。看よ他恁麼《かれいんも》に発憤するは也《ま》た是れ箇《ひとり》の猛利底漢《いさましきおとこ》なり。

初め澧州に到る。路上に一婆子《あるろうば》の油糍《あげもち》を売るを見て、遂に疏鈔を放下《おろ》して、且《しばら》く点心を買って喫《くら》わんとす。婆云く、「載《の》する所の者は是れ什麼《なん》ぞ」。徳山云く、「『金剛経』の疏鈔なり」。婆云く、「我に一問有り、你若し答え得ば、油糍を布施して点心と作さん、若し答え得ずんば、別処に買い去《ゆ》け」。徳山云く、「但《た》だ問え」。婆云く、「『金剛経』に云く、『過去心も得べからず、現在心も得べからず、未来心も得べからず』と、上座は那箇《いずれ》の心《しん》をか点ぜんと欲す」。山、無語。婆、遂に指《さ》して龍潭に去《ゆ》き参ぜしむ。

門を跨《また》ぐや纔《いな》や便ち問う、「久しく龍潭を嚮う、到来するに及ぶも、潭も又た見えず、龍も亦た現れず」と。

龍潭和尚、屏風の後《うしろ》に身を引《かく》して云く、「子親ら龍潭に到れり」と。師乃ち礼を設けて退く。夜間に至って入室《にっしつ》し、侍立《じりつ》して更深《よふ》けぬ。潭云く、「何ぞ下がり去らざる」と。山、遂に珍重して簾を掲げて出づ。外面《そと》の黒《くら》きを見て、却回《もど》りて云く、「門外黒《くら》し」。潭、遂に紙燭《ししょく》を点《とも》して山に度与《てわた》す。山の方に接らんとするや潭便ち吹滅《ふきけ》す。山、豁然《かつねん》として大悟し、便ち礼拝す。潭云く、「子箇《なんじこ》の什麼《なに》を見てか便ち礼拝する」。山云く、「某甲《それがし》今より後《のち》、更《けつ》して天下の老和尚の舌頭《ことば》に疑著《まどわ》されず」と

（『国訳禅宗叢書』など）

B「久響龍潭」（『無門関』第二十八則）原文　その一

龍潭《りゅうたん》、因に徳山、①請益して夜に抵る。潭云く、「②夜、深ぬ。子、何ぞ下り去らざる」。山、遂に珍重して③簾を掲げて出ず。外面の黒きを見て却回して云く、「④外面黒し」。潭、乃ち紙燭を点じて度与す。⑤山、接せんと擬す。⑥潭、便ち吹滅す。⑦山、此に於いて忽然として省有り。便ち作礼す。潭云く、「⑧子、箇の甚麼の道理をか見る」。山云く、「⑨某甲、今日より去って天下の老和尚の舌頭を疑わず」。明日に至って、⑩龍潭、陞堂して云く、「可中《もし》、箇の漢有り、⑪牙は剣樹の如く、口は血盆に似て、⑫一棒に打てども頭を回《めぐら》さざれば、⑬他時異日、孤峰頂上《こほうちょうじょう》に向かって君〔我〕が道を立する在らん」。⑭山、遂に疏抄を取って法堂《はっとう》の前に於いて一炬火を将って提起して云く「諸の玄弁を窮《きわ》むるも、一毫を太虚に致《お》くが若《ごと》く、世の枢機《すうき》を竭《つく》すも一滴《てき》を巨壑《こがく》に投ずるに似たり」。疏抄を将って便ち焼く。是に於いて礼辞す」

（『国訳禅宗叢書』などより）

C「久響龍潭」（『無門関』第二十八則）原文　その二

無門曰く、「徳山、未だ関を出でざる時、心憤々、口悱悱たり。得得として南方に来って教外別伝の旨を滅却せんと要す。澧州の路上に到るに及んで婆子に問うて点心を買わんとす。婆云く、「大徳の車子の内は是れ甚

麼の文字ぞ」。山云く、「金剛経の抄疏」。婆云く、「只だ経中に道うが如きんば、過去心も不可得、現在心も不可得、未来心も不可得と。大徳、那箇の心をか点ぜんと要す」。徳山、者の一問を被って、直に得たり、口、匾檐に似たることを。是《か》くの如くなりと雖然《いえど》も、未だ肯て婆子の句下に向かって死却せず。遂に婆子に問う、「近処に甚麼の宗師か有る」。婆云く、「五里の外に龍潭和尚有り」。龍潭に到るに及んで敗闕を納れ尽くす。謂つべし是れ前語、後語に応ぜずと。龍潭、大いに児を憐れんで醜きことを覚えざるに似たり。他の些子の火種有るを見て、郎〔狼〕忙して悪水を将って驀頭に一澆に澆殺す。冷地に看来らば、一場の好笑ならん」

*1 **張氏の重刊** 『国訳仏果圜悟禅師碧巌録』(『国訳禅学大成』第二巻、四六九頁)によると、百七十八年とは、大慧が書を燬いてから、張氏が重刊するまでをいう(脚注)。

*2 **看話という語の由来** 「禅宗に公案というもの、又は話頭というものがある。そしてこの公案又は話頭に対して工夫、即ち禅的思惟とでもいうべきものを運らすことを、『看《み》』るともいい、『参《さん》』ずるともいう。これが「看話」の由来である」(『鈴木大拙選集』第二十五巻、六一頁)

*3 **これをごみ溜めにほうる** 『碧巌録』の跋文《ばつぶん》に、「学人の言句に泥《なず》み、従上の諸祖に辜負《そむ》かんことを懼《おそ》れ、老和尚の舌頭を取りて、一截《ひといき》に併せて烈焔《れつえん》に付し、煙して之《これ》を拉搕堆《ごみため》に颺《ほう》る」とあって、それが痛切な行為だったとわかる。

*4 人は語を将って探り、水は杖を将って探る。撥草瞻風《はっそうせんぷう》は、尋常《よのつね》に用いる底《てい》なり。忽然《こつねん》として箇《こ》の焦尾《しょうび》の大虫《だいちゅう》を跳《ちょう》 出《しゅつ》せば、又《ま》た作麼生《そもさん》

*5 名を聞くは「聞名」、面を見るは「見面」で、『無門関』第二十八則のタイトル「久嚮龍潭」と併《あわ》せかんがえても興味はつきない。当時、龍潭師の名は、金剛経学者の周金剛にも届いていたのだろう。そんな憶測も成り立つだろう。なお燈史『景徳伝燈録』第十四「薬山の惟儼禅師」章に「面を見るは、名を聞

くに如かず」と、同様の表現がある。「〜に如かず」には、〜にこしたひとはない、つまり、それが一番だとの意がこめられていよう。

*6 鼻はにんげんの顔の中心にある。その鼻を牛耳られると、当人は意のままなすことができないし、他のおもうがままになってしまう。

「鼻孔は別人の手の裏《うち》に在り」(『碧巌録』五十三則「馬大師の野鴨子」の頌の著語)

「你の鼻孔は別人の手の裏《うち》に在り」(同九十八則「天平和尚の両錯」の本則中の著語)

「鼻孔」は鼻。顔をして顔たらしめる急所、本来の面日。それが他人の手ににぎられてしまった。面目まるつぶれ。

*7 **もちゐを徳山にうらず** 道元禅師の『正法眼蔵』第八「心不可得」には、

徳山ときに茫然として祗対《したい》すべきところをおぼえざりき。婆子すなわち払袖《ほつしゅう》していでぬ。つゐにもちゐを徳山にうらず(水野弥穂子校注。傍点は引用者)

とある。婆子の「心不可得」の問いかけに、徳山は茫然《ぼうぜん》としてなんとも応対(祗対)出来なかった。すると買餅(売餅)の老婆子は袖《そで》を打ち払う(払袖)と、徳山に餅を売ることもなく、その場から立ち去った、と。

□補遺1□

大慧と宏智の交誼——看話(只だ看る)禅と默照(只だ坐る)禅

紹興丁丑九月、郡の僚及び檀越に謁し、次に越師趙公令詪に謁して之と別を言ふ。十月七日山に還る。翌日辰巳の間、沐浴して衣を更へ端坐して衆に告げ、侍者を顧み筆を索めて書を作り、育王の大慧禅師に遺はして後事を主どらんことを請ふ(天童宏智禅師伝略)(市川白弦『大慧』一四九頁)

○この伝をみると、宏智は示寂にあたり、後事を大慧宗杲に託しているのがわかる。宏智正覚は、大慧の師圜悟と親しい間柄（古田紹欽）であった。市川師は、紛争のそもそもの原因は弟子たちのあいだから沸き起こった、と。

天童覚和尚の遺書至る。書を受けて云く、古人道ふ。末後の一句始めて牢関に到り、要津を把断し凡聖を通ぜず、と。書を挙起して云く、這箇は是れ天童和尚、末後要津を把断して全提する底の消息、還って委悉すや。如し未だ委悉せずんば、却って請ふ維那、分明に説破せよ、宣し了って遂に陞座して云く、法幢掛け法梁折れ、法河乾き法眼滅ぶ。然も是の如くなりと雖も、正に是れ天童真実の説、且らく道へ、説底の事作麼生、知音知る後更に誰か知らん。」（大慧語録巻五）紛争は両師の間よりも、弟子達の間に起こったとみられる（市川『大慧』一五〇頁）

＊

古田氏は、看話、黙照というふたつ（二人）の禅風について、次のように述べている。

南宋の大慧宗杲が看話禅を、宏智正覚が黙照禅を唱えたことから両者の間に確執があったごとくに誤解され、この二つの禅風が対立的に相容れないものとされ、大慧が臨済禅を宏智が曹洞禅を嗣承したことから、これが臨済・曹洞の禅風の特質として後世相対していわれるに至ったが、大慧・宏智が主張したところはともに禅のあるべき真実のあり方を二つのそれぞれの立場からいおうとしたものであり、互いに相手を誹謗したものではない……看話禅は大慧のいうように「只だ看る」ことにあり、黙照禅は「只だ坐る」ことにあり、ともに「只だ」の参禅修行をいったものにほかならない

（『日本仏教史辞典』「看話禅の項」古田紹欽）

□補遺２□……………………………………

心不可得

金剛経に「過去心不可得、現在心不可得、未来心不可得」と。不可得は無自性の意で、心不可得とは、心性は無自性で、認識の対象とならないことの意。

無自性とは、すべてのものは因縁生のゆえに、確たる実体をもっていない（「全ての存在は固定した実体をもたな

いことを示す語」）。すなわち存在物は、因と縁とが仮に和合したものであるから実有と呼ぶべきものをもたない。

自性《じしょう》とは、

梵語スヴバーヴsvabhāvaの訳。㊀ものそれ自体の存在性のこと。他と混乱せず改変もしない独自の体性、本性をいう……但し中論などでは、一切のものは因縁によって成るが故に無自性であるとして、自性を否定する（多屋ほか『仏教学辞典』）。

したがって、無自性《むじしょう》とは――、

全ての存在は固定した実体をもたないことを示す語。一切諸法はみな因縁仮和合によって存在するものであり、因縁が尽きれば散じ去って、もとの形は存在しないことよりいう。「如諸法自性、不在於縁中、以無自性故、他性亦復無」〔中論、縁品〕（以下、『禅語大辞典』より）

以下、『禅語大辞典』の「心不可得」の項より

①不可得は無自性の意。心性は無自性で、認識の対象とならないこと。

②道元は法性真如と同義語とみる。心即不可得、不可得即心として、心と不可得と相待せずにみて、不可得が心の実態であり、この実態が法性そのものであるとする。「而今の思量分別は心不可得なり、使得十二時の渾身これ心不可得なり、仏祖の入室よりこのかた心不可得を会取す、いまだ仏祖の入室あらざれば、心不可得の問取なし、道著なし、見聞せざるなり」〔眼蔵、心不可得〕

また同辞典は、道元の『正法眼蔵』「心不可得」の巻〉についてふれていう（③）。

なお、ここにいう二つ（前・後）の「心不可得」の制作は、仁治二年（一二四一）夏安居日のことで、前者の奥付には「雍州（京都）宇治郡観音導利興聖宝林寺にて衆に示す」と。後者には「興聖宝林寺に書す」とある。

③㋑〔正法眼蔵〕（九五巻）中の第十八。仁治二年（一二四一）夏安居中、宇治興聖寺における示衆

㋺〔正法眼蔵〕（九五巻）中の第十九巻。説時、説処前巻と同じ……前巻と区別して「後心不可得」ともいう

上記（辞典）説明中（③には）、㋑「前心不可得」ならびに㋺「後心不可得」（いずれも『正法眼蔵』）巻についてふれている。〝心不可得〟の巻は、説明文にあるとおり、「金剛経‐徳山‐婆子」がキータームとなっている。ストーリーは『無門関』第二十八「久響龍潭」の話《わ》や、もしくは『碧巌録』第四則「徳山挟複子《きょうふくす》〔問答〕」の評唱の中にえがかれた光景そのままである（「徳山、本《も》と是れ講僧……」）。しかもそれはそのまま「道元がみた徳山禅師と餅売りの老婆」のエピソードの評ともなっている。

そこでまず㋑〝前「心不可得」（第十八巻）〟から、当該箇所を抽《ぬ》きだしてみる（仁治二年＝一二四一）と、

ただあらあらしき造次のみ　十二荷《か》の書籍を撰修し、肩をならべる学者もないようであった。だが結局は学僧の末流にかぎなかった……なんとしたことか、数百巻の注釈書の主、数十年にわたって研究してきた学者が、わずかに老婆の問いに遇うて、たちまちに窮して、答えるところを知らなかったとは……いったい、徳山は、それから以後もたいした勝れたところがあったとは思われない。ただあらあらしいかりそめの行動のみである……なおかの老婆を恐れていたにちがいない。やはりこの道における後進であって、ずぬけた古仏ではなかった（増谷訳。以下、同）

と。次に㋺〝後「心不可得」（第十九巻）〟をうかがうと、㋑とはちがって、道元の徳山評価に相違がみられる。

この世の導師なり　かくて、彼はやがて雲門や法眼の祖となるにいたったのみではなく、また、この世の導師ともなることをえた（つひに龍潭に参じて師資のみち見成《げんじょう》せしより、まさにそのひとなりき。いまは雲門・法眼の高祖なるのみにあらず、人中《にんちゅう》・天上《てんじょう》の導師なり）

「彼は……この世の導師」云々と、評価を一転しているのがわかる。ところが、このわずか一年ののち（仁治三年〈一二四二〉壬寅）、道元は、徳山を臨済と比して、次のようにのべている（「行持」上）。

祖席の英雄は臨済・徳山といふ。しかあれども、徳山いかにしてか臨済におよばん。まことに臨済のごときは、群《ぐん》に群せざるなり。そのときの群は、近代の抜群《ばつぐん》よりも抜群なり。行業純一にして行持抜群せりといふ。幾枚幾般《いくまいいくはん》の行持なりとおもひ擬《ぎ》せんとするに、あたるべからざるものなり

（仏祖のなかでの大物は、よく臨済と徳山だという。だが、徳山がどうしてか臨済におよびえようか。まことに、臨済のごときは、群のなかの一人ではありえない。しかも、そのころの仏祖のかたがたは、近代の抜群のかたがたよりもまた抜きんでた存在であった〈増谷訳〉）

これをみるかぎり、道元の徳山への評価は、「後「心不可得」」のそれはいっときのものであり、その執筆以後も、彼の評価は、先㋑とさほどかわっていない、といえそうだ。

コラム

道氤の『青龍疏』：金剛経注疏——周金剛が携えていた金剛経の注釈書（青龍疏）

八〇六年（大同元）、空海《くうかい》が唐より帰朝したさいに、同国より請来《しょうらい》（将来《しょうらい》。もたらすこと）し、朝廷に提出した経典等の目録——御請来目録《ごしょうらいもくろく》中に、「新訳等の経」とならんでしるされた「論疏章等」の項に、唐長安青龍寺道氤《どういん》の「金剛般若経疏一部三巻　道氤法師撰」と記載されている。これは「大正新脩大蔵経」八十五巻「古逸部」に収載された『御注金剛般若波羅蜜経宣演』＊で、この注疏が『青龍疏〔書〕』とよばれるものである。

宇井《うい》伯寿《はくじゅ》『頓悟要門《とんごようもん》』「諸方門人参問語録巻下」二四「講青龍疏座主問」（青龍の疏を講ずる座主問う）の脚注に「青龍疏トハ玄宗皇帝ノ金剛経注ニ、青龍寺道氤ガ複注シタルモノニテ、御注金剛経宣演（大蔵経第八十五巻八頁以下並ニ一四一頁以下）トイフ」（一〇八頁）とある。——周金剛こと若き日の徳山宣鑑が背《せ》なに担《にな》い、たえず携えていた金剛経の注疏が、まさにこの『青龍疏』だったのである。

＊道氤ならびにその「注疏」（宣演）については、平井宥慶氏の研究（「豊山学報」ほか）がある。

4
龍潭滅燭あるいは徳山焼疏

＊龍潭寺における修行と得道

龍潭寺へ
龍潭和尚、あかりを吹き消す
周金剛のさとり
剣樹のようなキバ
孤峰頂上にむかって
徳山、注釈書を焼く
久響龍潭ということ

周金剛、龍潭へ往く

周金剛《しゅうこんごう》とよばれ、講経僧《こうきょうそう》（講師《こうじ》）としてその令名《れいめい》もたかかった若い日の徳山宣鑑《とくさんせんかん》は、不立文字《ふりゅうもんじ》（離文字《り》）の教え〝何為《なにす》るものぞ〟と息《いき》まいて故郷の蜀《しょく》を出立《しゅったつ》した。それはひとえに南方の〝魔《ま》子《す》〟と、その〝教え〟をうち破らんがためだった。

ところがその旅の途次《とじ》――澧州《れいしゅう》（湖南省北部）――、ひとりの餅売り（売餅《まいひん》）の老婆と問答をかわすはめになった。老婆の問いかけにたいして、周金剛（のちの徳山宣鑑）は、いっぺんの応《いら》え（返事）もできなかったばかりか、その老婆に痛棒《つうぼう》すら喫《くら》ってしまう、つまり老婆の勘弁《かんべん》（しらべ）に遭《あ》ってしまった。

しかし周金剛はそれにもめげることなく、老婆の教えに素直にしたがって、禅門における最初の師となる龍潭寺《りゅうたんじ》の崇信《そうしん》禅師のもとに草鞋《わらじ》をぬいだのだった（禅への入門）――その様をえがいたのが、『無門関』二十八則「久嚮龍潭《きゅうきょうりゅうたん》」章（B文）である。

それにたいして、龍潭寺（龍潭禅院とも）にあって崇信禅師の接化《せっけ》（教導）によって周金剛こと徳山宣鑑が〝さとり〟をひらき（A―1〈龍潭滅燭《めつしょく》／龍潭吹滅《すいめつ》〉）、そののち法堂《はっとう》（説法堂）の前で自慢の疏抄《しょしょう》（金剛経の注釈書。『青龍疏』＝『御注金剛般若波羅蜜経宣演』）を焚《や》いて金剛経学者〝周金剛〟との決別をはたしたシーン（A―2〈徳山焼疏《とくさんしょうしょ》〉）との二部だてとなっているのが、この「久嚮龍潭」章の本則（公案）である。

ところで『無門関』の構成は、本則（公案）、評唱（無門によるコメント）、それに頌（偈頌、詩文）の三部だてで、これは『碧巌録』などが〝合著〟(共著)であるのに比すと、無門慧開そのひとの単著といえる。

この公案のはなしの筋をよりよく理解するために、本則(公案)A文と評唱B文とをかかげておいたが、本来のながれは、評唱《コメント》のB文(無門曰く……)をさきによみ、そののち本則であるA文(龍潭、因に……)へとよみつぐほうが〝はなし〟のスジとしても理解をえやすい。つまり読解を得やすくするためには、

評唱＝B文　→　本則＝A文〔1・2〕

の順でよみすすめるのが至当である。

ただし、ここでの主要部はやはりなんといっても公案(「本則」)、つまり、餅売り(売餅《まいひん》)の老婆のことばにしたがって龍潭崇信《りゅうたんそうしん》禅師のもとを訪《おとな》い、そののち本師となった龍潭師の傍らにあって〝さとり〟を開くにいたった場面をえがいたところ――本則A―1〈龍潭滅燭／龍潭吹滅〉である。

また本則A―2〈徳山焼疏〉では、開悟《かいご》した金剛経学者(講僧)の周金剛が衣《ころも》を更《かえ》て禅僧となったシーンと、新たな修行道場・大潙山《だいいさん》に霊祐《れいゆう》(七七一―八五三)禅師をたずねて出立《しゅったつ》する場面までとをえがく。

したがってここでは、便宜上、まず評唱の原文B文をかかげておく。

このB文はすでにふれたように、「久響龍潭《きゅうきょうりゅうたん》」とよばれる章『無門関』にたいする、この公案の作者無門慧開《むもんえかい》による批評(評唱・コメント)の部分である。本来ならば、ここは批評部分であるから、本則(公案)A文にたいする〝コメント〟である。したがって、『無門関』二十八則「久響龍潭《きゅうきょうりゅうたん》」は本来ならば、A文から、そしてB文へとつながっているところである。

B　久響龍潭（『無門関』第二十八則）原文　その二

無門曰く、「徳山《とくさん》、未《いま》だ関《かん》を出でざる時、心憤々《しんふんぷん》、口悱悱《くひひ》たり。得得《とくとく》として南方に来って教外別伝《きょうげべつでん》の旨を滅却《めつきゃく》せんと要す。澧州《れいしゅう》の路上に到るに及んで婆子《ばす》に問うて点心《てんじん》を買わんとす。婆云く、「大徳の車子《しゃす》の内は是れ甚麼《なん》の文字ぞ」。〔徳〕山云く、「金剛経の抄疏《しょうしょ》」。婆云く、「只《た》だ経中に道《い》うが如《ごと》きんば、過去心も不可得《ふかとく》、見《げん》(現)在心も不可得、未来心も不可得と。大徳、那箇《なこ》の心《しん》をか点《てん》ぜんと要す」。徳山、者《こ》の一問《もん》を被《こうむ》って、直《じき》に得たり、口《くち》、匾檐《へんたん》に似たることを。是《か》くの如くなりと雖然《いえど》も、未だ肯《あえ》て婆子の句下《くか》に向かって死却《しきゃく》せず。遂に婆子《ばす》に問う、「近処《きんじょ》に甚麼《なん》の宗師《しゅうし》か有る」。婆云く、「五里《り》の外《ほか》に龍潭《りゅうたん》和尚有り」。龍潭に到るに及んで敗闕《はいけつ》を納《い》れ尽くす。謂《いい》つべし是れ前語、後語に応ぜず、と。龍潭、大いに児《じ》を憐れんで醜《みにく》きことを覚《おぼ》えざるに似たり。他の些子《しゃし》の火種《かしゅ》有るを見て、郎《ろう》〔狼〕忙《ぼう》して悪水《おすい》を将《も》って驀頭《まくとう》に一澆《ぎょう》に澆殺《ぎょうさつ》す。冷地《れいち》に看来《みきた》らば、一場の好笑《こうしょう》ならん」（西村恵信訳注ほか『国訳禅宗叢書』など）

次にかかげる本則A文（1と2）は「龍潭、因《ちなみ》に徳山《とくさん》、請益《しんえき》して夜に抵《いた》る」にはじまるが、これは評唱B文のできごとがおこったその〝後《のち》〟のこと（請益《しんえき》）だから、これは、周金剛が龍潭寺にとどまってから以降の一景だとわかる。

A　久嚮龍潭（『無門関』第二十八則）原文　その一

本則　A—1（龍潭滅燭）

①龍潭、因《ちなみ》に徳山《とくさん》、請益《しんえき》して夜に抵《いた》る。②〔龍〕潭云く、「夜、深《ふけ》ぬ。子《なんじ》、何《なん》ぞ下《くだ》り去らざる」。③〔徳〕山、遂に珍重《ちんちょう》して④簾《れん》を掲《かか》げて出《い》ず。⑤外面《げめん》の黒《くら》きを見て却回《きやうい》して云く、「外面黒し」。⑥〔龍〕潭、乃ち紙燭《ししょく》を点じて度与《どよ》す。⑦〔徳〕山、接《せっ》せんと擬《ぎ》す。⑧〔龍〕潭、便ち吹滅《すいめつ》す。⑨〔徳〕山、此《ここ》に於いて忽然《こつねん》として省《しょう》有り。便ち作礼《さらい》す。⑩〔龍〕潭云く、「子《なんじ》、箇《こ》の甚《なん》麼の道理をか見る」。⑪〔徳〕山云く、「某甲《それがし》、今日より去って天下の老和尚の舌頭《ぜっとう》を疑わず」

本則　A—2（徳山焼疏）

⑫-1明日《みょうにち》に至って、龍潭、陞堂《しんどう》して云く、「可中《もし》箇《こ》の漢《かん》有り、⑫-2牙《きば》は剣樹《けんじゅ》の如く、口は血盆《けつぼん》に似て、⑫-3一棒に打てども頭《こうべ》を回《めぐ》らさざれば、⑫-4他時異日《たじいじつ》、孤峰頂上《こほうちようじよう》に向かって君〔我〕が道《どう》を立《りっ》する在《な》らん」。⑬〔徳〕山、遂に疏抄を取って法堂の前に於いて一炬火《こか》を将《も》って提起《ていき》して云く「諸の玄弁《げんべん》を窮《きわ》むるも、一毫《ごう》を太虚《たいこ》に致《お》くが若《ごと》く、世の枢機《すうき》を竭《つく》すも一滴《てき》を巨壑《こがく》に投《とう》ずるに似たり」。疏抄を将《も》って便ち焼く。是に於いて礼辞《らいじ》す」（西村恵信訳注ほか『国訳禅宗叢書』など）

本則A—2中の「諸の玄弁」云々とは、「このような書物がいくらあっても、まるで大空に舞う一本の毛や谷間に投げた一滴の水にも値しない」（西村惠信『碧巌録の読み方』）ということ。

また巨壑《こがく》とは、大海のことといい、また巨《おお》きな壑《たに》（谷）の意とも。壑は、ガク・カク・コとよみ、「谷《たに》」（『漢字源』）あるいは「海《うみ》」（『漢辞海』）などの意味がある。『大漢和辞典』（諸橋轍次）は、巨壑を「大きな溝。海」の意にとっている。禅語に「塞壑塡溝」（壑《たに》に塞《ふさ》がり溝《みぞ》に塡《み》つ）とある。「仏教の説く道理はいたるところにみちみちている」の意（増永・古田『禅語小辞典』）

さて、この公案の本則A文は、原文にみるよう、大きく二つにわけられる。ひとつは「龍潭滅燭《めっしょく》」と称されるできごとが展開されたときであり、もうひとつは「徳山焼疏《とくさんしょうしょ》」とよばれる事件がそうである。

久嚮龍潭

- 本則A—1「龍潭滅燭」（龍潭師、紙燭の灯りを吹き消す）
- 本則A—2「徳山焼疏」（徳山、つねづね持参の自慢の疏鈔〈金剛経の注釈〉を焼く）

そのうち前者の「龍潭滅燭」（A—1）の記事（出来事）は、『祖堂集《そどうしゅう》』巻五の「徳山章」に、「初見而独室小駐門徒、師乃看侍数日」（「初相見して、**門徒を休ませる部屋**に案内され、そこで**数日和尚に侍した**」〈衣川賢次「徳山と臨済」『東洋文化研究所紀要』二〇一〇〉四〇頁参照）との一文があるから、したがって、この記事は龍潭師のもとにあって、数日のちにおこった出来事だった事がしられる。

その部分を、さきの引文につづけて、いま少し補足しておきたい（同前四〇—四一頁）。

ある夜、和尚に参じたおり、和尚がいう、「なぜ帰らぬか？」徳山、「真っ闇です。」和尚は手燭に燈をつけて徳山に手わたした。徳山が受け取ろうとした瞬間、和尚は**燈を吹き消した**。徳山はただちに礼拝した。「いかなる道理がわかったのか？」「今後、けっして天下の老師がたの言説を疑いません。」徳山は問う、「龍潭和尚にお会いしたく思っておりましたが、ここに来ますと、潭もなければ龍も見えませぬが。」龍潭「それでこそ、そなたはわしのところへ到ったのだ。」徳山は和尚の純一なる言葉を聞き、感動して言った、「玄妙な教理をとことん突き詰めても、大空に毛一筋置いたにすぎぬ。世の枢奥の言説を究めつくしても、大海に水一滴を落としたにすぎなかったのだ！

少し長くなったが、この部分は『祖堂集』巻五「徳山章」がえがく、すなわち『無門関』第二十則「久響龍潭《きゆうきようりゆうたん》」の「龍潭滅燭／龍潭吹滅《すいめつ》」に相当する記事である。

くりかえすと、B文のこの箇所《くだり》（評唱）、「無門曰く、「徳山《とくさん》、未《いま》だ関《かん》を出でざる時」云々は、公案の体裁（本則→評唱→頌）からみると、本来ならば、本則（公案）A文の後にえがかれるべきところだ（なお文中の〝関《かん》〟は、関門。「徳山はまだ故郷にいた時」〈西村〉、「徳山は西蜀の郊関を出《い》でない時代」〈古田〉、「故郷の関所」〈平田〉）。したがって「久響龍潭《きゆうきようりゆうたん》」章の原文は当然のことながら本則（公案）A文にはじまって、批評（評唱）B文へとつながっているところだ。

しかしそうではあるけれども、この「久響龍潭」章のストーリーそのものは、まずは批評B文からはじまり、そして公案のA文へと追っていったほうが、はなしの筋を理解するうえには一等わかりよいし、その筋道としても妥当・順当なのである。

この『無門関』の批評（評唱）B文についてはすでに「2　若き日の周金剛と餅売りの婆子」や「3

禅僧への道のり」の章でふれてきたが、繁《はん》をいとわずにいまここにもう一度かかげた。

しかし龍潭寺での顚末《てんまつ》——、本師《ほんじ》となる崇信《そうしん》師にまみえた周金剛こと徳山宣鑑《とくさんせんかん》禅師のその後についてはこれまで、まだ何も触れてこなかった。つまり、龍潭崇信のもとにあって〝さとり〟にいたるまでのシーンをえがいたのが、ここにかかげる「久嚮龍潭」章『無門関』の二十八則の本則（公案）A文である。

しかもこの「久嚮龍潭《きゆうきようりゆうたん》」章全体は、よくよくみると、前半の本則と、後半の批評（評唱）や頌《じゆ》（詩文）などとに、つまり本則いがいのふたつの部分に大きくわけられるが、さらには、その前半部分（本則）もまた、主にふたつの記事によって成り立っていて、この公案のタイトルは「久嚮龍潭」章というよりも、どちらかというとこれは、これからのべるはなしの素材にちなんで、前半の内容からは「**龍潭滅燭**《めつしよく》」（徳山のさとりの因縁）もしくは、後半の記述からは「**徳山焼疏**《とくさんしようしよ》」（徳山の再出家）とよんだほうがふさわしい章タイトルなのである（龍潭滅燭は**龍潭吹滅**ともいう）。

そこでここでは、おもにこの前半の本則（公案）についてみていきたい。

前半（A—1）の「龍潭滅燭《りようたんめつしよく》」は、龍潭禅師のもとにおける徳山宣鑑のさとりの〝契機〟をえがいたところである。

いっぽう後半（A—2⑫-1）の「徳山焼疏《しようしよ》」は、後生大事と担《にな》ってきた指南の書「金剛経の疏抄」を焼いて〝有《う》文字の教え〟から〝離文字《りもじ》の教え〟、すなわち「**不立文字**《ふりゆうもんじ》」の教えへと、大きな転換にいたったいきさつについてふれたところである。したがって、龍潭禅師のもとでの修行の日々の一こま（後出参照のこと）をえがいたこの「久嚮龍潭《きゆうきようりゆうたん》」章は、まず、さとりを得るまでの「龍潭滅燭《りゆうたんめつしよく》／龍潭吹滅《すいめつ》」と、それ以後に徳山がとった〝大潙山に到《いた》る〟までの行動をえがく「徳山焼疏《しようしよ》」との二部からなっていることがわかる。

そこでここでは、以上のふたつの記事に注目しながら、龍潭師の拶着《さつじやく》（詰問）にあって、さとりを開き（開悟）、修行にうちこむ修行僧に〝変身した〟徳山の姿をみていきたい。

ここでの本則（公案）は、次の文にはじまっている。

①龍潭、因みに徳山、請益《しんえき》して夜に抵《いた》る。②〔龍〕潭云く、「夜、深《ふけ》ぬ。子《なんじ》、何ぞ下り去らざる」。③〔徳〕山、遂に珍重《ちんちよう》して④簾《れん》を掲《かか》げて出ず云々

このところは『碧巌録』第四則「徳山挟複子《きようふくす》〔問答〕／徳山到潙山」の次の文の末尾（夜間に至って入室、侍立して更深けぬ）に相当する部分である。しかも同書（「国訳禅宗叢書」第七巻より）には、次の前置きがある（章末を参照）。

纔《わずか》に門に跨《また》がって便ち問ふ、「久しく龍潭と嚮《ひび》く、到来するに及んで、潭《たん》も又《ま》た見えず、龍も亦《ま》た現《げん》ぜず」。龍潭和尚、屏風の後《しりえ》に於《の》て身を引べて云く、「子《なんじ》、親しく龍潭に到《いた》れり」と。師、乃ち礼を設《もう》けて退《しりぞ》く。夜間に至って入室《にっしつ》、侍立《じりゆう》して更深けぬ

こうしてみると、いまあげた『無門関』の本則（公案）の出

独室に少しく門徒を駐《とど》む　衣川賢次氏（花大教授）の「徳山と臨済」（東洋文化研究所紀要　第百五十八冊）中に「門徒を休ませる部室…」とある（註4参照）。

また、柳田聖山師も『祖堂集』の中で、「はじめて宗匠に出会って、独り住みの小屋でしばらくそのもとにとどまる」（『世界の名著』続3）とのべている。

不立文字　『五燈会元』上、巻第一「七仏」中の釈迦牟尼仏の項に、いう。

世尊、霊山会上《りようぜんえじよう》に在《あ》って、花を拈《ねん》じて衆に示す。

是の時、衆皆な黙念《もくねん》たり、唯《た》だ迦葉《かしよう》尊者《そんじや》のみ、破顔《はがん》微笑《みしよう》す。

世尊曰く、

「吾《わ》れに正法眼蔵《しようぼうげんぞう》、涅槃妙心《ねはんみようしん》、実相無相《じつそうむそう》、微妙の法門あり。不立文字《ふりゆうもんじ》、教外別伝《きようげべつでん》、摩訶迦葉《まかかしよう》に付嘱す」と。

以心伝心　心を以《もっ》て心を伝うるのみにして、文字を立てず（宗蜜『禅源諸詮集都序』上）

だしは、この「徳山挾複子《きょうふくす》」の記事とくらべても、一見するに、唐突な感をいだかせる。

「門に跨《またが》って」とは、「室の戸口にさしかかって」の意である。久響龍潭（久しく龍潭と響《ひび》く）は、こんにち久嚮龍潭とあらためられ、〃久しく龍潭を嚮《した》う〃とよまれている。ただし、先の引用（「国訳禅宗叢書」第七巻）のように「久しく龍潭と嚮《ひび》く」とあって、嚮にヒビく、と振り仮名がふってあるように、この「嚮」のよみ方には幾つかがかんがえられる。

天皇道悟
龍潭崇信の本師。道悟は石頭希遷に嗣ぐ

龍潭、灯《あか》りを吹きけす（滅燭）

本則A―1のくだりこそが禅道へとつきすすんでいった若い日の徳山の、龍潭寺における修行の日々のひとコマをしるしたところである。「久嚮龍潭《きゅうきょうりゅうたん》」章『無門関』二十八則に、このようにある。

――それは龍潭崇信のもとにあって、幾問答かをかさねてすごしてきたある一夜のことであった。夜も更《ふ》けて、龍潭の室《へや》（したがって、さきほどの「門に跨がって」とあるのは、部屋への入口のことである）を辞去するだんになった。するとまたもや龍潭の作略《さりゃく》にあって、徳山はそこでも不立文字《ふりゅうもんじ》（文字を立てず）のなんたるか、その一端をみせつけられることになってしまった。それが「龍潭滅燭《りゅうたんめっしょく》」の話《わ》である。

なお、以下に併記した記事は、西村恵信訳注『無門関』〈岩波文庫〉、ならびに〔　〕内は『碧巌録』第四則「徳山挾複子《きょうふくす》」の評唱 国訳禅宗叢書第七巻 からである。

A―1①龍潭、因《ちな》みに徳山、請益《しんえき》して夜に抵《いた》る〔夜間に至って入室《にっしつ》、侍立して更深けぬ〕

この請益とは、修行者（学人・禅学・学侶）が指導者（宗師家）に、公案の教えについてたずねたり、またそのほか法門の垂誡《すいかい》を請《こ》うて自己を益《えき》する法であるとか、あるいは修行者が自己を益するために宗師家（禅マスター）に、格別に教示を請《こ》うことである。

したがってここは、ある一日、師の室で、徳山が龍潭崇信《りょうたんそうしん》師にあれやこれやと質問して教えを請《こ》うている、そのような光景がまず目にうかぶ。徳山はそのときまだ、二十九歳の新参《しんざん》（新到）の修行者である。そして新しく師となった龍潭崇信は五十代の坂にかかったばかりの頃のことである。元気いっぱいの徳山である。そこはさすがもと金剛経学者のこと、龍潭師に訊《き》きたいことが山ほどあって、ふたりの会話（問答）にはつきることがないのである。

その夜も、師と徳山との問答（問訊《もんじん》）には終わりがない。しかし刻限《とき》はすぎにすぎさって夜となり、闇《やみ》はいつしかさらに深くなってきた。壮《わか》い徳山の無頓着《むとんじゃく》な質問ぜめに、師の龍潭もいささか倦《う》んできた。

②〔龍〕潭云く、「夜深《ふ》けぬ。子《なんじ》、何ぞ下り去らざる」〔潭云く、「何ぞ下り去らざる」〕

もう夜もだいぶ深まった。おまえはまだ退出しないのか

③〔徳〕山《さん》、遂に珍重して〔山、遂に珍重して〕

——師の龍潭のうながしに、徳山もすなおに退室しようとする。

珍重＊1とは、おやすみなさい、というご機嫌うかがいのことばである。

④簾《れん》を掲げて出ず〔簾を掲げて出づ〕

龍潭崇信

天皇道悟の嗣・龍潭の嗣法の弟子には、徳山のほか、潙潭苦瓜の故事でしられる潙潭宝峰がいる

しかしかれが簾をかかげて、一歩、外に足をふみだすと、あたりは漆黒《しっこく》の世界である。黒白《あやめ》も分かぬような黒々とした闇《やみ》がまちうけていて、かれはそこから、一歩も歩みをすすめることができなかった。

⑤外面《げめん》の黒《くら》きを見て却回して云く、「外面黒《げめんくら》し」〔面の黒きを見て、却回して云く、「門外黒し」〕

かれは、お師匠さま、外は真っ暗やみで足下がおぼつかないのです、とひきかえしてきていった。

外面黒し、とは、灯《あか》りひとつみえない闇《やみ》、如法暗夜《じょほう》、もしくは漆桶《しっつう》（ウルシ桶）そのもののような闇《やみ》ということである。却回《きゃくかい》*2とは、禅の読み癖では、キャウイで、意味は、もとへ回《かえ》ることである。

⑥〔龍〕潭、乃《すなわ》ち紙燭《ししょく》を点《てん》じて度与《どよ》す〔潭、遂に紙燭を点じて山に度与す〕

そうか、それでは……。龍潭はそういうと紙燭に火を点《とも》し、それを徳山に手わたそうとした。

⑦〔徳〕山、接せんと擬《ぎ》す〔山、接するに方《あた》って〕

徳山もまた、至極当然のように、それをうけとろうとした。

しかしここには「擬《ぎ》す」とある。徳山にいささか躊躇《ためら》いが生じた〔擬は、マネる、の意〕のであろう。

⑧〔龍〕潭、便ち吹滅す〔潭、便ち吹滅す〕

その一瞬をみさだめでもしていたかのように、龍潭崇信師は手にしていた紙燭《ししょく》の火をプッと吹きけしてしまった。

⑨〔徳〕山、此に於いて忽然《こつねん》として省《しょう》有り。便ち作礼《さらい》す〔山、豁然として大悟、便ち礼拝す〈碧巌録〉〕

「師、師よ……」と、徳山が口辺《こうへん》に呟《つぶや》こうとしたその刹那《せつな》、この壮《わか》い修行者のなかにわだかまっていた疑義（疑団）が瞬時に氷解したのだった。

忽然とは、〝立ちどころに〟で、つまり、この瞬間、徳山《とくさん》のなかに契悟《かいご》（さとり）の時節（函蓋相応《かんがいそうおう》の好時節）がいっきょにおとずれた。さとりの因縁《いんねん》がたちどころに熟したのである。まさに「触目遇縁《そくもくぐうえん》」で、目に触れ縁に遇《お》うて、〔いっさいの存在は〕さとりの契機ならざるはない。

さて、この禅院をはじめて訪れたあのときと同じように、いまもまた徳山は、龍潭老師によって再び黒白《あやめ》もわかぬような闇黒《やみ》の世界にほうりだされてしまった。しかし、龍の潭《ふち》からふたたび闇黒へと投げ出されてしまったとはいえ、いまや徳山はかつての徳山にあらずで、そこは一廉者《ひとかど》の徳山宣鑑《とくさんせんかん》のこと、「省《しょう》有り」で、自らのうちに、なにかしら顧みる（諾《うべな》う）ところがあったのだ。

そうしてこの壮《わか》き修行者は思わずしらずのうちに師龍潭に礼をかえしていた（便作礼）。つまり龍潭の仕打ち（みちびき）に、徳山はなにかしら納得するところがあった。だからこそ、かれは即座に（便ち）辞儀をかえしていたのである。するとそれをみてとった龍潭は、さらに追いうちをかけるようにいった。

⑩〔龍〕潭云く、「子《なんじ》、箇《こ》の甚麼《なに》の道理をか見る」〔潭云く、「子、箇の什麼を見て便ち礼拝する」〕

「おい、おまえは、いったい全体、なにがわかったというのだ」と、これは、龍潭のさらなるつっこみ——念押し（さぐり）である。これは弟子（徳山）のふるまいにたいする、禅匠（龍潭）の常套《じょうとう》手段である。

しかし、いまやすっかり禅の修行者となった徳山の心のなかに、なにかが芽生《めば》えたのは確かなようだ。そして問題はそれが真底《ほんもの》のものかどうか、という龍潭禅師による〝さぐり〟である。それにたいして徳山は、このようにこたえている。

紙燭
シショク。シソクとも脂燭とも。松の木を細く削って、青紙で捲《ま》き、その端《はし》をこがし、油を塗って点火するもの。また紙をより固めて、油を塗って点火するもの（『禅学大辞典』）

⑪〈徳〉山云く、「某甲《それがし》、今日より去って天下の老和尚の舌頭《ぜっとう》を疑わず」〈山云く、「某甲、今より後、更に天下の老和尚の舌頭を疑著せず」〉

某甲とは、ムコウともよみ、拙僧（拙者）ということ。ここのところも、天下の老和尚とは、龍潭老師ひとりのことをいっているのか、それとも、もう少しひろく、天下の善知識（宗師家）いっぱんにまで、そのかんがえを敷衍《ふえん》していっているのか、そこは見方はわかれるところだ。

「拙僧《せっそう》は、これからはもう、龍潭老師のおことばに、あれこれと疑義をさしはさむような真似《まね》はいたしません」――少し調子はよすぎるけれども、いちおう、そのような趣旨のことを徳山はのべている。ただ周金剛と名のっていたかつての徳山の目的が、南方の魔子《ます》の教え（禅）を打ちのめすことにあったのだから、ここでの老和尚は、龍潭師ひとりを指したものと考えるよりも、もう少しひろげて、禅の教えと、天下の禅僧たち、つまりその指導者たちの意にとったほうが、文意にかなっているような気がする＊3。

「天下の老和尚の舌頭を疑わず」といったのは、ここでは、「不立文字」（離文字）の教えの至極をたしかにみさだめました、ということであろう。舌頭《ぜっとう》とはたんに舌のことだが、「舌頭に骨無し」（ことばが自由自在に出てくる）ということばもあるように、ここでは、〝ことば〟（つまり、即心是仏ということば〈井上〉）の意に使われている。

徳山にしてみればいずれにしろ、師の龍潭のことばに、なにがしかのお返しができて、みずからの機《き》鋒《ほう》（心のはたらき）の一端《たん》をも披瀝《ひれき》したしだいである。

これが本則前半（A―1）の「久響龍潭《きゅうきょうりゅうたん》」章二十八則で、その内容からいえば、「龍潭滅燭《めっしょく》」ともよぶべき逸話《エピソード》である。

周金剛こと徳山宣鑑の〝さとり〟

なおこの箇所（龍潭滅燭）を、「徳山挟複子《きょうふくす》」『碧巌録』の「山、豁然《かつねん》として大悟、便ち礼拝《らいはい》す」の〝大悟〟あるいは同じく「山、此《ここ》に於いて忽然《こつねん》として省《しょう》有り」という「久嚮龍潭」『無門関』の〝省〟といわれるものについて、衣川賢次氏によって補うと、

　龍潭和尚は徳山に手燭をわたし、徳山が受け取ろうとしたとたんに吹き消したのは、いったいなぜか。ここには、「真っ闇です」（昏迷）―「手燭に燈をつけて手わたす」（救済）―「燈を吹き消す」（迷悟二元論の突破）、つまり「迷いから救済される」ということが虚妄だということがあざやかに示されている（衣川前掲論文四一頁）

とのテキストクリティック（昏迷↓救済↓迷悟二元論の突破）がなされていて、一文の流れが理解できる。
氏はさらにつづけて、次のようにいっていて、龍潭の徳山にたいする接化の意図もはっきりする。

　龍潭のこの作略によって、徳山はただちにそれを悟ったのである（同）

また「天下の老和尚の舌頭を疑著せず」「徳山挟複子《きょうふくす》」あるいは「今日より去って天下の老和尚の舌頭を疑わず」「久嚮龍潭」について、衣川氏訳には、こうある。

　「天下の老師がたの言説」とは、すなわち禅の言説のことで、「即心即仏」（馬祖）、「平常心是道」（南泉）などの迷悟不二をいう類（同）

以下、こんどは本則の後半部分（A―2）についてふれてゆきたい。

剣樹のようなキバ

⑫—1明日に至って、龍潭、陞堂《しんどう》して云く、「可中《もし》、箇《こ》の漢《かん》有り」〔来日に至って、潭、上堂して云く、「可中、箇の漢有り、……」〕

翌《あく》る日、例のごとく法座にのぼった龍潭和尚の、新来の僧（新到《しんとう》）徳山にたいするお褒《ほめ》めのことばが凄《すご》い、それはきっと、その場に臨席していた並みいる大衆《だいしゅ》（修行者たち、学侶）の心をすくなからず圧したであろう。陞とは、ノボる、の意で、ここでは法座の席につくということ。法座の席につくとは、須弥《しゅみ》座《ざ》に登ること、すなわち、仏に代わって説法するために登壇《とうだん》することである。漢とは、オトコの意。

師は「みなさん、この法会の参集者のなかに、とんでもない者が一人いるぞ」と、まずそう宣言せられた。つづいて、

⑫—2牙《げ》は剣樹《けんじゅ》の如く、口は血盆《けつぼん》に似て〔牙剣樹の如く、口血盆に似たり〕

と、「こやつの剥《む》き出しの牙《きば》は、剣でおおわれた樹のようで、口はといえば、赤くて大きい」と。ここで師は、それが誰のことをさしていうのか、ひとこともいってはいない。それは師と徳山とのみに通じることだったからであろう。この牙とは、キバのこと。剣樹とは、奈落《ならく》（地獄）に生《は》えるという剣《つるぎ》の樹《き》のことで、それを歯にたとえている。

また血盆《けつぼん》とは、赤く、大きな口、のたとえで、この文面から想像すると、まるで獣面《じゅうめん》のごとき様相を呈している、といっているのではなかろうか。

白隠慧《はくいんえ》鶴《かく》（一六八六—一七六九）も『遠羅天釜《おらてがま》』の中で、この「牙剣樹の如く……」について「一箇《こ》半箇《はんこ》、牙剣樹の如く、口血盆に似たる底《てい》の凶悪無義の鈍瞎漢《どんかつかん》を打出《たしゅつ》して、以て仏祖の深恩を報答す」

（一人でも半人でもよい、剣のような歯を持ち、真っ赤に裂けた口を持つ……禅家語録集）といっている。また佐橋法龍師の訳によると「歯は剣のごとく、口は大きい」の意、「血盆は、口を大きく開いたさまをたとえた語」。

出典（引文）としては、この『無門関』第二十八則のほか、『続伝統録』『仏祖歴代通載』などをあげる。佐橋師のことばに「卓抜《たくばつ》な禅者の相貌《そうぼう》の常人と異なるさまをいった語」とあるように、これは罵《ののし》っていっているのではなくて、傑出した人物をさしていっていることばである。

この個所《くだり》、柳田聖山訳にはこうある（『景徳伝燈録』巻第十五）。

柳田訳 その翌日になって、徳山は出てゆこうとした。龍潭は弟子たちに言った。

「もしも、一人の男があって、その歯は剣のように人をかみ、その口は血のしたたる盆のようで、一棒に打ちすえても、顔をあげることすらないとするなら、かれは今後かならずならぶもののない高山の絶頂に、わたしの道を樹立するに違いない」（『徳山の棒・臨済の喝』上『禅文化』第56号、一二―一三頁）＊4

なおまた、文中（⑫―1）の可中を「可《こ》の中《なか》に」とよむ読み方はあやまりとされている（入矢義高）。次は西村師訳から。「もし一人の男があって、剣樹のような歯と血をのせた盆のような口を持ち」（可中箇の漢有り、牙は剣樹の如く、口は血盆に似て……）云々とあって、可中は〝もし〟とよむ。さらには、この文言につづけていう。

⑫―3 一棒に打てども頭《こうべ》を回《めぐ》らさざれば〔一棒に打《だ》すれども頭を回《めぐら》さず〕

「一棒を食らわされても振り向きもしないようなら……」。

徳山よ、おまえは、たいした〝漢《おとこ》〟だよ、との意である。もしそれが龍潭師がいうようであるならば、徳山は鉄漢《てつかん》（意志堅固な者）とでもよぶべき人物にまちがいなかろう、ということだ。

孤峰頂上に向かって

さらにきわめつけは、次の文言《もんごん》だろう。

⑫―4他時《たじ》（いつか別の時）異日《いじつ》（後日）、孤峰《こほう》頂《ちょう》上《じょう》に向かって君が道《どう》を立《りつ》すること在《な》らん〔他時異日、孤峰頂上に向かって、吾が道（龍潭の道ではなく、広く禅道を指したもの〈井上〉）を立し去ること在らん」〕

最大級の賛辞といえる。修行を仕上げたなら、ひと廉《かど》の大禅匠となって、いつの日か、この禅界に新風をまきおこすにちがいない、といっている。「いつの日か、誰一人として寄り付けないところに、自分自身の仏法を打ち立てるであろう」（西村訳）

この孤峰頂上とは、直接的には「山々のなかでも、ひときわ高く聳《そび》える峰の頂上」の意、ひいては「何ものをも否定し尽くした絶対無の境地」のことである。このほか――。

孤峰は山の重畳《じゅうじょう》せるところに特にいちだんと高く聳《そび》ゆる峰《みね》を云う。この峰の頂上とは一切の差別を坐断して絶待《ぜったい》（絶対）の境界《きょうがい》に在ることをいう（禅語）

あるいは『臨済録《りんざいろく》』の「上堂」（説法）にいう（入矢訳）。

一人は孤峰頂上に在って、出身《しゅっしん》の路《みち》無く、一人は十字街頭《じゅうじがいとう》に在って、亦《ま》た向背《こうはい》無し（一人は、絶対究極の境地に達して、もはや先に進み出る道はなく、一人は現実のさなかに生きつつ一切の相対を超えている）

この孤峰頂上とはもともと妙高山《みょうこうせん》（須弥山《しゅみせん》）のことをいったもので、そこは須弥山《しゅみせん》中でも最も高くそびえたところ、それを孤峰《こほう》ということばでもって、ほかにならぶべき山々がない独立峰のことをさしていっている——これは華厳経《けごんぎょう》のなかにみえることばである。

いずれもその意《こころ》は同じだが、龍潭禅師は、「口は血盆に似たり」（口は血をたらした盆のごとし）という表現とは裏腹《うらはら》に、徳山を最大級のことばをもって褒《ほ》めにほめつくしていることだ。

この師の賛辞（ほめことば）には、あとでのべる潙山《いさん》禅師のことばと比すると、徳山にたいするなにかしらの好意がひそんでいるような気がする。しかし徳山と師龍潭との問答（請益）、これは幾度かの参問《さんもん》（参師問法）のあげくのこと（請益）であろうから、いまはそれを素直に賛辞としてうけとっておきたい。

「雪峰鼈鼻蛇《べつびじゃ》」『碧巌録』第二十二則にも、

他時後日《たじごじつ》、人家の男女を魔魅《まみ》し去ること在《あ》らん……（巌）頭云わく、我《わ》れ将《まさ》に謂《おも》えり、儞《なんじ》、已後《いご》、孤峰頂上《こほうちょうじょう》に向かって、草庵《そうあん》を盤結《ばんけつ》して、大教《だいきょう》を播揚《はよう》せん

とある。巌頭全豁《がんとうぜんかつ》が雪峰義存《せっぽうぎぞん》にむかっていった、この「已後《いご》、孤峰頂上に向かって、草庵を盤結《ばんけつ》して」という文句は、ここであげた「徳山挟複子《きょうふくす》（問答）」『碧巌録』第四則の本則の一文と全同である。

教えを請う

なお、この話の冒頭に「徳山、請益《しんえき》して夜に抵《いた》る」とあった。この請益の字義についてはさきほどもすこしふれたが、それをさらにもう一度おさらいしてみたい。「学人《がくにん》（修行者）が宗師家《しゅうしけ》（指導者。老師）に教示を請《こ》い、自己を益すること」とある。元来これは『礼記《らいき》』や『論語』にあることばで、たたみかけるように、あれこれと質問すること——これが本来の意味のようだ。

業を請うときは則ち起ち、〈益を請う〉ときは則ち起つ（礼記）

子路 政《まつりごと》を問う。子曰く、之《こ》れに先《さき》んじ、之《こ》れを労《ねぎら》う。〈益を請《こ》う〉。倦《う》むこと無《な》かれ（論語）

ここでさらに注意すべきは、この日になされた請益《しんえき》は「久響龍潭《きゅうきょうりょうたん》」章『無門関』二十八則だけをよむと、徳山と師の龍潭の問答の話は一連の流れのように考えられるが、じつはそうではない。修行者徳山が師の龍潭禅師のもとに足をとどめて（留錫して）修行にはげむことになった〝ある日（夜）〟のエピソードだ＊5といえる。

つまりこの問答は初見時（初相見）のそれではなく、それまでに幾問答《いくもんどう》かがあってののち、ということで、その意味で、この請益《しんえき》という言葉がつかわれているのである。

徳山はもともと学究《がっきゅう》のひとだから、何度も幾度も納得のいくまで、しかも夜のふけるまで師にたずねたのだろう。それが「もう下がって、寝《しん》に就《つ》いたらどうか」（夜、深ぬ。子、何ぞ下り去らざる）という龍潭師のことばとなってあらわれたのだろう。龍潭は、問答はもう止《よ》しにして、「独り住みの」あの室《へや》にもどっていったらどうか、といっている。それの一端がこの話のテーマとなった。

徳山、疏鈔を焼く（徳山焼疏）

そしてさらにまた後日のこと、徳山はかれらしい新たなパフォーマンスをくりひろげることになる。それが以下にのべるくだりである。――舞台はここで一転して、龍潭禅院は、新たなる局面をむかえることになる。

龍潭崇信《そうしん》禅師のもとにあって、さとりを得て（得悟して）心機一転をはかることになった徳山宣鑑《とくさんせんかん》（周金剛）だが、そのときにはなんとしたことか、まだ、あの〝じまん〟の金剛経の注釈書（青龍疏）をしっかりと携《たずさ》えていたのである。周金剛と徒名《あだな》せられたほどである。周さんといえば金剛経、金剛経の注釈のことならば、周さんに訊《き》け、といわれたかつての学究の徒《と》である。したがって徳山が、永年愛用してきたこの手沢《しゅたく》の注釈本を、そうかんたんには手放せなかっただろうことは容易に察しがつく。

後日のこと。徳山は法堂《はっとう》の前で自慢の金剛経の疏鈔（注釈書）を焼き尽くして、有文字《うもじ》の教え（教宗）との決別《けつべつ》を高らかに宣《の》った、これが「徳山焼疏《とくさんしょうしょ》」のその箇所《くだり》である（『碧巌録』第四則「徳山挟複子」評唱）。

⑬山、遂に疏抄《そしょう》を取って法堂《はっとう》の前に於いて一炬火《こか》を将《もっ》て提起《ていき》して云く、諸《もろもろ》の玄弁を窮《きわ》むるも、一毫《ごう》を太虚《たいきょ》に致《お》くが若《ごと》く、世の枢機《すうき》を竭《つく》すも一滴《てき》を巨壑《こがく》に投ずるに似《に》たり」。疏抄を将《もっ》て便《すなわ》ち焼く。是《ここ》に於《お》いて礼辞《らいじ》す」（『無門関』）

〔山遂に疏抄《しょしょう》を取って、法堂の前に於いて炬火を将て挙起して云く、「諸の玄弁を窮むるも、一毫《ごう》を太虚に置くが若《ごと》く、世の枢機《すうき》を竭《つく》すも、一滴《てき》を巨壑《こがく》に投ずるに似たり」と云って、遂に之れを焼く。後に潙山の化《け》を盛んにするを聞いて、直に潙山に造《いた》って、便ち作家相見す〕（『碧巌録』）

文中「疏鈔《しょうしょ》（抄）」とは、さきにもふれた徳山が後生大事にかかえてきた金剛経の注釈書で、それは青龍寺道氤《どういん》の『青龍疏鈔』（『御注金剛般若波羅蜜経宣演』）である。炬火《こか》は、タイマツのこと。提起《ていき》とは、モチアげる、ということ。玄弁《げんべん》とは、玄妙なる理解のこと。一毫《ごう》とは、ごくわずかの様をいうが、ここでいう一毫とは、細毛《ほそげ》のことである。また太虚《たいきょ》とは、タイコともよんで、オオゾラ・虚空《こくう》のこと。枢機《すうき》は肝要の意で、巨壑《こがく》は巨《おお》きな壑《たに》（渓《たに》）のこと、あるいは大海《たいかい》のことともいって両《ふた》つの意味がある。

ここのところを例によって西村訳注『無門関』二十八「久嚮龍潭」本則にしたがうと、

徳山はそこで持っていた『金剛経』の註釈と、一本の炬火《こか》をもって法堂《はっとう》の前に行き、それらを振りかざすと、「どんなに仏教の教義を究めても、一本の髪の毛を大空に投げたようなもの。また世渡りの巧緻をうまく手に入れたとしても、一滴の雫を大渓谷へ落としたようなものに過ぎん」と言って、それら註釈書を焼き捨て、礼を述べて山を下って行った

要するに徳山は徳山らしく、みんな（大衆）の前で、みごとなパフォーマンスを演《や》りきったということだろう。

これで「久響龍潭《きゅうきょうりゅうたん》」章『無門関』の本則部分は終わった。ただ、もう一点のべておかなければならないことがあるので、以下、それについてふれたい。

タイトル・久響龍潭

『無門関』第二十八則の公案の名は「久響龍潭」である。ところがこの話は、タイトル（公案名）にこそ、久響龍潭（久しく龍潭を響《した》う〈岩波版〉）とはあるものの、この語ついては、この公案の本則（公案）はもちろんのこと、批評（評唱）や詩文（頌文）中にも、なんの説明もでてこない。そればかりか、それがいかなる意味なのか、それすら記述がない。そこでここでは、『無門関』の話（公案）についてではなく、この「久響龍潭」ということばそのものについてさぐってみたい。

このことばの出どころは、いったい、どこにあるのだろうか。というのも、この第二十八則『無門関』そのものはすでにふれたように、「久響龍潭《きゅうきょうりゅうたん》」という章タイトルよりも、えがかれた事がらから「龍潭滅燭《めっしょく》」（龍潭吹滅）もしくは「徳山焼疏」とよんだほうがふさわしい内容をもった章（公案名）だった。

さらっておくと、「龍潭滅燭《めつしよく》」とは、周金剛こと徳山宣鑑《とくさんせんかん》が、龍潭寺で、崇信《そうしん》禅師のもとにあって大悟したことをえがいたもので、いっぽう「徳山焼疏」とは、その大悟ののちに、自慢の金剛経の注釈書（青龍疏）を焼き、義学《ぎがく》（経論研究にいそしむ周金剛）との決別を宣《の》った、その様を描いたものである。

では無門慧開禅師は「久嚮龍潭」というタイトルを、いったいどこから援用してきたものであろうか。それをさぐるには、この話（公案）に登場してくる禅僧、そのなかでも、もっとも関係の深いふたりの人物――徳山宣鑑と、かれの師（本師）となった龍潭崇信《りゅうたんそうしん》の伝記をさぐってみるほうがよさそうだ。

そこでひとまずは、徳山宣鑑禅師をめぐるひとびと、たとえば徳山じしんと師の龍潭をもふくめ、そのまわりの人物たち、つまり潙山霊祐《いさんれいゆう》ならびに徳山禅師の弟子の巌頭全豁《がんとうぜんかつ》や雪峰義存《せっぽうぎぞん》をもとりあげて、かれらの伝はいったい、どこに記載されているものか、それをさぐってみた（次表参照）。

①祖堂集（九五二） 静・均編 二〇巻　②宋高僧伝（九八八） 賛寧撰 三〇巻
③景徳伝燈録（一〇〇四） 道 原 編 三〇巻　④続統録（一一〇一） 仏国惟白編 三〇巻
⑤宗門聯燈会要（一一八九） 晦翁悟明編 三〇巻　⑥五燈会元（一二五二） 大川普済撰 二〇巻
⑦仏祖歴代通載（一三四四） 梅屋念常撰 二二巻　⑧釈氏稽古略（一三五四） 覚岸撰 四巻

以上にかかげた伝記類のうち、徳山宣鑑禅師の本師《ほんじ》龍潭崇信禅師そのひとの伝は、②の『宋高僧伝』中にはあらわれてこない。それでは、龍潭崇信の伝はどこにあるのか。それは龍潭崇信禅師の本師である「天皇道悟《てんのうどうご》」伝の末尾にわずかにされているにすぎない。

伝記 （数字は巻数）

	①祖堂集	②宋高僧伝	③伝燈録	④続統録	⑤会要	⑥会元	⑦仏祖	⑧釈氏	
潙山霊祐	16	11	9		9	7	15	3	
龍潭崇信	10	14★			9	7	15	3	★「天皇道悟」伝
徳山宣鑑	5	12	15	1	20	7	17	3	
雪峰義存	7	12	16	1	21	7	17	3	
巌頭全豁	7	23	16		21	7	17	3	

＝ 龍潭崇信禅師の系譜 ＝

達磨…曹渓慧能（六祖）
- 青原行思（青原下）─石頭希遷
  - 薬山惟儼─雲巌曇晟─洞山良价（曹洞宗）
  - 天皇道悟─龍潭崇信─徳山宣鑑─雪峰義存
- 南岳懐譲（南岳下）─馬祖道一─百丈懐海
  - 黄檗希運─臨済義玄（臨済宗）
  - 潙山霊祐─仰山慧寂（潙仰宗）

★大祖師（石頭希遷）─**祖師**（天皇道悟）─**本師**（龍潭崇信）─**当人**（徳山宣鑑）

※系図でもわかるように、徳山宣鑑の師となった龍潭崇信（すなわち石頭の二世）の本師（徳山にとっては祖師）天皇道悟は石頭希《せきとうき》遷《せん》（徳山にとっては大祖師。七〇〇─七九〇）の法を嗣《つ》いでいる。石頭希遷は、南岳南寺の石上に庵室をむすんで坐禅されていたところより、石頭の名を冠《かん》してよばれる。

掲出の伝記類中、『祖堂集《そどうしゅう》』はもっとも古いものであり、次は『宋高僧伝』であり、『景徳伝燈録』であろう。これらはわりあい参考にしやすいし、『五灯会元《ごとうえげん》』もまた手にしやすい。そこでこれらの伝記のうちから、『無門関』第二十八則のタイトル「久嚮龍潭《きゅうきょうりょうたん》」ということばについて、次では簡単にふれておきたい。また、章末においても、もう少しこまかく検討してみたいと思っている。

伝記にみる久嚮龍潭

諸伝記中にあらわれた「久嚮龍潭《きゅうきょうりゅうたん》」ということばをさぐると、幾つかの箇所にその出どころがあることがわかる（なお、版本によっては、久嚮ではなくて久向と表現したものもある。嚮は向〈ムカう・シタう、の意〉に通じるからだろう）。

①【祖堂集】 まず古い資料である①『祖堂集』巻第五には、次のように「久しく龍潭を嚮う」とある。

(イ) 師便ち問う、久しく龍潭を嚮《した》うに、到来するに至るに及んで、潭は又た見ず、龍は又た見ざる時如何ん。潭云く、子は親しく龍潭に到れり。師は不揉（いじりようのない言葉。原作糅）の言を聞き、喜びて欺じて曰く、諸の玄弁を窮むること、一毫之を太虚に置くが如く、世の枢機を喝くすこと、一滴巨壑に投ずるが如し、と……（古賀英彦『訓注祖堂集』「巻第十五」一四九頁、花園大学国際禅学研究所刊）

＊

(ロ) 徳山、「わたくしはながらく龍潭をたずねて参りました。来てみれば、潭も見えなければ、龍も見えませぬ。これは、どうしたことでしょう（久嚮龍潭及至到来潭又不見龍又不見時如何）」

龍潭、「それでこそ、君はまさしく龍潭に来たのだ（是親到竜潭也）」……（柳田『続・純禅の時代』一一頁）

(イ)の書下しと、(ロ)の訳はともに『祖堂集』巻第十五の同所の記事からだが、(イ)は、「嚮」の字を「シタう」（久しく龍潭寺をシタう、久しく龍潭禅師をシタう）と訳し、(ロ)はその現代語意訳である。ただ両者ともに、〝龍潭〟を、地名もしくは寺名と採《と》るのか、それとも禅師名とするのか、その区別は判然《はっきり》としない。

②【宋高僧伝】　また『宋高僧伝』巻第十二「一七、唐朗州徳山院宣鑑」に、「久しく龍潭と聞く」とある。もうすこし詳細にみてみよう。

「久しく龍潭と聞く。到来すれば、龍と潭と倶《とも》に見ざるか」と。〔崇〕信曰く、「子《なんじ》、親しく到《いた》れり」と。機と教と符《かな》い、日々、丈室《じょうしつ》に親しみて三十余年なり（塚本・牧田訳、二二八頁）

ここには「聞く」とある。また「機と教と符《かな》い」ともある。機とは、ふたりのこころのはたらきが互いに合致したということであろう。教とは、このさい〝禅のおしえ〟ということで、それが徳山にとって、格別ちがったものでなかったことを示すものだろう。

あるいは「丈室に親しみて三十余年」という表現……、これなども、徳山宣鑑《とくさんせんかん》が龍潭師のもと、つまり、丈室にあって「三十年あまり」親しく修行にはげんできたという意をしめすことばだろう。

⑥【五燈会元】　さらに燈史ともいうべき「五燈録《とうろく》」中の諸話を整理してなった『五燈会元《ごとうえげん》』巻第七には、表現をかえて次のようにある。

「久嚮龍潭、及乎到来、潭又不見、龍又不見。」潭引身曰、「子親到龍潭。」師、無語、遂棲止焉。一夕侍立次、潭曰「更深何不下去。」師珍重便出。却回曰「外面黒。」潭点紙燭度与師。師擬接、潭復吹滅。師於此大悟、便礼拝。潭曰「子見箇甚麼。」師曰「従今向去、更不疑天下老和尚舌頭也。」至来日、龍潭陞座、謂衆曰「可中有箇漢、牙如剣樹、口似血盆、一棒打不回頭。他時向孤峰頂上、立吾道去在。」師将疏鈔堆法堂前、挙火炬曰「窮諸玄弁、若一毫置於太虚。竭世樞機、似一滴投於巨壑。」遂焚之。於是礼辞、直抵潙山。挾複子上法堂、従西過東、従東過西……（『五燈会元』巻第七、中国仏教典籍選刊）

ここに「嚮」と。〝ヒビく〟とも〝シタう〟とも、さらには〝ムカう〟とも訓《よ》める。また、龍潭師の「子、親しく龍潭に到れり」という言《ことば》にたいして徳山（師）が「無語」であった、という表現もみえる。

「久しく龍潭と嚮く。到来するに及んで、潭も又《ま》た見えず、龍も又た現ぜず」。〔龍〕潭、身を引《の》べて曰く、「子《なんじ》、親しく龍潭に到れり」と。師、無語（同三七二頁）

③**【景徳伝燈録】**　以上は、いずれも燈史中の「徳山宣鑑」にかんするものであるが、これらのほか、『景徳伝燈録』巻第十四には、徳山の伝記の中にではなくして、本師《ほんじ》たる龍潭崇信そのひとの伝の末尾中に「久しく龍潭と嚮げる」云々の一文がある。つまり、こうである。

徳山、問う。「久しく龍潭と嚮げるも、到来すれば、龍も又《ま》た見ず、潭も亦《ま》た現れず」と。〔崇信〕師曰く、「子《なんじ》、親しく龍潭に到《いた》れり」と。徳山、即ち休す（増永・佐橋訳『景徳伝燈録』巻第一四〈国訳一切経史伝部一四、三六二—三六三頁〉）（すでにふれたよう、久嚮ではなく久向、としるす版本も存する）

文中の「嚮げる」は、アオげる、とよむのだろうか（嚮は「仰ぎ慕う」の意〈平田『無門関』〉）。またここには「徳山、即ち休す」とある。これは、徳山が師にたいして応答するのをやめた、つまり「無語」――徳山が師の龍潭のいい分を、すっかり了承したとの意をあらわしたものだろう。

以上の伝記類には、先人たちの訳文をみても、「久しく龍潭」云々につづいて、「嚮く」（ヒビく）とあるもの、あるいは「嚮う」（シタう、シトう）とあるもの、さらには「向う」（シタう）とか「聞く」（キく）とあるものなど、多岐にわたる表現があることがわかった。また、各伝記中の文は一々にわたっていうと、かならずしも全同ではないが、その相違については、ことさらにとりあげなかった。

『無門関』という公案の中には直截《ちょくせつ》あらわれない「久嚮龍潭《きゅうきょうりゅうたん》」ということばだが、このように伝記をさぐってみると、『景徳伝燈録』ほか、いくつかの〝伝〟にその典拠をみいだすことができる。

なお、表にかかげた⑧『釈氏稽古略』中には「遂に澧州の龍潭寺に之きて、法堂に至って曰く、久して龍潭に嚮く」云々とある。「嚮く」は、オモムく、と訓むのだろう。

久しく龍潭とひびく

久嚮龍潭について、西村恵信師訳注の『無門関』には、「久しく龍潭を嚮《した》う」とある。「徳山挟複子《きょうふくす》」『碧巌録』の評唱中、あるいは辞典にもこの「嚮」の字について、「嚮う」と解説している（『禅学大辞典』）。

「嚮」の訓《よ》みについて、『趙州禅師語録』巻中（鈴木大拙校閲）には、例えば、「三三二　久しく趙州の石橋に嚮《むか》う」とあって、「シタう」ではなく、「ムカう」と訓《よ》んでいる。あるいは同巻下には、「四九一　久しく嚮ふ寒山・拾得と。到来すれば、只だ両頭の水牯牛《すいこぎゅう》を見るのみ」とあり、これには「シトう」（慕う）と仮名がふってある。

そこで嚮の字について、『**字通**』（白川静）をみると、「キョウ・ムカウ」とあり、また『名義抄』よりあげて、「ムカフ・マド・オモムク」とあり、『字鏡集』からは「ムカフ・オモムク・ツク・ヒビキ・マコト・ヨシ」などの意をあげている。

「嚮風」というと、「仰《あお》ぎ慕《した》う」ことであり、「嚮慕」というと、「心を寄せて慕う」こと。そして「ムカフ」の同訓に「向」の字があって、この向は〝シタう〟とも訓んでいる。これは、さきにあげた『祖堂集』の異本などにみる「向《した》う」と同じである。したがってそこでは、久向龍潭を、久しく龍潭に(―を)、〝シタう〟とよんでみたが、これはまた、龍潭に〝ム(向)かう〟ともよめよう。

また諸橋轍次の『大漢和辞典』巻二の「嚮」の項をみても、〝したう〟の意はでてこない。ちなみに同辞典ではまず、

❶むかふ、❷すすめる、❸まど、❹さきに、❺郷に同じ、❻向に通ず……

とあり、さらに、このようにもある。

❶両階の間。郷に同じ、❷うける。もてなす。饗に通ず、❸ひびき、響に通ず

諸橋には、どの項にも〝したう〟の意の解説はない。いったい、どこから、この意は、生じたものだろうか、不思議におもう。

それにしてもこの文句は、かの有名な「久しく趙州《じょうしゅう》の石橋《しゃっきょう》を嚮うに、到来すれば」云々(趙州の石橋・趙州渡驢渡馬。『碧巌録』五二〈岩波版〉。『景徳伝燈録』では響を嚮に作る)の文のひびきをもおもわせるものがある。

この久嚮とは、長いあいだ(久しく)世に広く聞こえわたって(嚮《ひび》く)という意味であるが、あなた様(もしくは貴寺)のお名はかねがねおうかがいしておりますが……。衣川賢次氏(花園大学教授)は次のよ

うに訳される（傍線引用者）。

　龍潭和尚にお会いしたくおもっておりましたが、ここに来ますと、潭もなければ龍も見えませぬ

　つまりこのことばは、修行者が宗師家にはじめて面接するときの一種のあいさつ語なのであろう。『景徳伝燈録』をみると、次のようにある（そこでは久嚮を、かりに「久しく〜に嚮《むか》う」とよんでおく。なぜならば、★印は、禅師名の構成要素のうちの、山名あるいは地名などであるから）。

「久しく仰山《きょうざん》★（慧寂）に嚮《むか》う」（『袁州仰山慧寂《えんしゅうぎょうざんえじゃく》禅師語録』）……江西省にある山の名

「久しく灌溪《かんけい》★に嚮《むか》う」（『雲門匡真《うんもんきょうしん》（文偃）禅師広録』）

　これらのほか、次にとりあげるものはすべて、徳山と龍潭師の出会いにかんするもので『虚堂《きどう》和尚語録』や『仏祖歴代通載』『法演《ほうえん》禅師語録』にはいずれも、「久嚮龍潭」と記載がある。このように久嚮云々の例は『無門関』第二十八則のタイトルにばかりか、いろいろな語録の中に散見する文句である。『無門関』の章名は、どこから採《と》った（援用）のだろうか。

　さて次に、その祖型《そけい》ともいうべきはなしを、柳田聖山訳をたよりにあげて紹介しておきたい。ここでいう、先生とは徳山宣鑑のこと。

　こうして、天下に行脚《あんぎゃ》し、名師を歴訪されるが、真理の宣揚となると、どれも大匠ではない。

　そののち、龍潭は石頭の二世であるときき、旅装をととのえて出かける。はじめて宗匠に出会って、独り住みの小屋でしばらくそのもとにとどまる。

　先生はさらに、近くで看まもること数日、ある夜、説法のとき、龍潭がいう、「どうして帰ってゆかない」

先生、「暗いのです」

龍潭は燭をともして先生にくれる。先生がうけとろうとする、龍潭はたちまち吹き消してしまう。先生は礼拝する。

潭、「どんなことがわかったのか」

先生、「これより先、けっして天下の老師の口先にまよいません」＊6

いささか、ながい引用文となったが、これは柳田訳『祖堂集』（『世界の名著』続3）からである。引用のうち後半部分（「先生はさらに」以下）は『無門関』二十八則「久《きゅう》嚮《きょう》龍《りょう》潭《たん》」にえがかれたはなし、つまり、「龍潭、因みに徳山請益して……老和尚の舌頭を疑わず」の箇所の原形とでもいうべきものだ。

このはなしには続きがある。それが次の文である。

先生はすぐにまたたずねる、「長らく龍潭をお慕いしていました☆。到りついてみると、潭も見えず、龍も見えません。これでよろしいか」（☆「ながらく龍潭をたずねて参りました」〈『続・純禅の時代』〉）

潭、「そなたはぴったり龍潭に到りついている」

先生は、間然することのない言葉をきいて、よろこびにたえぬ、「どんなに奥深い弁舌も、一すじの髪を太虚に放り出すようなものであり、世界中の急所をつくしても、一滴の水を激流に投げたようなものだ」＊7

前半（「先生は……龍潭に到りついている」）は『無門関』からではなく、『碧巌録』第四則「徳山挟《きょう》複子《ふくす》〈問答〉」の「評唱」中の一文である。

纔《わずか》に門を跨《また》いで便《すなわ》ち問う、「久しく龍潭と嚮《ひび》く、到来するに及《およ》んで、潭《たん》も又《ま》た見ず、龍《りゅう》も又《ま》た現《あら》わ

れず。龍潭和尚、屏風の後に於て身を引いて云く、子親しく龍潭に到れり」(加藤咄堂訳)
また後半(「どんなに奥深い弁舌」以降)はこんどは『無門関』二十八「久嚮龍潭《きゅうきょうりょうたん》」章の「諸の玄弁を窮《きわ》むるも、一毫《ごう》を太虚に致《お》くが若《ごと》く、世の枢機を竭《つく》すも一滴を巨壑《こがく》に投ずるに似たり」(「どんなに仏教の教義を究めても、一本の髪の毛を大空に投げたようなもの。また世渡りの巧緻をうまく手に入れたとしても、一滴の雫を大渓谷へ落としたようなものに過ぎん」〈西村訳〉)からである。『無門関』ではこのあと自慢の疏抄を焼くシーンが続くので、ここは公案中でも〝徳山焼疏《とくさんしょうしょ》〟とよばれる箇所《くだり》である。
以上にかかげた『祖堂集《そどう》』中の長文には、周金剛《しゅうこんごう》(徳山宣鑑)が、石頭《せきとう》下二世の龍潭宗信の令名を知っていたことや、龍潭師の会下《えか》にとどまっていて、「久嚮龍潭《きゅうきょうりょうたん》」の中にえがかれている「龍潭滅燭《めっしょく》」のはなしは、「師のそばに侍《じ》し、数日がたった。ある夜」のことだったことなどがえがかれている。
柳田師によると、「龍潭と徳山の出会いについて語る文章は、こうして、『祖堂集』より『伝燈録』、『碧巌録』、『無門関』へと、重層発展のあとを示す。はじめ、きわめて素朴であった記述が、しだいに劇的要素を加えてくる」のである*8、と。

徳山の禅入門

「徳山、疏鈔を焼く」の項がいったい何をわれわれに訴えたかったのか、それをもう一度さらっておきたい。

そのとき徳山はけっして禅のおしえ(不立文字)をじゅぶんに肯《うけが》っていたのではなかろうと思う。ただ、それまで聞きしっていた南方の教え(禅)というものにふれ、それがいかなるものであるか、その一端《たん》の幾分かを知って納得したはずである。だからこそ、「持参の疏鈔を焼く」という見せ場をつくって、法堂《はっとう》の前で演じた（遂に疏抄を取って、法堂の前にて）のである。

この法堂《はっとう》とは、住持《じゅうじ》が仏になりかわって説法する堂のことであり、仏殿（仏菩薩を奉安する堂）の背面（北方向）に位置する伽藍《がらん》（寺院の建造物）群の中でも最大級の建造物である。

庫院　（左）　浴室

法堂（北）↓仏殿↓山門（南）……南面思想により、北の方向から南を臨んだ図（寺院配置）

僧堂　（右）　西浄

そこへもって、後生大事《ごしょうだいじ》に（たいせつに）していた疏鈔《しょしょう》（『青龍疏』）を法堂《はっとう》の前にすえて〈ということは大衆を前にしてということだが〉大きなタイマツをかかげ……と、じゅうぶんすぎる演出であって、それは、おおむこうを唸《うな》らせるだけの道具だてが今やすっかりととのったのである。

諸《もろもろ》の玄弁《げんべん》を窮《きわ》むるも、一毫《ごう》を太虚《たいきょ》に置くが若《ごと》く、世の枢機《すうき》を竭《つく》すも、一滴《てき》を巨壑《こがく》に投《とう》ずるに似たりと。遂《つい》に之《こ》れを焼く（『無門関』二八則「久嚮龍潭」の本則では「疏抄を将《もっ》て便ち焼く」〈『碧巌録』第四則の評唱〉）

つまり、「もろもろ玄妙なる理解をきわむるも、一本の細毛《ほそげ》（毫）を、おおぞら（太虚。たいきょ、とも、たいこ、とも）におくようなものだ」と、それまで支《ささ》えどころとしてきた金剛経との決別を力づよく叫《おら》び、さらには「世の肝心要《かなめ》のところ（枢機、肝要）をつくしたところで、それは一しずく（一滴）の水を、巨《おお》きな壑《たに》の底に垂《た》らすようなものだ」と。このような言辞を連《つら》ねておいてから、長年のあいだ持参の疏鈔を焼くにいたったその理由を高らかに喧伝《けんでん》さえしている（衣川訳：玄妙な教理をとことん突き詰めても、大空に毛一筋置いたにすぎぬ。世の樞奥の言説を究めつくしても、大海に水一滴を落としたにすぎなかったのだ！）。これなど、いかにも徳山らしい仕儀であろう。

さらにいうならば、このできごとは不立文字《ふりゅうもんじ》の教えへの、つまり、禅への〝入門〟表明（教宗との決別）ともいえるし、あるいは出家の出家、つまり〝再出家〟宣言といえなくもない。

いずれにしろ徳山は、禅の〝道〟を歩むことになった。持参の疏鈔《しょしょう》（青龍疏）を焚《や》いてしまったからにはもう、あともどりはかなわない、そんなのっぴきならない事態に已《おの》れ自身をおいこみ、この道しかない、この道ですすもうとの方向転換を、かれ自身のうちに、自らが刻《きざ》んでのことだった。

ここのところをもうすこし踏みこんでみると、あの餅売り（売餅《まいひん》）の老婆のひとことにのせられて、この龍潭の地に馳《は》せてきた。あのときと同様にこんども徳山は、師の龍潭崇信《そうしん》におほめのことばをもらって、つまり、龍潭老師の誘《さそ》いの手にのってしまった。龍潭師のほうが一枚上手だった。師は巧《うま》くほめて、徳山に宗旨がえをさせた。いや、いまの徳山の状況では、それを余儀なくさせられた、といったほうがいいのかもしれない。こうして金剛経学者の周金剛は、衣《ころも》を更《あらた》めて禅僧徳山宣鑑《とくさんせんかん》となったのである。

いざ、往《ゆ》かん！

ここからは、徳山の〝禅〟探究の重要点になるところである。

徳山宣鑑《とくさんせんかん》が、この間、龍潭寺《りゅうたんじ》に在山《ざいざん》したのはいったい、どれほどのことだっただろうか。推測されるのは、このころ徳山は二十九ないし三十歳くらいだが、ながくとも一年、すくなく見つもれば、ほんの数ヶ月くらいであろう。そしてそこで本師崇信《そうしん》師のもとにあって、どの程度の修行をつんだものか深めていったものか、それすらもわからない。たださきには「〔徳〕山、此《ここ》に於いて忽然《こつねん》として省《しょう》有り。便《すなわ》ち作礼《さらい》す」（『無門関』二十八則「久響龍潭」）、または「山、豁然《かつねん》として大悟、便ち礼拝す」（「徳山挾複子」評唱）とあったから、何かしら、さとる（省悟《しょうご》する）ところがあったのは確かだ。

このできごと（疏鈔《しょしょう》を焼いた）の後、徳山宣鑑《とくさんせんかん》は、ここ（龍潭寺）を去る（澧州の龍潭を辞す）ことになる。

それが、以下の文（「久響龍潭」）である。

〔疏抄を将《もっ》て便《すなわ》ち焼く〕是《ここ》に於て礼辞《らいじ》したり『無門関』二十八則

そして、そこ（龍潭寺）よりさらに南下して湖南《こなん》省にある、霊祐《れいゆう》禅師の住まう大潙山《だいいさん》（潭州）、つまり、洞庭湖《どうていこ》の南方地方にある道場へとむかった。

〔後に潙山《いさん》の化《け》を盛んにするを聞いて〕直《ただち》に潙山《いさん》に造《いた》って、便ち作家《さつけ》相見《しょうけん》す『碧巌録』二八則「徳山挾複子」

なお潙山《いさん》は現在の同省長沙《ちょうさ》市にある山の名で、唐の元和の初め、霊祐禅師（福州長慶渓・福建省、七七一―八五三、世寿八三歳）がこの地に住し、堂宇《どうう》（同慶寺）をかまえたところである（霊祐禅師の名は、山名を冠して潙山霊祐禅師とよばれている）。徳山宣鑑《とくさんせんかん》はこんどは、霊祐禅師そのひとのもとへと赴《おもむ》いたのである。

潙山霊祐《いさんれいゆう》禅師は、百丈懐海《ひゃくじょうえかい》禅師（七四九―八一四）に法を嗣《つ》いでいる。百丈禅師は、禅林清規《ぜんりんしんぎ》（古清規。行持作法）をつくった禅僧で、かれには「一日なさざれば一日喰《く》らわず」の名言がある。

これは作務《さむ》つまり作業勤務のことで、掃地《そうち》や採薪《さいしん》などを共にする労役のことである。百丈禅師は労役のたいせつさを、禅師自ら身をもって、しかも率先してしめしている（師、凡《およ》そ作務をするに労を執《と》って、必ず衆《しゅ》に先んず）。それは何故か。「動中の工夫は、静中に勝ること百千万億倍」だからである。

また潙山禅師の同参の修行僧に、これものちに大禅匠になった黄檗希運《おうばくきうん》禅師（?—八五〇）がいる。潙山霊祐の会下《えか》（集会）には、円相《えんそう》でしられる仰山慧寂《きょうざんえじゃく》（八〇四—八九〇）のほか、霊雲志勤《れいうんしごん》（不詳）や香厳智閑《きょうげんちかん》（?—八九八）禅師＊9らがいる。仰山慧寂は師の潙山霊祐と二人ながらにして潙仰宗《いぎょうしゅう》の祖とよばれる。霊雲志勤は、桃の花を見てさとりを開いたこと（桃花悟道）で知られるし、香厳智閑もまた、掃除のおりに掃《は》きすてた瓦礫《がれき》が竹を撃《う》ったその音で〝さとり〟を得た（香厳撃竹大悟）という。

龍潭を辞するにあたって『碧巌録』の記者は、「大いに潙山の化《け》を盛んにするを聞いて」云々と、徳山宣鑑《とくさんせんかん》の志気をいやがうえにも高めるような言辞をつらねているが、さて、当の徳山はどうしたものだろうか。次章では、その大潙山でのことである。

E　「徳山挟複子〔問答〕」（『碧巌録』第四則の評唱）原文

纔《わずか》に門に跨《また》って便ち問ふ、「久しく龍潭と嚮く、到来するに及んで、潭も又た見えず、龍も亦た現ぜず」。龍潭和尚、屏風の後に於て身を引べて云く、「子、親しく龍潭に到れり」と。師、乃ち礼を設けて退く。夜間に至って入室、侍立して更深けぬ。〔龍〕潭云く、「何ぞ下り去らざる」。〔徳〕山、遂に珍重して簾を掲げて出づ。外面の黒きを見て、却回して云く、「門外黒し」。〔龍〕潭、遂に紙燭を点じて〔徳〕山に度与す。〔徳〕山、接するに方って、〔龍〕潭、便ち吹滅《すいめつ》す。〔徳〕山、豁然として大悟、便ち礼拝す。〔龍〕潭云く、「子《なんじ》、箇《こ》の什麼《なに》を見て便ち礼拝する」。〔徳〕山云く、「某甲、今より後、更に天下の老和尚の舌頭を疑著せず」来日に至って、〔龍〕潭、上堂して云く、「可中、箇の漢有り、牙、剣樹《けんじゅ》の如く、口、血盆《けつぼん》に似たり、一棒に打すれども頭を回《めぐら》さず。他時異日、孤峰頂上に向かって、吾が道を立し去ること在らん」〔徳〕山、遂に疏抄を取って、法堂の前に於いて炬火《こか》を将《も》って挙起して云く、「諸の玄弁を窮《きわ》むるも、一毫《ごう》を太虚《たいこ》に置くが若《ごと》く、世の枢機《すうき》を竭《つく》すも、一滴を巨壑に投ずるに似たり」と云って、遂に之《こ》れを焼く。後に潙山《いさん》の化を盛んにするを聞いて、直に潙山に造《いた》って、便ち作家相見《しょうけん》す。

＊1　夜には「珍重」といい、早朝には「不審」という。つまり、ご機嫌伺いのことばである。

＊2　**却回**　きゃうい、と訓《よ》む。これは一種の〝よみ癖〟である。意味は、もとへかえる、こと。『臨済録』「行録《あんろく》」九に、

師云く、某甲《それがし》暫く来たって和尚を礼拝す。黄檗遂に打って趁《お》って去らしむ。師、行くこと数里、此の事《じ》を疑って却回《きゃうい》して夏を終う（師「私はちょっと和尚にお目にかかりに来ただけです」黄檗はそこで棒で打って追い出した。師は数里行ったところで「はてな、待てよ」と思い、引っ返して安居《あんご》を黄檗のもとで終えた）

（入矢義高訳注『臨済録』一九七、一九八頁）

＊3　「私は今日より後、世界中の老師たちの言葉にまよわないだけの確信を得ました」（平田『無門関』一〇七頁）

＊4　『徳山の棒・臨済の喝』上『禅文化』第56号、一二頁a

＊5　衣川賢次氏も、「そののち、龍潭和尚が石頭の法孫（石頭希遷―天皇道吾―龍潭崇信）であると聞いて、旅装をととのえその禅院へ出かけた。初相見して、門徒を休ませる部屋に案内され、そこで数日和尚に侍した。ある夜……」（衣川賢次「徳山と臨済」東洋文化研究所紀要　第百五十八冊）と言及されている。

＊6　本文中の引用は柳田聖山訳「祖堂集」(『世界の名著』続3、四九三—五四頁)より。
また次下は、掲出本文の該当個所の訓読である〈花園大学国際禅学研究所『訓注祖堂集』巻第五、一四八頁〉。

遂に海内《かいだい》※(国内)に雲遊《うんゆう》※(尋師訪道)し、宗師を訪謁す。凡そ撃揚《げきよう》※(はげしく昂揚すること)するに至りては皆な郢哲《えいてつ》には非《あら》ず。／後、竜潭は則ち石頭《せきとう》の二葉なるを聞き、乃ち衣を摂《おさ》めて往けり。初見《しょけん》にして独室に少しく門徒《もんと》を駐《とど》む。師乃ち看待《かんたい》すること数日、因《ちな》みに一夜参《さん》ずる次いで、竜潭云く、何ぞ帰り去らざる。師対《こた》えて曰く、黒し。竜潭便ち燭《しょく》を点じて師に与う。師の接せんと擬《ぎ》するや竜潭便ち息却せり。師便ち礼拝《らいはい》す。〔竜〕潭云く、什麼《なん》の道理を見しや。師云く、今より向去、終に天下の老和尚の舌頭《ぜつとう》を疑わじ。

※印の( )内は引用者による補注。

＊7　『徳山の棒・臨済の喝』上『禅文化』第56号、一二頁b。『祖堂集』中の記載は、

『伝燈録』第十五の徳山宣鑑伝は、右の問答を省き、あらたにつぎのような話を付加する

とあるが、その(柳田氏が指摘する)はなし、「その翌日になって」云々は、すでに本文中(ならびに註4)にとりあげておいた。

師便ち問う、久しく竜潭を嚮うに、到来するに至るに及んで、潭は又《ま》た見ず、竜は又た見ざる時如何《いか》ん。〔竜〕潭云く、子は親しく竜潭に到《いた》れり。師は不揉の言を聞き、喜びて歎《たん》じて曰く、諸《もろもろ》の玄弁《げんべん》を窮《きわ》むること、一毫之を太虚《たいこ》に置くが如く、世の枢機《すうき》を竭《つ》くすこと、一滴巨壑《こがく》※(大きな谷の意〈中村〉。大海の意もある)に投ずるが如し、と〈『訓注祖堂集』巻第五、一四九頁〉。

＊8　『徳山の棒・臨済の喝』上『禅文化』第56号、一三頁

＊9　**香厳になりたかった漱石**　夏目漱石は小説『行人《こうじん》』のなかで、一郎にことよせて、
「(……)何《ど》うかして香厳になりたい」と兄さんが云います。兄さんの意味はあなたにも能く解るでせ

う。一切の重荷を卸して楽になりたいのです。兄さんは其重荷を預かって貰ふ神を有てゐないのです。だから掃溜か何かへ棄てて仕舞ひたいと云ふのです。兄さんは聡明な点に於てよく此香厳といふ坊さんに似てゐます。だから猶のこと香厳が羨ましいのでせう

といわせている。『行人』は、「友達」「兄」「帰ってから」の各章、ならびに「塵労《じんろう》」の四章からなっているが、終章のタイトル「塵労」とは、〝煩悩《ぼんのう》〟のことで、これは禅特有のことばのように解されているけれども、必ずしも、そうではなく、結（むすぼれ）・覆（おおい）などとともに、仏教語としてよく使われている〝煩悩〟を表現することばである。

同小説中には、聡明博解なる香厳智閑禅師にちなむ〝はなし〟がでてくることから、禅的な要素のある小説だと思われている。香厳禅師は、撃竹《げきちく》のはなしで知られているが、それを、漱石は次のようにえがいている。ここでいう〝彼〟とは、もちろんのこと香厳智閑禅師であり、〝撃竹《げきちく》〟とは、掃《は》き捨てた礫《つぶて》が竹林の竹を撃《う》ったそのカラリとした音が、香厳に長年わだかまっていた疑団をうちやぶり、さとりを誘発した契機となったこと（聞声悟道《しょうもんごどう》）からよく知られている。その撃竹大悟のはなしとはこうである。

それからある閑寂な所を選んで小さな庵を建てる気になりました。彼はそこにある草をかりました。そこにある株《かぶ》を掘り起《おこ》しました。地ならしをするために、そこにある石を取って除《の》けました。すると其《その》石の一つが竹藪《たけやぶ》に中で戞然《かつぜん》と鳴りました。彼は此朗かな響《ひびき》を聞いて、はっと悟《さと》ったさうです。さうして一撃《げき》に所知《しょち》を亡ふといて喜んだといひます（『行人』）

なお霊雲志勤《れいうんしごん》は、桃の華《はな》をみてさとった（霊雲桃華悟道）はなしで知られているが、それには霊雲の次の偈頌《げじゅ》（詩文）があって、このさとりの契機も「香厳撃竹」におとらず知られている。ふたりはともに潙山霊祐に法を嗣《つ》いでいるが、香厳は知性抜群の人物だったようで、いわゆる「一」を聞いて「十」を知る

ような人物だったという。「三十年弁道」のひと霊雲志勤について、伝はこう記す。

三十年来、剣客を尋ね、幾たびか落葉に逢ひ、幾たびか枝を抽く。桃華を一見してより後、直に如今に至るまで、更に疑わず（『景徳伝燈録』巻第十一）

悟りの契機について、次のようにある（『大燈《だいとう》国師法語』）。

二祖《そ》は雪に立ち臂《ひじ》を断《た》ちてさとり、六祖《ろくそ》は人の金剛経に応無所住而生其心《おうむしょじゅうにしょうごしん》と読むを聞《きき》て悟り、霊雲《れいうん》は桃花《とうか》を見て悟り、香厳《きょうげん》は瓦《かわら》の竹に当たるを聞いて悟り、臨済は黄檗から三十棒打たれて悟り、洞山は水を渡るとて、わが影を見て悟る。是れみな主人公に相逢《あいあ》うことなり

『祖堂集』巻第十九「霊雲章」にいう。

三十年ものあいだ失った剣を捜し求めて、その間幾度花が咲き枝をのばすのを見てきたことか。しかしここで桃の花を見てからは、もうけっして疑うことはない（衣川賢次「感興のことば」東洋文化研究所紀要第百一六六冊）

なお金剛経中の「応無所住而生其《おうむしょじゅうにしょうご》心《しん》」は、応《まさ》に住《じゅう》する

金剛経と六祖

六祖は人の金剛経に応無所住而生其心と読むを聞て悟り（『大燈国師法語』）

※

第三十三祖慧能《えのう》大師（六祖）は、俗姓は盧《ろ》氏《し》、其の先は范陽の人なり。父は行瑫《こうとう》、武徳中に南海の新州に左宦せられ、遂に籍を占む。三歳にして父を喪い、其の母、志を守りて鞠養《きくよう》す（そだて養う）。長ずるに及び家、尤も貧窶《ひんろう》（まずしい）なり。師、樵采して以て給す。一日、薪《たきぎ》を負いて市中に至るに、客の金剛経を読むを聞き、悚然《しょうぜん》として其の客に問ふて曰く、此れ何の法ぞ、何人にか得たる」と。客曰く、「此れ金剛経と名づく、黄梅《おうばい》の〔弘〕**忍大師**に得たりと。師、遽《にわか》に其の母に告ぐるに、法の為に師を尋ねんの意を以てす。直に韶州《しょうしゅう》に抵《いた》り、高行の士、劉志略に遇い、結んで交友を為す。尼無尽蔵なる者は、即ち志略の姑なり。常に涅槃経を読む（『景徳伝燈録』巻第五。『祖堂集』巻第二に同趣の記載）。

所なくして、其《そ》の心《こころ》を生ずべし、と訓《よ》む。無所住とは、「空に徹して何ものにもとらわれないこと」、心は、「自性清浄心《じしょうしょうじょうしん》で、仏心・仏性」のこと。したがって「何ものにもとらをれない境地に徹して、しかもおのずから現象世界に即して本来清らかな仏心が洗われるような心的自由をいう」(『禅語小辞典』角川書店)。

周金剛が得意とした金剛経は、禅宗ではすでに五祖弘忍や六祖以来、珍重されてきた経典である(前頁下段参照)。「徳山未だ関を出でざる時、心憤々、口悱悱《くひひ》たり。得得《とくとく》として南方に来って教外別伝《きょうげべつでん》の旨を滅却《めつきゃく》せんと要す」と憤慨しているが、金剛経の講僧・周金剛は、その経典が禅宗で大切にされていることを知っていて、南方で己れ以外に金剛経を標榜している〔禅〕僧たちがいるときき、かれらに法戦を挑むべく故郷の西蜀を出立したのかもしれない。

□補遺□…………………………………

再び「久嚮龍潭」のタイトルをめぐって

この稿(「4 龍潭滅燭あるいは徳山焼疏」)を書きおえてからのこと、もうひとつ課題が派生した。それはすでに文中にしるしたが、同章の中に小見出《こみだ》しとしてかかげた「久嚮龍潭」に関することがらについてである。

久しくムカう

『禅語辞典』(入谷義高監修)によると、「久響」は、「久しく**響**《むか》う」(傍線は引用者、以下同)とよみ、さらに、「「響」は正しくは「**嚮**」と書くべき」であって、それは、「かねてから一度お目にかかりたいもの

と景慕しておりました」との意だという。景慕《けいぼ》とは、辞典（『日国』）によると、「景仰《けいこう》」ともいい、「仰《あお》ぎ
い、したうこと」である。つまり、入谷氏（『禅語辞典』）によると、

つとに敬意を抱いていた人との初対面の時に言う挨拶を意味する言葉である。これについては、この稿中でもすでにふれた。

従来〔この「久響龍潭」なる言葉は〕「久しく……と響く」と読み、「御高名は久しく鳴り響いておりました」と解するのは誤り（同前）

さらに『祖《そ》堂《どう》集』十の㋑「鏡清《きょうせい》道怤《どうふ》章」や㋺『趙州《じょうしゅう》録』中から引例をあげておられる。

・見㆓新到参㆒次、拈㆓起払子㆒。対云、**久響**㆓鏡清㆒。到来猶有㆓紋繰㆒在——

㋑「新到《しんとう》の参ずるを見る次いで、払子を拈起《ねんき》す。対《こた》えて云く、久しく鏡清に響《むか》う。到来するに猶《な》お紋綵《もんさい》の在る有り」（『訓注祖堂集』二〇〇三、花園大学国際禅学研究所。ルビは引用者による）

次は『趙州録』からで、同様の使用例をあげている。

・〔趙州録中〕問、**久響**㆓趙州石橋㆒、到来只見㆓掠彴子㆒。——（入谷義高監修『禅語辞典』八五頁）

㋺「久しく趙州の石橋に響《むこ》う。到来すれば、只だ掠彴子《りゃくしゃくし》を見るのみ」（鈴木大拙校閲『趙州禅師語録』三七頁）（掠彴子＝略彴は丸木橋のこと）。

鏡清とは、道怤《どうふ》禅師（八六八—九三七。雪峰の嗣《し》）が住していた寺院名のこと。「趙州の石橋」の趙州とは、趙州観音城のことだから、こちらも地名（場所名）ととらえたほうがよい。したがって、ここでの響の字は「ムカう」の意にとったほうがよい。これは「嚮」の字でも可である。

㋑文中の拈起とは「指先でつまみ上げること」であり、同じく紋綵とは、「それと見て取られる徴表、サイン、痕跡」（入矢前掲書）のこと。

鏡清も趙州も寺院名や土地名だから、「久しく鏡清に嚮う」中の、あるいは「久しく趙州の石橋に嚮う」中の「嚮う」も、鈴木校閲本にあるよう、ともに「ムカう」とよむべきだろう。

さて、「嚮」は、「嚮」に置換《ちかん》すべき字（「嚮」は正しくは「嚮」と書くべき）だともいうが、白川静氏の『字通』によると、「嚮」には、すでに指摘したように、このような意がある。

嚮＝ムカう　1むかう。2向と同じ、まど。3鄕《きょう》と通じ、さきに。4饗と通じ、うける、もてなす。5響と通じ、ひびき（ヒビき、とよむ例についてはすでにふれた）

文中、「2向と同じ、まど」という説明がある。これには「向は神明を迎える窓の形で、神明を迎え、向かうの意」との補足説明がある。「鄕」は、同じく文中の説明によると、「さきに」の意。

また次の『名義抄』（①）および『字鏡集』（②）より、古訓をあげて示している。

（①によると）ムカフ・マド・オモムク

（②によると）ムカフ・オモムク・ツク・**ヒビキ**・マコト・ヨシ

さらにまた、諸橋轍次《もろはしてつじ》氏の、『大漢和辞典』によると、「嚮」という字は、一、**むかふ**。二、すすめる。三、まど。四、さきに、むかし。五、鄕に同じ。六、向に通ずなどのほか、「うける。もてなす（饗に通ず）。**ひびき**（響に通ず）」などともある。

なお「響」についてみると、『字通』にはこうある。

響＝オモムく　ひびき・おと、意。1ひびき、ひびく　2おと　3たより、ことづて　4嚮と通じ、おもむく

したがって「響」には「嚮」と同様、おもむく（4）、の意があることもわかる（入谷氏の指摘にもあるよう「久しく響《むか》う」）。

久しくシタう

なお「久《きゅう》嚮《きょう》龍《りゅう》潭《たん》」について、『禅学大辞典』には、このようにもしるしている。

徳山は周金剛王とも言われて〔金剛般若経〕に通じた人で、禅を学ぶために龍潭を尋ね、まず「**久しく龍潭と嚮《した》う**、到り来って潭又見ず、龍亦現ぜず」と宣した。徳山は龍潭の接得を受けて有限の文字、相対の言説では、仏法の真実を把捉するに何の役にも立たないことを知らされ、今まで大切に持参してきた〔金剛般若経〕の疏抄を全部焼いてしまった。嚮を響《ひびく》とするのは誤り〔伝燈録一〇〕〔会元二〕

ここ(『禅学大辞典』)にも、「久嚮龍潭」は「久しく龍潭と嚮《した》う」とあって、さらには、「響」(ヒビク)はあやまりで、「嚮」(したう)と改めるべき字だ、とある。このほか、入矢ほか訳注『碧巌録』上(岩波版、一九九二、八一頁)には、「門を跨《また》ぐや纔《いな》や便《すなわ》ち問う、「**久しく龍《りょう》潭《たん》を嚮《した》う**、到来するに及ぶも、潭も又た見えず、龍も又た現れず」と。

久しく、とは、〃ながいあいだ〃の意である。引用文(同項)の傍注に、「「嚮」は、慕《した》う、の意」とあるが、これは「ムカう」(向)の意にとったらどうか。龍潭とは、龍潭寺(龍潭禅院という呼称もある)の謂《いい》であって、かならずしも禅師名とばかりとはいえない。人名(禅師名)を指しているとしたら、嚮を「したう」の意に釈《と》るほうがよかろうし、地名や山名ならば「むかう」のほうが適切ではなかろうか。

それにまた、「響」の字も、たとえば「響慕」(嚮慕)〃したう〃と熟字する。したがって、響の字に〃したう〃の意をくんで解したとしても、それはあながち間違った解釈だとはいえまい。

『字通』によると、「響」の字は、「ひびき、ひびく。②おと。③たより、ことづて。④嚮と通じ、**おもむく**」と。そこでここではかえって、この④の意味（おもむく）に留意し、注視しておきたい。これはさきほどかかげた「嚮」の①「むかう」と類同の意味がある。また、白居易の「楊虞卿に与ふる書」にも、

　凡そ此の者、皆以て積俗を激揚し、士林に表正すべし。斯れ僕が響慕して勤勤たる所以なり

と響慕（したう）の意の字が見える。西村訳注『無門関』（岩波版、一九九四）の二十八則のタイトルには、**「久しく龍潭を嚮《した》う」**とあって、同じく同所の傍注には、こうもある。

　この話は『景徳伝灯録』巻十四、龍潭崇信章にわずかに、また『五灯会元』巻七、徳山宣鑑章に見える。ともに「響」は「嚮」（したう）となっているので、今回嚮に改めた

以上、「久嚮龍潭」という用語の使い方について、ことに「嚮」の字をめぐって再考し、そのうえで、この一段には留意すべき点があることを指摘した。が、これは上述しきたったように、「ムカう」とも「シタう」ともあって、その正否については、小生じしん、にわかには、いずれとも判じがたく、その判断にまようところである。

　したがってこの拙稿では「響」を「嚮」の字に改めたほかは、いまは原《もと》の稿（原稿）のままとしておく（恣見《しけん》をのべるならば、響も嚮の字も、同じ意味を有しているようにおもうが、はたして、どうだろうか）。

「嚮」字について

　なお、嚮の字は〝人称〟名詞だけではなく、〝地名〟（山名）や〝寺院名〟とともに付されていた。再説すると、人称ならば〝―（を）したう〟の意がいいだろうし、地名（山名）や寺院名とともにあるならば〝―（に）むかう〟の意味にとらえたほうがよりいっそういいような気がする。

こころみに『趙州禅師語録』(鈴木大拙校閲・秋月龍珉校訂国訳。春秋社)を参看すると、

三三二　久しく趙州の石橋《しやつきよう》に嚮《むか》ふ。到来すれば、只だ掠彴子《りやくしやくし》を見るのみ(巻中、三七頁)

四九一　久しく嚮《しと》ふ寒山・拾得と。到来すれば、只だ両頭の水牯牛《すいこぎゆう》を見るのみ(巻下、五五頁)

の、異なった二例をみることができる。

一(三三二)には「嚮《むか》ふ」とあり、一(四九一)には「嚮《しと》ふ」とある。「嚮《むか》ふ」その先は「石橋」であり、もう一方の「嚮《しと》ふ」のは、寒拾《かんじゆう》(寒山・拾得)の二聖である。

さいごに「久嚮龍潭」の語釈について、最近の成果より、二、三あげておきたい。

・徳山、「わたくしはながらく竜潭をたずねて参りました。来てみれば、潭も見えなければ、竜も見えませぬ。これは、どうしたことでしょう(久嚮龍潭及至到来潭又不見竜又不見時如何)」〈『祖堂集』〉

この柳田訳(『続・純禅』「棒と喝と」一一頁)には、ただ〝竜潭〟とのみあって、「人称」か「地名」か、にわかには、どちらとも判じがたい。竜潭という**地名**(もしくは寺院名)か。

なお衣川氏訳については、すでに本文中においてもふれたが、

・龍潭和尚にお会いしたくおもっておりましたが、ここに来ますと、潭もなければ龍も見えませぬ

とあって、そこには、龍潭〝和尚〟とあって、こちらは**禅師名**(禅師名＝住寺名＋法諱)である。

もう一点紹介しておきたい。こちらは、「着いた」とあるから、**寺院名**(もしくは地名)であろうか。

・門を入るや問うた、「ずっと竜潭を慕っていたが、来てみれば、潭も見えない、竜も出て来ない」／竜潭和尚は屏風の後ろに身を隠して言った、「君自身が竜潭に着いたのだ」(末木編『現代語訳碧巌録』上)

5 うわさの大潙山へ

＊ふたりの禅匠の徳山評価

禅師名
徳山禅師は点検ずき
そこつ者よ
三千の威儀と八万の細行
この鉄漢！
潙山のあるじ選び

この章（「5」）では湖南《こなん》省澧州《れいしゅう》にある龍潭寺《りゅうたんじ》の崇信《そうしん》禅師のもとにあって、さとりを開いた徳山宣鑑《とくさんせんかん》（周金剛）が、龍潭師のもとを去って、さらなる修行道場、かの〝うわさ〟の大潙山《だいいさん》（潭州〈湖南省〉長沙府）に、霊祐《れいゆう》禅師（百丈懐海《ひゃくじょうえかい》禅師の嗣〈あとつぎ〉）をおとなっていった、その劇的なシーンをさぐってみたい。なお澧州の地には龍潭寺ほか、薬山《やくさん》寺（薬山惟儼《いげん》）、欽山《きんざん》寺（欽山文邃《ぶんすい》）の名だたる寺院の所在がしられる。

潙山《いさん》霊祐禅師と徳山のであいについてふれるまえに、かんたんに、禅師名は、どのようにして命名されているのか、それについてみてみたい。佐橋法龍氏＊1によると、次の五つ（ⓐからⓔ）がある。

ⓐその禅師の住《じゅう》した山名と法諱《ほうい》とをつらねたもの（山名＋法諱）
ⓑ住した土地（もしくは地方・国）の名と法諱をつらねたもの（地名＋法諱）
ⓒ住した寺の名と法諱をつらねたもの（寺名＋法諱）
ⓓ通称と法諱をつらねたもの（通称＋法諱）
ⓔ諡号《しごう》（もしくは賜号）と法諱《ほうい》をつらねたもの（諡号＋法諱）

そしてその例として、以下の禅師名をあげている。

ⓐ曹渓慧能《そうけいえのう》・青原行思《せいげんぎょうし》・南嶽懐譲《なんがくえじょう》、ⓑ江西道一《こうせいどういつ》・塩官斉安《えんかんさいあん》・趙州従諗《じょうしゅうじゅうしん》、ⓒ西堂智蔵《ちぞう》・興善惟寛《こうぜんいかん》・臨済義玄《りんざいぎげん》、ⓓ馬祖道一《ばそどういつ》・大珠慧海《だいじゅえかい》、ⓔ大寂道一《だいじゃくどういつ》・法眼文益《ほうげんぶんえき》

このうち、ⓑの江西道一（江西省）やⓓの馬祖道一、あるいはⓔ大寂道一（大寂は馬祖道一の諡号《しごう》。このほか、入寂《にゅうじゃく》の地・石門山〈南昌府〉にちなんで石門道一の称《な》も）は同一の人物であるから、ⓑとⓓ、ⓔなどの事例にはあげてあっても、これは単一の禅僧の名ではなく、いずれも馬祖禅師の別称である。

禅師名はこのように〝四字連称〟でよばれるが、そのほか三字で呼称されるときもある。ⓕ法諱《ほうい》は第一字をおとしていうことが多い。その例として曹渓〈慧〉能、南嶽〈懐〉譲がある。

そしてここにでてくる潙山霊祐禅師のばあい、潙山（山名）＋霊祐（法諱）、つまりⓐの「山名に法諱」を付した呼び名ということになる。

大潙山にいどむ

この潙山探訪は、徳山禅師自身にとっても、禅門修行の総仕上げ（大団円）とでもよぶべきところである。なおこの章にえがかれた記事は、潙山霊祐《れいゆう》三十九歳、徳山宣鑑三十歳のときのできごとであり、本章のテキストは「徳山挟複子《きょうふくす》＊2〈問答〉」『碧巌録』第四則からである。

ところで徳山宣鑑は、はたして龍潭《りゅうたん》崇信師のもとに、どれほどのあいだ止まっていたのであろうか（一説には、三十年とも。これは大潙山以後のことだろう）。「久嚮龍潭《きゅうきょうりゅうたん》」章『無門関』の結語には「是《ここ》に於て礼辞《らいじ》す」（龍潭の許を辞し去った〈平田〉）とのみある。詳細は詳《つまび》らかではないが、龍潭師の許《もと》で〝さとり〟を得てすぐということだろう。それを『五燈会元《とうえげん》』（巻第七。中国仏教典籍選刊、三七二頁）の記事では、

六祖慧能（東土）
西天三十三祖

遂《つい》に之《こ》れを焚《や》く。是《ここ》に於て礼辞《らいじ》して、直に潙山《いさん》に抵《いた》る（遂焚之。於是礼辞、直抵潙山）と表現している。自慢の疏抄《しょしょう》（之れ＝鈔）を焚《や》き、龍潭師に「礼を述べて山を下って行った」（西村）、そしてそのまま霊祐禅師の住まう〔大〕潙山にむかったのである。

また「徳山挟複子《きょうふくす》〔問答〕」『碧巌録』第四則の評唱には、こうある。「後に潙山の化《け》を盛《さか》んにすることを聞いて、直《じき》に潙山に造《いた》って便《すなわ》ち**作家《さっけ》相見《しょうけん》す**」と。この『碧巌録』中には「後に」云々とあるから、じっさいのところ潙山にたどりついたのは、いつのことだか定かではないが、とにかく潙山禅師が「〔教〕化《け》（衆生の教化。接化）を盛んに」しているとのウワサを耳にすると、かの地（潙山）にまっすぐに行った（直造潙山）のは確かだ。当時、潙山には、かつて司馬頭陀《ずだ》が予言したとおり、一千五百もの禅学（禅人・学人〈「徳山挟複子」〉）が蝟集《いしゅう》していた。

さきの『五燈会《とうえ》元《げん》』とは、禅宗の伝燈書《でんとうしょ》（禅宗史）の一つだが、それには以下の六つが知られている。『景徳伝燈録《けいとくでんとうろく》』（三〇巻、一〇〇四）、『天聖広燈録《てんしょうこうとうろく》』（三〇巻、一〇三六）、『建中靖国続燈録《けんちゅうせいこくぞくとうろく》』（三〇巻、一一〇一）、『宗門聯燈会要《れんとうえよう》』（三〇巻、一一八三）、『嘉泰普燈録《かたいふとうろく》』（三〇巻、一二〇四）の五燈録で、このうち古いのは『景徳伝燈録』である。そしてこれら五燈書の重複する箇所《かしょ》などを整理してなったものが『五燈会元《ごとうえげん》』（二〇巻、一二五二）で、これらを総称して〝六燈録〟といわれる。

さて、ここでのべるシーンは、龍潭《りゅうたん》崇信のもとを辞した徳山宣鑑禅師が、こんどはいっぽうの禅匠潙山霊祐《れいゆう》禅師のもとへと勇躍《ゆやく》して馳《は》せた場面である。さきの「徳山挟複子《きょうふくす》〔問答〕」の引文中にでてくる「作家《さっけ》」＊3とは〝老師〟（禅の指導者・禅マスター）のことで、これは宋代《そうだい》に禅者たちが詩文をもって禅を宣揚《せんよう》したところから、老師《ろうし》を詩人・墨客《ぼっきゃく》になぞらえていったことば。文中の「相見《しょうけん》」は、拝顔《はいがん》すること、相見《あいまみ》えることである。したがって、ここは徳山がさらなる弁道《べんどう》（仏道精進）をもとめて、撥草《はっそう》（師を求めて草をはらいのけて行くこと）の旅へとむかって、潙山禅師のもとに参じたのをいっている。

青原下から南岳下へ

この旅で、徳山がたずねついたのは南岳《なんがく》〔懐譲〕下《か》の潙山霊祐禅師のもとである。はじめにたずねていった龍潭崇信《りゅうたんそうしん》は青原《せいげん》〔行思〕下《か》につらなる禅匠であった。すこし複雑ではあるけれども、以下に六祖慧能《ろくそえのう》禅師の系譜をたどってみたい。

六祖慧能《ろくそえのう》は五祖弘忍《ごそぐにん》の法を嗣《つ》いだ弟子で、東土初祖《とうどしょそ》（西天《さいてん》二十八祖）の達磨大師《だるまだいし》よりかぞえ六代めの禅宗の祖にあたる。かれは、憲宗《けんそう》（在位八〇五―八二〇）より大鑑《だいかん》禅師の諡号《しごう》（おくり名）をたまわったところより大鑑慧能《だいかんえのう》ともよばれている。曹渓《そうけい》（広東省）宝林寺《ほうりんじ》（道元は日本初の禅寺を開いたおり、その寺を興聖宝林寺〈京都府〉と命名している）に住し、禅風をおおいにふるったので、曹渓古仏《そうけいこぶつ》などともいう。この六祖の門から青原行思《せいげんぎょうし》（？―七四〇）や南岳懐譲《なんがくえじょう》（六七七―七四四）の二神足《じんそく》（高僧）と称される禅僧を輩出している。栄西《ようさい》（一流）や道元《どうげん》（二流）らが日本に禅を伝えてより東陵永璵《とうりょうえいよ》（二十四流）が渡来するまでの百六十年にわたる禅の系譜（門派・流派）を「二十四流の禅」という。そのうちの三つの流は曹洞系《そうとうけい》で、のこりの二十一流が臨済系《りんざいけい》である。これらはいずれも六祖慧能の二大弟子（神足）の流れに属している。その二大弟子のうち、南岳懐譲《なんがくえじょう》の系統を南岳下《なんがくか》とよび、青原行思《せいげんぎょうし》のそれを青原下《せいげんか》と称《い》う。

南岳《なんがく》禅師のもとには馬祖道一《ばそどういつ》が輩出《はいしゅつ》し、そのもとに百丈懐海《ひゃくじょうえかい》、さらにその膝下（会下《えか》）から黄檗希運《おうばくきうん》が出、さらには臨済義玄《りんざいぎげん》（？―八六七）へと錚々《そうそう》たる面々がつづく。この臨済義玄はこんにちの臨済宗の基《もとい》をつくった禅僧である。百丈禅師下からは黄檗《おうばく》と、もういっぽうの雄潙山霊祐《いさんれいゆう》がでて、さらにはその法嗣《はっす》に仰山慧寂《ぎょうざんえじゃく》がでている。かれら師弟は二人ながらにして潙仰宗《いぎょうしゅう》（七宗の一）を興《おこ》している。

いっぽう青原《せいげん》禅師の下には石頭希遷《せきとうきせん》がいる。この禅師は、住していた南寺（湖南省）の東にある大石上に庵室《あんしつ》をつくり、そこで坐禅修行にはげんだので、石頭の名を冠《かん》してよばれている。

道元禅師もその著『正法眼蔵《しょうぼうげんぞう》』で、「石頭大師は、草庵《そうあん》を大石にむすびて、石上に坐禅す。昼夜にねぶらず、坐せざるときなし」行持とのべている。その会下《えか》（膝下・坐下）には薬山惟儼《やくさんいげん》（七四五—八二八）、丹霞天然《たんかてんねん》（七三九—八二四）、天皇道悟《てんのうどうご》（七六九—八三五）がいて、この天皇（道悟）系につらなるのが、徳山の本師《ほんじ》龍潭崇信（不詳）である。

けっきょく徳山は、この崇信禅師の法（青原下の法）を嗣《つ》ぐことになる。さらにこの法の系統は、徳山宣鑑《せんかん》の法嗣《はっす》、雪峰義存《せっぽうぎぞん》（八二二—九〇八）へ、さらにはその嗣《し》、雲門文偃《うんもんぶんえん》（八六四—九四九）へと次第《しだい》して雲門宗《うんもんしゅう》が生まれる。また同じく雪峰下の玄沙師備《げんしゃしび》（八三五—九〇八）から法眼分益《ほうげんぶんえき》（八八五—九五八）などへと次第して法眼宗《ほうげんしゅう》ができる。さらに石頭下の薬山惟儼《やくさんいげん》から次第して曹洞宗《そうとうしゅう》がうまれている。つまり青原行思の遠孫から**雲門宗**、**法眼宗**や**曹洞宗**がうまれ、同じく南岳懐譲からは**臨済宗**と**潙仰宗**ができる。これらをあわせて〝五家《ごけ》〟と総称している。いずれも禅風の違いから生じたものである。

以下が六祖慧能《ろくそえのう》禅師の系譜のうちの二大潮流とその末流である。こうしてみると徳山宣鑑ははじめ、青原下の龍潭崇信のもとで修行したが、ついで南岳下の潙山霊祐にも参じたことになる。

ところで徳山宣鑑は意図してこの二つの流れに身をおこうとしたものであろか、それともただ南下したさきに〝うわさ〟の潙山の道場があったから、そこを探訪《たんぼう》したのだろうか。

—五家・七宗—

（五家＝潙仰宗・臨済宗・曹洞宗・雲門宗・法眼宗）

慧能（六祖）
- **青原行思**—石頭希遷
  - 薬山惟儼—雲巌曇晟—洞山良价—曹山本寂（曹洞宗）
  - 天皇道悟—龍潭崇信—徳山宣鑑※
    - 雪峰義存—雲門文偃（雲門宗）
    - 巌頭全豁
  - 雲門文偃
- **南岳懐譲**—馬祖道一—百丈懐海
  - 黄檗希運—臨済義玄（臨済宗）
  - 潙山霊祐—仰山慧寂（潙仰宗）

※徳山宣鑑→雪峰義存
- 雲門文偃《うんもんぶんえん》……………
- 玄沙師備《げんしゃしび》—羅漢桂琛《らかんけいしん》
  - 雪竇重顕《せっちょうじゅうけん》
  - 法眼文益（法眼宗）

右の五家に、次の**楊岐**〔派〕と**黄龍**〔派〕の二派をくわえて五家《ごけ》〝七宗《しちしゅう》〟とよばれる。

臨済義玄—興化存奨《こうけぞんしょう》—風穴延沼《ふけつえんしょう》—首山省念《しゅざんしょうねん》—汾陽善昭《ふんようぜんしょう》—石霜楚圓《せきそうそえん》
- 楊岐方会《ようぎほうえ》（楊岐派）
- 黄龍慧南《おうりょうえなん》（黄龍派）

楊岐方会《ようぎほうえ》—白雲守端—五祖法演《ごそほうえん》—圜悟克勤
- 虎丘紹隆
- 大慧宗杲

黄龍慧南《おうりょうえなん》…虚庵懐敞《きあんえしょう》…明庵栄西《みょうあんえいさい》

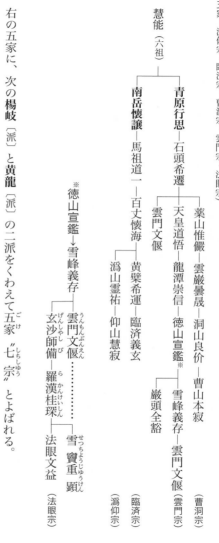

徳山の点検好き――大燈いわく、「歩歩、荊棘を生ず」

さて、はなしをもとの「徳山挟複子《きょうふくす》〔問答〕」『碧巌録』第四則にもどそう（❶から❿）。

碧❶徳山、潙山《いさん》に到る、複子《ふくす》（ふろしき）を挟《さしはさ》んで法堂《はっとう》上に於て、東より西に過ぎ、西より東に過ぎ、顧視《こし》して無無《むむ》と云って便《すなわ》ち出《い》づ。〔雪竇、著語して云く、「勘破了也」〕

複子は、複は袱《ふく》（物をつつむ布）のことで、包袱《ほうふく》、いわゆる〝ふろしき〟をいう。「雲水僧は行脚《あんぎゃ》の時に自己の行李《こうり》物を複子《ふくす》に包みて背負うていく、これより雲水僧の荷物を複子という」禅宗辞典。

挟は、ワキバサむ、タバサむ、とよんで、こわきに抱《かか》えるの意である。背《せ》なに担《にな》っていたふろしき包みをこんどは小脇にかかえて、という意である。顧視《こし》は、フリカエリミる、ということ。

龍潭《りゅうたん》の崇信禅師のもとを辞した徳山は南下して、霊祐《れいゆう》禅師の住まう次なる叢林《そうりん》（修行道場）、うわさの〝大〟潙山にたどりついた（なおこの大潙山と、潙山のあるじとなる霊祐禅師については後半部を参照のこと）。

ふろしき包みを小脇にタバサんで、とあるから、旅装《よそお》いもしっかと解《と》かないまま法堂（説法堂）にふみこんでいっていった。そして堂内を東から西へむかって歩き、そうかとおもうと、こんどは西から東へとゆきつ戻りつした。そして堂内を睨《ね》めまわすようにしながら、何も無《な》い、何も無《な》いナ（無無《むむ》）などと独《ひと》りごちつつ縦横に歩きまわると、そのまま法堂から退出してしまった。

しかしそれにしても、これははじめておとずれた寺（大潙山）でのことである。そうかんがえると、これはじつに無礼なふるまいというべきだ。そればかりか、あっちこっちを見まわしながら、何もない、ここには何もないなどと嘯《うそぶ》いているのは、かんがえてみると、じつに失礼千万なものいいだ。おもうに、徳山禅師には漫歩《そぞろあるき》(〝ブラブラ〞歩き)の性行があるようだ。だがこれを徳山によるたんなる〝そぞろ歩き〞とみては〝失錯《しっさく》〞だろう。――これこそが、徳山による〝点検〞(検点)なのである。

そう、徳山は堂内を、そしてなみいる潙山の大衆《だいしゅ》(修行者)をさぐって(点検して)まわっていた、それがこのシーンなのである。

そこはまだ周金剛《しゅうこんごう》とよばれていたころの講僧としての名声と、かれ自身が確《しっか》りとかかえこんでいた矜持《きょうじ》を、徳山は、完全に払拭《ふっしょく》しきれていない。いまだもって、あの学者としてのかつての名望をわすれられないでいる。

晩年のあるひと日の出来事(「徳山托鉢」を参照)のときも、食事の合図《あいず》もないのに、食器(鉢《はち》の子)をもったままあらわれでてきたのにも、このブラブラ歩きの性行がみてとれる。漫歩である。ひいてはこれは〝点検〞(さぐり)の意でもある。

あのとき(托鉢のおり)、徳山が現れでてきたのは、弟子の雪峰《せっぽう》の食事したくの、あまりの愚図《ぐず》さかげんに業《ごう》を煮《に》やしてのことだった。それについて、大徳寺《だいとくじ》開山《かいさん》の大燈国師《だいとうこくし》(宗峰妙超《しゅうほうみょうちょう》)は――、「鉢《はち》を托《ささ》げ方丈《ほうじょう》より下《くだ》り来《きた》る」(徳山托鉢)について、ひとりの問僧《もんそう》の――徳山禅師の托鉢《たくはつ》

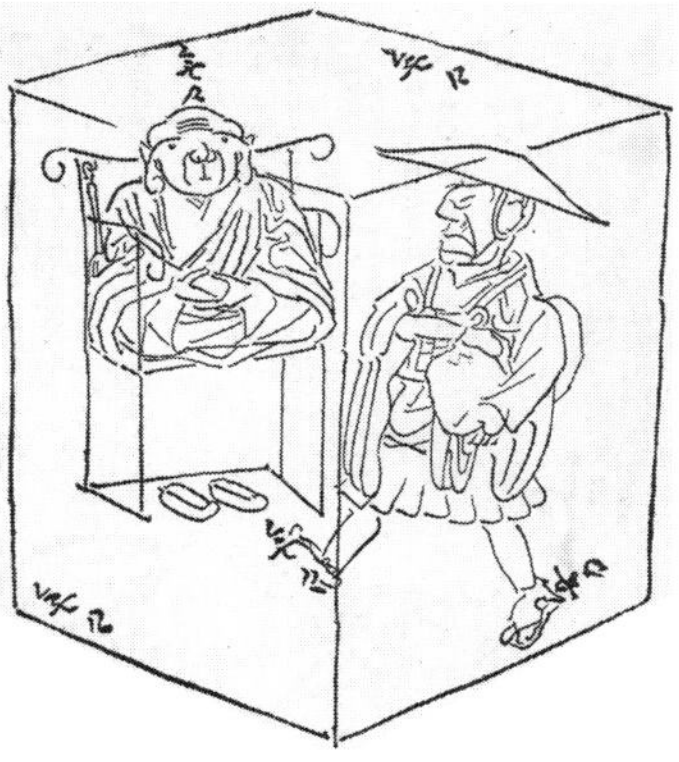

岡本一平著『一平全集』第1巻
(先進社、昭和4より)

東より西に過ぎ、西より東に過ぎ、顧視して無無と云って便ち出づ

は「どのような仔細《しさい》があってのことでしょうか」にたいし、師の大燈国師《だいとうこくし》（宗峰妙超《しゅうほうみょうちょう》。大徳寺の開山）は、禅師のあゆみには「歩歩《ぶぶ》、荊棘《けいきょく》を生ず」（一歩一歩、いばらを生やして歩くようなものだ〈平野訳〉）で（『大燈国師語録』）、その跡《あと》に、蓮華《れんげ》が生ずることなどけっしてないヨ、と叮嚀《ていねい》に警告している。

同じく〝托鉢の事〟（無語低頭）についてふれ、「雪峰《せっぽう》の是れ什麼《なん》ぞ」『碧巌録』第五十一則の評唱中に、圜悟《えんご》は「殊に知らず、徳山は是れ箇《こ》の無歯《むし》の大虫なることを」と評釈（語）をおいている。無歯の大虫とは「老虎《ろうこ》」のことで、それは「徳山の老獪ぶりを言う」（末木編『現代語訳 碧巌録』）と。このような性向《せいこう》は徳山生得《しょうとく》のもので、それに何ごとをか加えるのは「風無きに浪《なみ》を起こす」ようで、いらざる〝お節介《せっかい》〟のようだが、加藤氏は、「徳山托鉢」章『無門関』の中で、そのような徳山像をさらに描写して、こういう。

> 雪峰初相見《しょしょうけん》の一問に、矢庭に痛棒をくらはせたほどの徳山、八十余歳とはいへ、得意の棒には断然年を取らせてゐない凄《すご》い老漢であつたのです。鐘未だ鳴らず鼓も未だ響かざるに、鉢を托《ささ》げて堂を下るといふこと、その事が、亦《ま》たこれ身を以てする一の説法であらねばなりません。鈍漢俗物の眼には只《た》だ老いぼれ沙汰にしか見えなくとも、雪峰の一隻眼《せきがん》には、一大事の禅的問題とされたのであります（傍点引用者）＊4

加藤氏（咄堂）はまた、菅原時保《すがわらじほう》老師（一八六六―一九五六、建長寺派元管長）の「徳山が托鉢して行ったのも、只だ食事時であつたばかりではなく、折にふれて座下の学人の力倆を点検せんとする目的であつたかも知れぬ」（同）と。――同感である（これについては〝続刊〟にて検証の予定、『大燈国師語録』も同）。

徳山禅師の、学人《がくにん》（修行僧、禅学）にたいする峻厳《しゅんげん》なるエピソードを、いま少しうかがってみよう。次にみるように、徳山禅師はいかなるときも禅学・禅子《ぜんす》にたいして、じつに執拗《しつよう》（懇切）だ。

徳山の鑑禅師、一日僧の来るを見て乃《すなわ》ち門を閉却《へいきゃく》す。僧門を敲《たた》く、〔徳〕山曰く、阿誰《たれ》ぞ。僧曰く、師師児《ししじ》。山便ち門を開く。僧纔《わず》かに拝《はい》を設《もう》く。山驀項《まくこう》に騎《の》って曰く、者《こ》の畜生《ちくさん》、甚《なん》の処《ところ》にか去来《こらい》す

このように徳山禅師は、挑《いど》んできた修行僧の上に馬乗りになったりしている。そればかりか、その僧を、「者《こ》の畜生《ちくさん》、甚《なん》の処《ところ》にか去来《こらい》す」と責めている。つまり禅師は、その僧を「此畜生《コンチクショウ》」といって痛罵《つうば》さえしているのだ（「徳山師子《しし》」『鉄笛倒吹』第九三則）。

徳山が潙山に霊祐禅師を探訪したのはまだ壮《わか》さの横溢《おういつ》しているときだから、その無礼《ぶれい》も、その厳格さも、裏をかえせば、なにごとにしても齷齪《あくせく》したとこがなく、壮者（わかもの）特有の気質がみてとれる。

――以上が、はじめての潙山《いさん》探訪でとった徳山禅師の行動と、その背景となった禅師の資質である。

そこつ者ョ！

さて、潙山での探索《たんさく》（点検、さぐり）を了《お》えて門頭《もんとう》（門）あたりまでできた徳山だが、そのあとかれは、どうしたのだろうか――。どうも、かれ自身、まだ腑《ふ》におちないところがあった。つまり、かれにはまだ、〝し残した〟ことがあったのである。

こうしてみると徳山というひとは暴慢なところもあるが、それだけではなさそうだ。やることが何かと軽卒《けいそつ》でそそっかしい。徳山自身も、おのれ自身をそうかえりみているのが、次の文である。

いましがたは旅装《たびよそお》いもとかずににずかずかと、傍若無人《ぼうじやくぶじん》にも堂内（説法堂）に上がってしまった。それでは失礼にも、ほどがあるな、と、かれはそれに気づいてみずから首肯《しゅこう》しているのである。その感懐を吐露したところが、次の箇所《くだり》である。

碧❷徳山、門首に至《いた》って却《かえ》って云く、「也《ま》た草草《そうそう》なることを得ず」

草草なるとは、忙しいさま、あわてるさま、憂《うれ》えるさま、をいうのであるから、これはなんとも慌《あわ》てたことよ、というくらいの意（入矢ほか『碧巌録』では「大ざっぱなやり方、いい加減な行動」とある）。

門《もん》頭のあたりにいたって、いくら粗忽者《そこつもの》（あわてもの）のわたしでも、霊祐《れいゆう》禅師にはじめてお会いするというのに、ごあいさつ（初相見《しょしょうけん》）もまだ済《す》んでいないではないか、と自省《じせい》している。

そのように合点《がてん》した徳山は、やはり威儀《いぎ》（規律正しい〝ふるまい〟）をただし、法《ほう》（禅僧としてのルール）にのっとって（如法《じょほう》に）行動すべきである、このままでは、礼を失しているではないか、と。その点、かれはじつに素直なようでもある。それを徳山はみずから、次のような態度であらわしている。

こんどこそ——三千の威儀と八万の細行

碧❸便ち威儀《いぎ》を具《ぐ》して再び入って相見《しょうけん》す

威儀《いぎ》（禅宗では、イギではなく、イーギと長音にてよむ）とは、草鞋《わらじ》をぬぐなど、禅林のルール（規矩《きく》）にしたがって、あるいは礼儀をまもって、という意味で、もっというと「一挙一動善く規矩に合《がっ》し、人をして畏敬《いけい》の念を起《おこ》さしむる容儀」山田『禅宗辞典』をして、ということ。「規律に契《かな》えるたちいふるまい。これに四種あり、行《ぎょう》・住《じゅう》・坐《ざ》・臥《が》これなり」禅学大辞典 とある。

行《ぎょう》（いく）・住《じゅう》（とどまる）・坐《ざ》（すわる）・臥《が》（ねる）とは、人間が日常とる行為・おこないのすべてをいい尽した表現で、または「語黙動静」（いっさいの日常生活）のこととも。その作法について、こういう。

　夫《そ》れ沙門《しゃもん》は三千の威儀《いぎ》、八万〔四千〕の細行《さいぎょう》を具《ぐ》す。大徳《だいとく》、何《いず》れの方より来《きた》り、大我慢《だいがまん》を生ずるや

これは一宿覚《いっしゅくかく》〈永嘉幻覚《ようかげんかく》〉が六祖慧能《えのう》を曹渓《そうけい》山にずねていったおり、かれは定例説法をしていた六祖の禅牀《ぜんしょう》（イス）のまわりを、片手には浄瓶《じんびん》を携え、そしてもう片手で錫杖《しゃくじょう》をつきながら慧能禅師のまわりを三回めぐった。そのおり六祖が一宿覚の不作法《ぶさほう》（大我慢は、慢心《まんしん》＝おごりたかぶる心、の意）を咎《とが》めてそういった（『景徳伝燈録』巻第五「温州永嘉幻覚」の項を参照）。

　かれのとったこのふるまい＊5は、倶胝和尚をたずねていった実際尼《じっさいに》のそれになんと似ていることか。

賓（客）主（主人）の相見（面接）

　ここでわれわれはまた、『臨済録《りんざいろく》』の次の一文をも想起しよう——同書は、馬祖《ばそ》の嗣《し》金牛和尚（不詳）と、かれのもとをおとずれた臨済の対面をえがく。それ〝威儀を具《ぐ》す〟とは、同録の「夫《そ》れ賓主《ひんじゅ》の相見《しょうけん》は、各《おのおの》威儀を具す、上座《じょうざ》何れより来たってか太《はなは》だ無礼生《ぶれいせい》なる」（客と主人の対面には、お互いに礼儀をわきまえるもの。そなたはどこから来たのか知らぬが、甚だ無礼ではないか〈行録二〇〉入矢訳）との記事である。

　賓主《ひんじゅ》とは、賓《ひん》（客＝学人。ここでは旅の僧臨済）と主（あるじ＝師。金牛）のこと（金牛については、『碧巌録』第七四則に「金牛の飯櫃」）。

　相見《しょうけん》とは、修行者が禅師などに対面・面接することで、拝顔《はいがん》、拝眉《はいび》などの意と同じ。朝比奈《あさひな》宗源《そうげん》老師は

その著『臨済録』に、「各威儀を具す」に注して「禅者の相見には礼儀作法があるということ」とある。金牛和尚のところに往くと、師が来るのを見た金牛は、拄杖《しゆじよう》を横に構《かま》えて、門のまん中にどっかりと坐り込んだ。師は手で拄杖を三度たたいて、そのまま禅堂に入り、一番上位の席に坐った。金牛がやって来てそれを見て咎《とが》めた、「**客と主人の相見にはお互いに礼儀がある。**そなたはどこから来たのか知らぬが、甚だ無礼ではないか」（朝比奈訳）

……そこで徳山も、禅叢林《そうりん》のルールに則《のつと》って、潙山の霊祐禅師に拝顔（相見《しようけん》）しなおすことにした。

碧❹潙山、坐する次で、徳山、坐具《ざぐ》を提起《ていき》して云く、「和尚《おしよう》」

「坐する次で」（入矢ほか訳注『碧巌録』では「坐《すわ》りおる次《とき》」）の原文は「坐次」。坐具《ざぐ》nisidanaとは、僧侶六物《ろくもつ》（大衣、七条衣、五条衣、濾水嚢《ろすいのう》〈水こぶくろ〉、鉢、坐具）の中の一にして、座下に敷くもの（禅宗）。提起とは、モチアげる、ということで、これが相見《しようけん》（拝顔）のしかたで、これもたいせつな禅叢林《そうりん》の規矩《きく》（ルール）。

「潙山、坐する次で」とあるから、潙山禅師はすでに自分の席に坐っておられた。そこへあらわれた徳山は、腕にかけていた坐具《ざぐ》をもちあげて（提起して）、禅師を見て、ただひとこと、「和尚《おしよう》！」と発声した（これでは〝威儀にかなって〟という宣鑑自身のきもちなどまるっきり、どこかにすっ飛んでしまっている）。

碧❺潙山、払子《ほつす》を取らんと擬《ぎ》す

払子とは、蚊《か》や虻《あぶ》を払う道具である。仏陀《ぶつだ》ははじめ、〝蚊払《かばら》い〟の使用を許されなかったが、のちに、それを用いることをみとめられた。のちに、禅宗では、住持《じゅうじ》が説法時にこれ（払子）を手に持って威儀《いぎ》をただし、これを〝払う〟ことを説法の象徴とした（中村元『仏教語辞典』）。

擬すとは、ハカる、しようとする、の意、すなわち、手に〝トろう〟とした、〝フリ〟をした。

すると霊祐《れいゆう》禅師は、払子《ほっす》を手にとろうとなさったのである。

この場面は、説法のために払子《ほっす》をつかおうとしたものか、さらには払子を手にとって、徳山にたいして、なんらかの力用《ハタラキ》（修行者にたいする禅機）をしめそうとしたものかどうか、それは分からない。潙山霊祐禅師ははたして、どのような意図があって、払子を手にとろうとしたのだろうか。

なお、この「擬す」についてもうすこし補足すると、推測する、ハカる、とか、ナゾラえる、……するつもりである、……しようとする、の意（『漢辞海』）である。

払子のやくめ――〝蚊払い〟として

ここにでてきた払子《ほっす》はもともとインド由来のもので、苾芻《びっしゅ》（比丘《びく》＝出家して具足戒《ぐそくかい》を受けた男子）たちが蚊虫《カ》（ブンチュウ）にくわれて痒《かゆ》がっていたのをみた世人《せじん》が、聖者はなぜ、蚊を払う物を持っていないのですか、と問うた。それにたいして世尊《せそん》（釈迦牟尼《しゃかむに》ブッダ）ははじめ、それの使用を聴《ゆる》さなかった（根本説一切有部毘奈耶雑事《うぶびなやぞうじ》。これは、こんにちでも日常にマスクをしているジャイナ教徒をおもわせる）が、やがて「仏、苾芻《びっしゅ》をして虻子《ぶんす》を払う物を蓄《たくわ》えしむ」とある。しかも払子《ほっす》は、線払《せんぽつ》、列樾払（樾はサワラ）、樹皮《じゅひ》払《ほつ》、これを仏は聴《ゆる》す、と。さらに猫尾、牛尾、馬尾ならびに金銀装飾柄のごときものはみな執《と》るを得ず、とあって、これらは許されていない。払子はかならず、植物製でなくてはならない＊6。ところが中国や日本にはいってくると本来のつかいかたとは違って「僧が説法などで威儀を正すために用いる法具」（大辞林）となった。それがまさにこの場面にでてくる「潙山、払子《ほっす》を取らんと擬《ぎ》す」にでてくる払子である。

ところで、払子に似たものに麈子《しゅす》・麈尾《しゅび》がある。こっちのほうは仏制に反して獣の毛を用いるようになった。『釈氏要覧《しやくしようらん》』（宋代の道誠編。仏教故実などの解説書）に、

『音義指帰《おんぎしいき》』に云く、……鹿《しか》の大なる者を麈《しゅ》（大鹿）という。群鹿《ぐんか》、これに随《したが》う。みな麈《おおじか》の往《ゆ》く所を看《み》て、麈尾《しゅび》の転ずる所に随って準（よりどころ）となす

と。麈《おおじか》とは、鹿《しか》の王《おう》のこと。鹿の王が配下の群鹿《ぐんか》をしたがえゆくとき、鹿王はその尾のうごきによって、群《む》れの鹿（群鹿）をみちびくという。ひいてはそこから指導・指揮の意味にもちいられ、さらにはその鹿毛《しかげ》をもちいて払子をつくったところから、払子《ほっす》はまた麈尾《しゅび》の別称をもつにいたった、という。

伝衣（衣法相伝）と払子、拄杖など――〝嗣法〟のしるし

この払子《ほっす》は、伝法《でんぽう》（師から弟子へ奥義を伝えること）の〝しるし〟ともかかわってくる。

まずははじめに伝衣《でんね》についてうかがってみたい。

衣《ころも》は弟子への信《しん》をあらわし、法が弟子の証悟《しょうご》（さとり）を決定するものであることを、次の引文はよくあらわしている。それくらい伝衣は嗣法《しほう》を証明するものとして重要視された。それゆえ、〝衣〟はか

えってあらそいのタネ（はじめ）だともいわれだした。引文の「祖」とは六祖《ろくそ》慧能《えのう》、「師」とは青原行思《せいげんぎょうし》。

一日、祖《そ》、師に謂《い》いて曰く、従上は衣法《えほう》双《なら》び行《ぎょう》じ、師資《しし》遞《したが》いに授く。衣は以て信を表《あらわ》し、法は乃《すなわ》ち心を印す。吾《わ》れ今、人を得たり。何ぞ信ぜざるを患《うれ》えん。吾《わ》れ、衣を受けて以来、此の多難に遭《あ》う。即ち留《とど》めて山門に鎮《しず》めよ（『景徳伝燈録』巻第五）

（ある日のこと、六祖《ろくそ》が行思《ぎょうし》にこういった。

「古来、伝燈（嗣法）に相承《そうしょう》というものは、衣《え》・法《ほう》をともに師から資《し》（弟子）へと順次相伝してきた。衣は師の資《し》（弟子）に対する信を表わし、法は、資の証悟を師が決定《けつじょう》することである。だが、わしはいま、お前という信ずるに足るまことにすぐれた人材を得た。衣をあたえないからといって、わしがお前を信任していないなどという誤解をおそれる必要はいささかもない。

ところがわしは、先師五祖和尚より衣を相伝《そうでん》してから、多くの迫害にあっている。ましてこれからは衣をめぐる争いが多く起こるに違いない」〈佐橋法龍『景徳伝燈録』上、一六四—一六五頁〉、圏点引用者）

釈迦《しゃか》が迦葉《かしょう》尊者（西天一祖）に大法（おしえ）を付嘱《ふしょく》して以来、西天《さいてん》二十八祖（東土《とうど》初祖）の達磨《だるま》に至り、さらに（東土二祖）慧可《えか》、（同三祖）僧璨《そうさん》、（同四祖）道信《どうしん》、（同五祖）弘忍《ぐにん》、ついには（同六祖）慧能《えのう》に至るまでは、「衣は以て信を表し、法は乃《すなわ》ち心を印す」ものとして、一領《りょう》の衣（袈裟《けさ》）ならびに法（つまり衣法）が嗣《し》法《ほう》相続のしるしとして伝えられてきた。この衣を伝衣《でんね》という。が、その衣は、「後代争競必ず多からん。衣は即ち留めて山門に鎮めん」、つまり、「衣は即ち争《あらそい》の端《はじめ》なり」という六祖のおもいもあって、以後、衣は曹渓山《そうけいざん》にとどめおかれることとなった。曹渓山《そうけいざん》は六祖慧能の住したところである。

嗣《し》法《ほう》相続（伝法）の印《しるし》としての〝衣《ころも》〟の伝付（伝衣）にかわって、次にみるように、禅板《ぜんぱん》（坐禅のとき、手をのせたり、あるいは身をよせかけたり、あぎと〈あご〉をささえたりする具。禅板）や蒲団《ふとん》（坐禅のときにもちいる敷物。坐蒲《ざふ》）あるいは拄杖《しゆじよう》（身を拄《ささ》えるツエ）とともに、ここにでてきた払子も〝信〟のあかしを証する（あらわす）ものの一つとしてとして付与されている。

『碧巌録』第六十八則「仰山問三聖《きようざんもんさんしよう》」（仰山、三聖に問う）の評唱《コメント》に、次のようにいう。

百丈当時、禅板蒲団《ぜんぱんふとん》を以て**黄檗**《おうばく》に付し、拄杖払子《しゆじようほつす》を潙山《いさん》に付す。**潙山**、後に**仰山**に付す。仰山既に大いに三聖《さんしよう》を肯《うけが》う。〔三〕聖、一日、辞し去る。仰山《きようざん》、拄杖払子《しゆじようほつす》を以て三聖に付せんとす。〔三〕聖云く、某甲《それがし》、已《すで》に師有り。仰山、其《そ》の由を詰《なじ》るに、乃《すなわ》ち臨済の的子《てきし》なり

侍者、火を将《も》ち来たれ

『臨済録』「行録」九にも、嗣法《しほう》を標示《ひようじ》（シンボライズ）するものとして、「禅版・机案」の語がみえる。

黄檗《おうばく》大笑して、乃《すなわ》ち侍者《じしや》を喚《よ》ぶ、百丈《ひやくじよう》先師の禅版《ぜんぱん》・机案《きあん》（つくえ）を将《も》ち来たれ。師（**臨済**）云く、

嗣法《しほう》のあかし（証明）として、黄檗は弟子の臨済《りんざい》にたいして、先師《せんじ》百丈禅師ゆかりの禅版や机案（つまり、黄檗が百丈より授かった伝授のあかしとしての品々）を付与して、こんどは黄檗が臨済への伝授証明の品々にかえようと。するといっぽう臨済は、「火を将《も》ち来《き》たれ」という。つまり、そんなものなど焼き捨ててくれよう、といっているのである。

仰山は仰山慧寂《えじやく》禅師（八〇七―八八三。潙山の法嗣《あとつぎ》）のこと。的子《てきし》とは嫡嗣《てきし》（嫡子・嫡孫＝あとつぎ）の意で、嗣《し》法《ほう》の弟子のこと。百丈懐海は、印可《いんか》証明（悟りを得たことのあかし）として、その嗣《し》の黄檗希運《おうばくきうん》には禅板（禅版。坐禅時に身体をよせかける除労の具）と蒲団（坐禅時に用いる敷物）を、また同じく潙山には

拄杖《しゅじょう》（杖《つえ》）と払子を付与していることがわかる。さらに潙山は、それを弟子の仰山慧寂《ぎょうざんえじゃく》にさずける。仰山はそれをさらに三聖に譲《ゆず》ろうとした。すると三聖は「某甲《それがし》、已《すで》に師有り」で、すでに臨済という師をもっていた（有師）、と。三聖は三聖慧然《えねん》（不詳）のこと、臨済義玄《りんざいぎげん》の法嗣《はっす》（的子）。

上述のように、六祖慧能《えのう》のときまでは、少林《しょうりん》の始祖《しそ》（西天《さいてん》二十八祖・東土《とうど》初祖。達磨大師《だるまだいし》）よりの〝衣〟（＝法）が付法の〝しるし〟として伝授されてきたのだった。

さて、さきにみた払子を竪起《じゅき》する（払子竪起）という行為だが、これは禅録中によくみることばだ。

師（馬祖）、百丈（懐海）に問う。汝、何の法をもってか人に示す。百丈、払子を竪起《じゅき》す（『景徳伝燈録』）

これは仏の教えの肝心要《かなめ》のところ（法。宗旨の要諦）を、ことばを使わずに、ただ払子をたてること（払子竪起）で、その意を、宗師家（指導者）が学人（修行者）にしめし伝えたものだ。つまり、わがおもうところ（本分事）を、払子をたてるという些事《さじ》によって、それを象徴的につたえたものであろう。

碧❻徳山、便《すなわ》ち喝《かつ》して払袖《ほっしゅう》して出づ

払袖《ほっしゅう》とは、衣《ころも》の袖《そで》をふり払うこと。――かれは袖をうち払って（払袖して）出ていってしまった。

そこで徳山は、潙山霊祐《れいゆう》禅師が払子をとろうと

岡本一平『一平全集』第１巻
（先進社、昭和４より）

徳山坐具を提起して云く、和尚、と。潙山、払子を取らんと擬す。徳山、すなわち喝して払袖して出づ

いうかまえをすると、問《かん》、髪《はつ》を入れずに喝《かつ》をはいた。そればかりか徳山は袖をうちはらって、あろうことか、そのまま堂を出ていってしまった。

なんとも情けないはなしである。ついさきほどは威儀《いぎ》を正して霊祐禅師に見《まみ》えようと定《き》めたのに、またしてもこの始末である。いずれにしろ徳山はまた、坐具を敷《し》いて礼拝《らいはい》して、と、自らが思いえがいていた行動（威儀をただして）とは裏腹に、その真逆《まぎやく》のはたらきをしてしまったようだ。

これをみると、徳山と霊祐禅師の機縁（めぐり会い）がぴったりと契合《かいごう》（一致）しなかったことだけは確かなようだ。

お尻をむけて

碧❼徳山、法堂《はつとう》を背却《はいきやく》して草鞋《そうあい》を著《つ》けて便《すなわ》ち行く

背却とは、背を向けること。

潙山霊祐《れいゆう》禅師との〝あいさつ〟、いや、〝法戦《ほつせん》〟（法義問答のこと）（「⑥徳山、便ち喝して払袖《ほつしゆう》して出づ」）をすました徳山は、こののち法堂《はつとう》にお尻をむけて（背却して）、草鞋《そうあい》（わらじ）を履《は》くとスタスタとでていってしまった。

本則（公案）の評唱中には「法戦一場《じよう》せんことを要して、再び威儀を具して」とあるから、法義問答（法戦）を挑《いど》もうとして、潙山霊祐禅師に再度まみえようとした徳山宣鑑だが、やはりこのたびも徳山の

ふるまいは無礼坊主――つまり、〝ただ〟の麤行沙門《そぎょうしゃもん》（乱暴坊主。粗行）ということになってしまった。

その夜のこと

碧❽潙山、晩に至って、首座《しゅそ》に問う、「適来の新到、什麼の処にか在る」

適来とは、セキライとよんで、〝今しがた・さきほど〟の意。適とは、ユく（往）、の意で、たった今、の意。「適来《さきほど》の新到《しんいり》、什麼処《いずこ》にか在る」とある（入矢ほか訳注『碧巌録』上）。

新到《しんとう》とは、新入の修行僧、新米《しんまい》の雲水僧。

什麼とは、ジュウモ・ソモ・イカンなどと訓《よ》んで、どこに、の意である。

さてその夜のこと、潙山禅師は、首座《しゅそ》（禅林職位のひとつで、第一座・上席・上座）の僧、つまり第一座の僧に「さきほどの新到《しんとう》（新入）僧は、どこにいるか」と。もちろん、この新入僧とは、徳山宣鑑禅師のことである。

碧❾首座云く「当時、法堂を背却（お尻を向けて）して草鞋《そうあい》（草わらじ）を著《つ》けて出で去れり」

背却《はいきゃく》とは、お尻を向けて、ということ。草鞋とは、ワラぐつのこと。

するとその第一座（上席の僧、首座）は「ああ、あいつですか、きやつ（彼奴）は、〔神聖なる〕法堂にお尻をむけて草鞋（ワラぐつ）をはき、ここから、さっさと出ていってしまいました」とこたえた。

この鉄漢！

碧⑩潙山云く、「此《こ》の子《し》、已後《いご》、孤峰頂上《こほうちょうじょう》に向かって、草庵《そうあん》を盤結《ばんけつ》して、仏を呵《か》し、祖を罵《ののし》り去ること在らん」＊7

孤峰頂上《こほうちょうじょう》（ポツンと聳立《しょうりつ》した峰）とは――

孤峰は山の重畳《じゅうじょう》せるところに特に一段と高く聳《そび》ゆる峰と云う（山田『禅宗辞典』）。華厳経《けごんぎょう》（入法界品《にゅうほっかいぼん》）の妙高山《みょうこうせん》（須弥山《しゅみせん》）、それがまさに孤峰《こほう》である（神保・安藤『禅学辞典』）。

さらに「この孤峰の頂上とは一切の差別を坐断して絶待《ぜったい》の境界《きょうがい》に在《あ》ること」（山田）、あるいは、いう。

向上底、仏も衆生もない、迷も悟もない、禅とも仏法とも、名づくべきものもなければ、その臭《にお》いさえもないという処（加藤咄堂）

盤結《ばんけつ》とは、ムスぶ（結）、もしくはカマえる（構）、という意。呵《か》とは、シカる、の意である（この「呵《か》」の字音は「カ」で、大声をだして怒鳴《どな》る、ということ）。

〝子《し》〟とは、こどもの意ではなく、わかものあるいは漢（好漢・おとこ）のこと、あるいは鉄漢《てっかん》（心の堅固な鉄のごとき大丈夫のひと）の意。それとも、〝この青年〟といったほうがいいだろうか。これはもちろん徳山禅師そのひと自身をさしていったまでのことだが、この子（こども）では、なにか貶《おとし》めたような言いぶんに聞こえるが、じつは、そうではなくして、男子の尊称であり、地位や学徳のあるひとにつける敬称だとも。潙山はどちらかというと、親しみの意をこめて徳山のことを「此の子《し》」とよんでいる。というより、徳山になんらの念《こころ》を持っていたものだろう。なお、入矢ほか訳注『碧巌録』では、「此《あ》の子《おとこ》」とカナがふってある。

簡単に訳しておくと、潙山は、こういっているのである。

この青年は、これからさき大成するにしろ、孤峰《こほう》（独立峰・独峰）頂上に庵を結んでは、そこで仏を呵《しか》りとばしどおしであったり、祖師をも罵《ののし》りどおしにするような者になるだろう、と。

「仏を呵《か》し」云々を、『聯灯会要《れんとうえよう》』〈二〇〉宣鑑章では「達磨《だるま》は是れ老臊胡《ろうそうこ》」だ、と達磨のことを罵《め》り（ののしり）、さらには「菩提や涅槃はロバをつなぐ杭《くい》だ」などとさえいって悪態をついている。

『五灯会元』（第七巻）の徳山章でも同じ意趣をのべている＊8。

――つまり徳山は、こういっている。

かのダルマはというと、顔じゅう鬚《ひげ》だらけの老《お》いさらばえた異邦人《いほうじん》（老臊胡《ろうそうこ》＝胡人《えびす》・こひと）だ。ましてや十地《じゅうじ》（菩薩修行の階梯《かいてい》〈五十二位〉中の四十一位から五十位までの十階梯《かいてい》）にある修行中のボサツなど何ともつまらぬヤツ（肥かつぎ）だ（十地菩薩是担屎漢〈屎は糞、の意〉）とか、あるいは、等覚《とうがく》（五十一位）や妙覚《みようがく》（五十二位中の最後の位）の二覚は、戒律《かいりつ》やぶりのおろか者（破戒凡夫《はかいぼんぷ》）……などといって、宣鑑禅師の罵詈雑言《ばりぞうごん》はまるで、とどまるところをしらないありさまである。

鬚だらけの達磨
西天二十八祖
東土初祖

碧巌録の構成

さてそれでは、大潙山（潭州〈湖南省〉長沙府）のあるじ霊祐禅師（大潙大円禅師）はこの突然の来訪者たる徳山を褒《ほ》めているのか、はたまた貶《おとし》めているのかどうか、それもよくわからないが、さあ、どっちだろうか。それを解決するカギが、雪竇《せっちょう》の評である。

ただし、ここでの評（著語）は雪竇《せっちょう》のそれにかぎらず、その批評そのものが幾重《いくえ》にも解釈できて、全体をみると、さながら本則（公案）中の登場人物をはじめ、雪竇重顕《せっちょうじゅうけん》や圜悟克勤《えんごこくごん》らの評が入り組んでいて、にわかには、いずれへの評とも決しがたい。

さて問題は、ここの「……仏を呵《か》し、祖を罵《ののし》り去ること在《あ》らん」に著語《じゃくご》（短評・寸評）が下《くだ》してある。

著語《じゃくご》とは、短評や寸評のことだが、これはいわば〝茶々《ちゃちゃ》〟のことである。つまり、チャチャを入れる、言葉をかえていえば、半畳《はんじょう》を打《う》つ、ということだろう。

じつはこの本則（公案）に、いくつかの短評（著語）がついている。そのうちの一つが、次の文で、しかもなんと雪竇《せっちょう》自身によるその短評（著語）なのである。いま、それをここにかかげると、

雪竇《せっちょう》、著語《じゃくご》して云く、「雪上《せつじょう》、霜《しも》を加《くわ》う」

とある。これはいったいどのような行動に対して、このような評をくだしていっているのであろうか。

『碧巌録』の構成はいっぱんに、第一則「達磨廓然無聖《だるまかくねんむしょう》」にみるよう、以下のとおりである。

〈圜悟による〉「垂示●」に云く、山を隔《へだ》てて煙を見て、早く是《こ》れ火なることを知り云々

〈雪竇による〉「**本則★**」挙《こ》す、梁《りょう》の武帝《ぶてい》、達磨大師《だるまだいし》に問う〔這の不喞嚠《ふつりゅう》を説くの漢《かん》〕云々

〈本則に対する圜悟の〉「評唱●」　達磨、遥《はる》かに此《こ》の土《ど》に大乗《だいじょう》の根器《こんき》有《あ》ると観《み》て　云々
〈雪竇による〉「頌★」　聖帝廓然《しょうたいかくねん》、〔箭《や》、新羅《しんら》を過ぐ……〕　云々
〈頌に対する圜悟の〉「評唱●」　且《しば》らく雪竇《せっちょう》の此《こ》の公案《こうあん》を頌《じゅ》するに拠《よ》らば　云々

そのうち「垂示●」（示衆）、「本則◎」（古則、公案）、「評唱●」（批評）、「頌◎」（詩文）の四部、それに（　）内――編者である圜悟克勤《えんごこくごん》による、「本則」と「頌」に付せられた「著語●」（割注形式の短評）とからなっている。

そのうち「垂示●」や、本則ならびに頌《じゅ》に付された「評唱●」や「著語●」（〝割り注〟形式の短評）は圜悟自身によるもので、「本則★」と「頌◎」は雪竇重顕自身によるもの★である。

ただ『碧巌録』そのものは大慧宗杲《だいえそうこう》によって一度焼却《しょうきゃく》（焚棄）され、のちにその残簡《ざんかん》をあつめてなったものだという。公案中には、「垂示《イントロ》」などを欠いている則《そく》もいくつかがある（たとえば第六四則「南泉問趙州」）。

では次に、ここでとりあげた第四則「徳山挟複子《きょうふくす》（問答）」をみてみると、こちらも「垂示」「本則」「評唱」「頌《じゅ》」とからなっているのは、第一則にみる構成となんらかわりはない。そして「本則」や「頌」に、圜悟克勤《えんごこくごん》による「著語」（短評）が付されているところも、これまた同じである。

ただこの則（公案）が他の多くのそれとちがっているのは、この「徳山挟複子（問答）」には、雪竇《せっちょう》自身が「著語」（短評）を付していることである。ふつう

仏果圜悟禅師

なら、この『碧巌録』のばあい、「著語」(短評)というものは、編者の圜悟《えんご》にすっかり、まかせてしまうところである。ところがそうではなくして、この公案のもとになった頌古《じゅこ》の原著者(雪竇)そのひとが己《おの》れ自身を本則(公案)中にまぎれこませて評を展開しているのである。じつは圜悟による著語は、後でのべるように、いくつかの則(公案)中にも散在しているが、それでも『碧巌録』ぜんたいからみると珍しいことだといわねばならない。

『碧巌録』第四則「徳山挟複子問答」の本則　原文(↓以下は岩波文庫より)

❶徳山《とくさん》、潙山《いさん》に到《いた》る。複子《ふくす》を挟んで法堂上《ほっとうじょう》に於て、東より西に過ぎ(↓過《わた》り)、西より東に過ぎ、顧視《こし》して(↓顧視《みわた》して)無無《むむ》と云《い》って便《すなわ》ち出《い》づ。雪竇、著語して云く、「勘破了也」(↓「勘破し了れり」)

❷徳山、門首《もんしゅ》に至り、却《かえ》って云く、「也《ま》た草草《そうそう》なることを得ず」。

❸便ち威儀《いぎ》を具《ぐ》し、再び入《い》って相見《しょうけん》す。

❹潙山坐《いさんざ》する次《ついで》(↓「潙山坐りおる次《とき》」)、徳山、坐具《ざぐ》を提起《ていき》して云く、「和尚《おしょう》」。

❺潙山払子《ほっす》を取らんと擬《ぎ》す。

❻徳山便ち喝《かつ》して、払袖《ほっしゅう》して出づ。雪竇、著語して云く、「勘破了也」(↓「勘破し了れり」)

❼徳山法堂《はっとう》を背却《はいきゃく》して、草鞋《そうあい》を著《つ》けて便ち行く。

❽潙山、晩《ばん》に至って首座《しゅそ》に問ふ、「適来《せきらい》の新到《しんとう》、什麼《なん》の処《ところ》にか在《あ》る」(↓什麼処《いずこ》にか在る)と。

❾首座云《いわ》く、「当時《とうじ》、法堂を背却し(↓背却《せをむ》けて)、草鞋を著《つ》けて出で去れり」。

❿潙山云く、「此《こ》の子《し》(↓此《あ》の子《おとこ》)、已後《いご》孤峰頂上《こほうちょうじょう》に向って(↓向《お》いて)、草庵《そうあん》を盤結《ばんけつ》して(↓盤結《かま》え)、仏《ぶつ》を呵《か》し(↓呵《しか》り)、祖《そ》を罵《ののし》り去ること在《あ》らん」。雪竇、著語して云く、「雪上に霜を加ふ」。

（この本則中には当然のことながら、圜悟克勤による著語《じゃくご》が付されている。たとえば一例をあげると、「徳山到潙山」にたいしては「担板漢《たんばんかん》。野狐精《やこぜい》」とある。ここではそれら著語を省いて、雪竇重顕による著語のみを記した）

「勘破《かんぱ》」（❶❻）ならびに「雪上《せつじょう》に霜を加う」（❿）は、本則と頌《じゅ》中、ならびに「雪上加レ霜《せつじょうにしもをくわう》」の語は評唱中にもみえることばである。頌中には、「一たび勘破し、二たび勘破す。雪上に霜を加え曾て嶮墮《けんだ》す」とある。頌中の「雪上加霜」とは、一勘破の上に、さらに一勘破したこと。つまりは「一度（一勘破）で十分なものを二度（一勘破）までもして、入らざる骨折りをしたこと」（井上秀天）をいう。一度（一勘破）めは、「顧視して無無と云って出づ」におかれた著語であり、二度（一勘破）めは「徳山便ち喝《かつ》して、払袖《ほつしゅう》して出づ」（→袖を払って）への著語である（払袖は、袖《そで》をうち払うこと）。

したがってここの則（公案）は、徳山《とくさん》、潙山《いさん》、それに編者で短評（著語）者である圜悟《えんご》のみならず、さらには雪竇《せっちょう》をもまきこんで、四者による評価合戦へと事態は発展してしまっている。

つまり、だれがだれにむけて評《ひょう》しているのか、見かたによっては、幾重にもかんがえられるのである。たとえば、徳山、潙山、雪竇《せっちょう》についてみてみると、

・徳山が潙山を見破《みやぶ》った（看破）……徳山→潙山

そのぎゃくに、

・潙山が徳山を見破った（看破）……潙山→徳山

そうではなくして、

潙山霊祐（大潙大円）

弟子に仰山慧寂がいる。潙山と仰山はふたりして潙仰宗をうち樹てる

・雪竇が潙山を見破った（看破）……雪竇↓潙山

あるいは、

・雪竇が徳山を見破った（看破）……雪竇↓徳山

さらには、

・雪竇が徳山・潙山の両者とも見破った（看破）……雪竇↓徳山と潙山

と。このように、ここはどのようにとも釈《と》れるところである。それに加えて圜悟《えんご》がまた評しているのであるから、じつに煩雑である（ややっこしい）。作中人物をまきぞえにしての評であれば、それはさほど珍しいことではなかろうが、ここは原作者そのひと自身をも道連《みちづ》れにしての短評合戦（月旦評《げったんひょう》。しなさだめ・人物批評）がくりひろげられている（詳しくは末木文美士編『現代語訳　碧巌録』などを参照されたし）。

そのところをあげてみると、すでにかかげたように、本則中には三箇所あった。

「無無と云って便ち出づ」のところに「勘破了《かんぱりょう》なり」とある。勘破は、看破《かんぱ》と同じことで、ミヤブる、とか、ミヌく、ということだから、〔おまえの手のうちは〕見抜いてしまったゾ、見破《みやぶ》ったゾ、ということである。また「徳山便《すなわ》ち喝《かつ》し、払袖《ほっしゅう》して出づ」のところにも同じく「勘破了なり」とある。ここもさきにあげた評のしかたそのものが当てはまろう。

さらに極《きわ》めつけは、さきにかかげた、潙山《いさん》がいったことば「此《こ》の子《し》、已後《いご》、孤峯頂上《こほうちょうじょう》に向かって、草庵《そうあん》を盤結《ばんけつ》して、仏を呵《か》し、祖を罵《ののし》り去ること在らん」のところには、こんどは「雪上《せつじょう》に霜《しも》を加う」とある。さきの二箇所とは、これまたちがう短評が、ここにはほどこしてあることである。

いずれの短評（著語）にも、もちろん、そこには「雪竇、著語《じゃくご》して云く」と前置きがしてある。これは『碧巌録』百則あるうち、次にかかげる則のほか、あまりみられない、雪竇《せっちょう》そのひとによる短評（著語）である（ここでは圜悟克勤の著語は省いた）。

〝雪竇著語云〟（雪竇による著語）の語はこの則のほか、十八「粛宗《しゅくそう》、塔様《とうよう》を請う」（or忠国師無縫塔）、二十三「保福《ほふく》の妙峰頂《みょうぶちょう》」（or保福長慶遊山次）、三十一「麻谷《まよく》、錫《しゃく》を振《ふる》い床《しょう》を遶《めぐ》る」（or麻谷持錫遶床）、三十六「長沙《ちょうさ》、一日《あるひ》遊山す」（or長沙芳草落花）、五十五「道吾《どうご》、漸源《ぜんげん》と弔孝す」（or道吾一家弔慰）の各則（以上の則目〈則の名〉は、入矢ほか『碧巌録』より）などにみられる。

さて「雪上に霜を加う」とは、雪の上に霜を加えること（『禅学大辞典』）で、これでは白いもの（雪）の上に白いもの（霜）を重ねおいてもなんの効果も変化もない。「更に白を増すことなし」（山田孝道『禅宗辞典』）ということである。敷衍《ふえん》すると、これは「かさねがさねの仕儀はくどい」とか「余計なお世話」とかという意味だろう。したがって、それはもっというと〝無駄《むだ》ごと〟だ、ということだ。〝潙山もまた余計なことをいったものだ〟というほどの意味である。

ただし、これについては、さらなる解釈がある、という。「『碧巌録』を読む」（末木文美士）によると、同書の著者は、本則中の「雪上加霜」（雪の上に霜を加う）の傍注について、

> 文庫版では「余計なデコレーション。無意味な色付け」と注が付けてありますが、雪がある上に、また霜をのせた。そんなことはいまさら必要ない、ということで、結局、余計なことだ、ということになります

としるし、さらに末木氏は、この「余計なデコレーション」云々につづけて、「ただ、ここは別の解釈も可能」という——。

それは、雪でも寒いのに、その上にまだ霜のおまけ付きだというので、寒い上にも、寒さで震え上がらせるという意味です。泣き面に蜂というか、雪でブルブル震え上がっているところへ、さらに冷たい霜をくっつけた、という意味合いです

これについては鮑昭《ほうしょう》の次の詩が理解の一助《たすけ》となろうか。辞典（神保・安藤『禅学辞典』）によると、「雪上加霜」とは、「語源は文に選鮑昭が詩の「君不見氷上霜、表裏陰且寒」出づ」とある。「文に選鮑昭が詩」とあるのは、たぶん誤植《ごしょく》で、〝『文選《もんぜん》』に鮑昭が詩〟の意だろう。

鮑昭は、正しくは鮑照《ほうしょう》（鮑昭に作るのは、唐人が則天武后《そくてんぶこう》の諱《いみな》〈照〉を避けたがため〈『中国学芸大辞典』〉で、「四一二？―四六六。南朝宋の詩人。字は明遠。官にちなみ鮑参軍《ほうさんぐん》とも。詩では謝霊雲・顔延之《がんえんし》とともに元嘉《げんか》の三大家と称された。かれには『鮑参軍集』」（『漢辞海』）がある。

そこで鮑昭（照）なる人物の当該詩文を次にかかげよう（鮑照「擬行路難」の制作意図〈『漢文教育』17号〉）。

君不見冰上霜　**君見ずや　冰上の霜**
表裏陰且寒　**表裏　陰にして且つ寒し**
雖蒙朝日照　朝日の照らすを蒙ると雖も
信得幾時安　信に幾時の安らぎを得ん
民生故如此　民生　故より此の如し
誰令摧折強相看　誰か摧折して強ひて相看せしめん
年去年来自如前　年去り年来りて自ら削るが如し
白髪零落不勝冠　白髪　零落して冠に勝へず（佐藤大志氏）＊9

さきほどの辞書の説明文に「語源は文選に」(語源は文に)云々とあるが、詩文中の字句は「君見ずや、冰(氷)上の霜」とあって、「雪上に霜を加う」とは、いささかちがう表現がなされているようだ。ただし「雪上加霜」の語釈について同辞典(神保・安藤『禅学辞典』)は、次の一文を載《の》せている。

余計なことだ、むだなことだ、何にもならぬことだという意味。碧巌録第四則の頌に「雪上加雪曽嶮堕《けんだ》」と。

さてさきほど、これは「作者そのひと自身をも道連れ」にした騒動であるといった——「徳山挟複子《きょうふくす》(問答)」の本則中に出てくる人物は、ふつうならば、徳山宣鑑と潙山禅師の当人どうし、それにこの則の批評者の圜悟《えんご》禅師をあげることができようし、それにくわえて徳山の本師《ほんじ》たる龍潭《りゅうたん》崇信禅師、さらにくわえて『碧巌録』の原著者の雪竇《せっちょう》禅師をもあげてかぞえられる。

そのようにかんがえると、事態はいっそう複雑になってきて、まるで収拾のつかない批評合戦(月旦評〈人物批評〉)の状況を呈してきたカンがしないでもない。それがこの公案の難所でもあろう。

ではいったい、雪竇《せっちょう》はみずから著語をおいてどういうことを、いいたかったのであろうか。そこで、以下では雪竇がなにを主張したかったのか、それをもう少し、ちがった視点から探ってみたい。

二人の禅匠の評価

それをみるためには、徳山宣鑑の龍潭における修行時代のことをもう一度復習《さら》ってみる要がありそうだ。それが次のシーンである。同則(『碧巌録』)の評唱に、こういう。

龍潭:他時《たじ》(いつか別の時)異日《いじつ》(後日)、孤峯頂上《こほうちょうじょう》に向かって、吾《わ》が道《どう》を立《りつ》すること在《あ》らん

(きやつが修行を仕上げたなら、一廉《ひとかど》の大禅匠となっていつの日か、この禅界に新風をまきおこすにちがいない)

そしてこんどは、このたびの大潙山《だいいさん》でのことである。本則に――

潙山：碧⑩潙山云《いわ》く、此《こ》の子《し》、已後《いご》、孤峰頂上に向かって、草庵《そうあん》を盤結《ばんけつ》して、仏を呵《か》し、祖を罵《ののし》り去ること在らん」

(この青年はこれからさき大物になるとしても、孤峰頂上に庵を結んでは、そこで仏をしかりとばしどおしであったり、祖師をも罵《ののし》りどおしにしているような者になるであろう)

どちらにもキーフレーズとして〝孤峰頂上《こほうちょうじょう》に向かって〟とある。一見したところ似たような表現がとられているが、はたして、徳山にたいする評価はおなじだろうか。そしてまた徳山は、どっちの禅匠のことばのほうを諾《うべな》っただろうか。

龍潭師のほうは「吾《わ》が道《どう》を立《りっ》すること在らん」(『無門関』「久嚮龍潭」章では「君が道《どう》を立《りっ》する在《な》らん」とある)といい、霊祐《れいゆう》禅師は「仏を呵《か》し、祖を罵《ののし》り去ること在らん」と宣《の》べている。ふたりの禅匠は、徳山の逸材《いつざい》であることは認めている。そしてそれをさきほどの潙山のことばにつづけて、雪上に霜《しも》を加える、といっているのは、すでに龍潭《りゅうたん》崇信の徳山評価がすでにあるのに、今また潙山霊祐が重ねて評価している、これは余計ごとだ、ムダな仕儀《しぎ》だ、といっている。しかし、そうはいっても、二人の評価は全同ではない、その評価には明らかな違和がある。しかもその評価(家風・門風)は、どちらかというと相反《あいはん》するものがある。そしてそれが、なぜ、ここで問題――つまりムダな仕儀なのだろうか。

雲門文偃

この道を往《い》く

これまでは㋑「徳山托鉢」『無門関』に始まって、同書の㋺「久嚮龍潭《きゅうきょうりゅうたん》」のはなしにおよび、さらには、ここでのテキスト「徳山挟複子《きょうふくす》（問答）」『碧巌録』のところにまで話はおよんできた。じつは、『無門関』中の二つのエピソード（㋑と㋺）はじつは『碧巌録』の「徳山挟複子（問答）」（徳山到潙山）中にすでに、一連の流れとして表現されているのである。したがって、ここでは「徳山挟複子（問答）」にもう少しそいながら、このはなしを進めてみたい。

「孤峰頂上に向かって」というフレーズをめぐって、いっぽう（霊祐）は「仏を呵《か》し、祖を罵《ののし》り去ること在《あ》らん」とことばを継《つ》ぎ、かたほう（龍潭）は「吾が道《どう》を立《りっ》すること在《な》らん」とのべている。ここのところを捉《とら》えて、龍潭《りゅうたん》と霊祐《れいゆう》という二人の禅匠の徳山にたいする評価をめぐって、なかでも霊祐の賛辞《さんじ》は「雪上に霜を加える」ようなむだな仕儀だ（あるいは、泣きっ面をハチがさす二重の不幸だ）と雪竇《せっちょう》が短評（著語）しているのである。

雪竇があえて、このような短評《たんぴょう》を加えた、そこにはなんらかの意味がなければならないはずである。

もう「すでに」徳山にたいする判定は決してしまっている。それなのに、霊祐《れいゆう》がさらなる言《ことば》をついやして、「此の子《し》……祖を罵《ののし》り去ること在らん」といった、それは「無駄ごとよ」というのである。このところもいろいろな受け取り方があるようだ。したがって今は、こちらの解釈のほうをとっておく。

百丈懐海

さて徳山はもちろん、これらの振るまいをみるかぎりでは、大潙山の霊祐禅師のもとで修行に励むわけにもいかなかったろう。つまり徳山には、霊祐禅師の家風(禅風・門風)がとてもあわなかった。つまり、ふたりの〝意気〟は契合《かいごう》(投合)しなかった(契《かな》わなかった)のだ。そこを雪竇は、ほかの公案には余りない操作をして、しかも強いて著語をくだして、その意図をよりいっそう明瞭にしたかったのだろう。雪竇は潙山霊祐《いさんれいゆう》禅師ではなくして、龍潭崇信《りゅうたんそうしん》禅師のほうに加担《かたん》しているのである。

そういうところからも推測できるように、徳山禅師はまた、潙山での武者修行も終わって、龍潭寺の崇信禅師のもとで、さらなる飛躍を期《ご》することになった。

徳山は潙山での〝法戦《ほっせん》〟を了《お》え、龍潭崇信《りゅうたんそうしん》禅師のもとに帰っていった。

――「復《ま》た還《かえ》って澧陽《れいよう》に住すること三十年」(『釈氏稽古略』)。

潙山の呼び名

ここにでてくる霊祐(七七一—八五三)は、住んでいた山の名(潙山もしくは大潙山〈潭州長沙府寧郷県〉)にちなんで、潙山《いさん》とよばれ、かの黄檗希運《おうばくきうん》(?—八五〇)と時代を共にした禅匠である。すでにふれたが、この潙山という呼称にはふたつのことが含まれ、ひとつは山名であり、もうひとつは霊祐禅師その人をさしていう呼びかたである。

『宋高僧伝』によると、霊祐《れいゆう》が百丈懐海《ひゃくじょうえかい》禅師のもとをおとずれた因縁について、

天台〔山〕に入るに及んで、寒山子《かんざんし》に遇《あ》う。乃《すなわ》ち〔霊〕祐に謂《い》いて曰く、千山万水、潭《たん》に遇《あ》わば即《すなわ》ち止《とど》まれ(中略)施《ま》た国清寺《こくせいじ》に造《いた》り、異人拾徳《じっとく》に遇《あ》い、申《かさ》ねて前《さき》の意を繋《つな》ぎ、信は符《ふ》を合わすがごとし

と、天台山国清寺《てんだいさんこくせいじ》の寒山《かんざん》・拾得《じっとく》（中唐のひと）に会って、かれらから謎めいた助言をうける。また、

（中略）遂《つい》に泐潭《ろくたん》に詣《まい》り、大智《だいち》（懐海）に謁《えっ》し、頓《とん》に祖意を了《さと》る

とあって、百丈（大智）禅師のもとを訪れ、その会下《えか》（膝下・坐下）で修行することになったそのいわれを伝えている。寒山子《かんざんし》のいっている潭《たん》（水をふかくたたえた淵《ふち》）とは「江西泐潭《こうせいろくたん》」（常盤大定）だという。

支那江西省鄱陽湖《はようこ》の付近なる洪州に在り、古《いにしえ》より禅僧多く此《こ》の地に住して化門《けもん》を張れり 禅学大辞典

また、

〔古より〕泐潭《ろくたん》山は即ち馬祖《ばそ》大寂《だいじゃく》禅師、昔、禅者の輩《とも》の与にする選仏《せんぶつ》の大道場なり 国訳『大慧普覚禅師宗門武庫』

と（大寂は馬祖道一の諡号《しごう》）。この百丈山＊10は、辞書によると、

呉源《ごげん》の水が倒出して飛下すること千尺、巖巒《がんらん》（険しい岩山）峻峭《しゅんしょう》（高くそびえること）の故に百丈山と呼ばれている

とある。そして百丈禅師のもとで典座《てんぞ》（炊事係り）していたおり、霊祐は選ばれ（頭陀の炯眼《けいがん》にかなって）、師の禅師の指示で、大潙山に移り住むことになった（『無門関』第四十則の浄瓶趯倒）。

さて山名の潙山であるが、ここは湖南《こなん》よりやってきた司馬頭陀《しばずだ》が発見した山である。「司馬頭陀は参禅の外、人倫《じんりん》の鑑《かがみ》を蘊《あつ》め、兼ねて地理を窮《きわ》む。諸方に院をはじむること多くして」（『宋高僧伝』、『景徳伝燈録』巻第九〈潙山霊祐の項〉）とあるから、地勢・地相をみる眼《め》があり、そこが修行道場に敵した山かどうかを見きわめ、そうして多くの寺院（禅刹）を創建した。そうした山の一つがのちに霊祐が住することになった名山潙山《いさん》（大潙山とも）である。

潙山選主

この〔大〕潙山という名山に住すべき（開山たる）主《あるじ》を決めるにあたって、司馬頭陀《しばずだ》と、霊祐の師百丈懐海《ひゃくじょうえかい》との問答がある『景徳伝燈録』。百丈のもとをおとずれた頭陀に、かれ百丈禅師は、

老僧（ここでは百丈のこと）の潙山に往《ゆ》かんと欲《ほっ》するは可《か》なるや

と問いかけている。それにたいする頭陀のこたえは、まことに〝にべない〟ものであった。

潙山は奇絶にして、千五百衆を聚《あつ》むべし。然《しか》れども和尚の住《じゅう》するに非《あら》ずと

それでも百丈（和尚）は、ワシではどうしてもダメか、とさらなる問い返しをしている。すると頭陀もまた、こういいかえしている。

和尚（百丈）は是れ骨人《こつにん》（貧相なひと）にして、彼《か》れ（かの潙山）は是《こ》れ肉山《にくさん》なり。設《たと》え之《こ》れに居るとも、徒《と》は千に盈《み》たざらん

（なお、この骨人とか肉山とかとは、こんにちでも、経済的に裕福な寺を肉山といい、そのぎゃくを骨山などともいっているのは、ここからきたものであろう）

ずいぶんむくつけきものいいだが、頭陀《ずだ》は百丈にきっぱりという、「和尚さんでは、あれほどの名山《めいざん》のことですから、きっと手に余るでしょう。修行僧は集まっても、せいぜい千人でしょうね。もっとほかのだれか――この山（百丈山）のだれかをお選びになってはどうですか」と。つまり、ご老体の禅師様にはもう、あれほどの名山をきりもりするには、荷《に》が重すぎるでしょうね、と、こういっている。

百丈懐海禅師の会下《えか》〔の僧たち〕より、潙山の主《あるじ》えらびが、改めておこなわれることになった。百丈

はまず第一座の僧をよんで、この華林《かりん》（善覚）を潙山の主《あるじ》にしてはどうか、と提案――。頭陀《ずだ》は、かれを二、三歩あるかせるなり、いや、この華林（第一座）さんでは、ダメです、と。

そこで、次によばれてきたのが、当時、潙山にあって、典座《てんぞ》（炊事係り）の役目にあたっていた霊祐《れいゆう》である。すると頭陀はやってきた典座の霊祐をみるなり、「この典座さんこそが、かの潙山の主《あるじ》になるべき人物だ（此れは正に是れ潙山の主なり）」と主張した。しかし、それに納得できないのは百丈下の第一座たる華林《かりん》（善覚）だ（なお、この『景徳伝燈録』中のはなしには、つづきばなしが存する。それが次にかかげる『無門関』第四十則にある、潙山のあるじえらびのはなし〈「趯倒浄瓶」〉である）。

潙山の主《あるじ》えらび

この潙山《いさん》とは、湖南《こなん》省長沙《ちょうさ》市にある山の名で、唐の元和《げんわ》（八〇六―八二〇）のはじめ、大円霊祐禅師（七七一―八五三）がこの地に住し、堂宇《どうう》（同慶寺）を創建したところで、禅師は、その住した山の名（潙山・大潙山）にちなんで、潙山あるいは大潙（山）などとよばれたことについてはすでにふれてきた。

その潙山霊祐が百丈懐海禅師のもとにあって、典座《てんぞ》（炊事係り）＊11の職にあったとき、その道場の筆頭、つまり第一座（道場長＝首座《しゅそ》・上首）の華林《かりん》（善覚）をしりぞけて潙山に住するようになった、その因縁については公案「趯倒浄瓶《てきとうじんびん》」『無門関』第四十則中に詳しい。

「趯倒浄瓶《てきとうじんびん》」（本則）にいう。

潙山和尚。始《はじ》め百丈の会中《えちゅう》に在《あ》って、典座《てんぞ》に充《あ》てらる。百丈、将《まさ》に大潙《だいい》の主人を選ばむとし、乃《すなわ》ち請《こ》うて首座《しゅそ》と同じく衆《しゅ》に対して下語《あぎょ》せしめ、出格《しゅっかく》の者往《ゆ》く可《べ》しとす。百丈、遂《つい》に浄瓶《じんびん》を拈《ねん》じて、地上に置き設問して云《いわ》く、「喚《よ》んで浄瓶と作《な》すことを得ず。汝、喚んで甚麼《なん》とか作す」と。首座乃ち云《いわ》く、「喚んで木楑《ぼくとつ》とは作《な》す可《べか》らざるなり」と。百丈却《かえ》って〔潙〕山に問う。〔潙〕山乃ち浄瓶を趯倒《てきとう》して去る。百丈笑って云く、「第一座、山子《さんす》に輸却《ゆきやく》せられたり」と、因《よ》って之《こ》れに命じて開山《かいさん》為《た》らしむ

潙山の主《あるじ》には、衆の中でも群《ぐん》を抜いた（抜群）者、つまり、格別な人材（出格《しゅっかく》の者）がいい、といっている。これはまた、『景徳伝燈録《けいとくでんとうろく》』にも、「一転語《てんご》（心機を一転させるような語。短評＝下語《あぎょ》）を下《くだ》し得て出格ならば、当に住持を与うべし」とあって、こちらも住持《じゅうじ》えらびについては、非凡《ひぼん》な人材（出格の者）こそが望ましい、といっている。

このように『無門関』では、第一座《ざ》（上席）の華林《かりん》よりも典座《てんぞ》職（炊事係り）の潙山霊祐《いさんれいゆう》のほうに軍配をあげている（「第一座、山子《さんす》に輸却《ゆきやく》せられたり」つまり、第一座の華林は、山子《さんす》に負かされてしまった。輸《ゆ》するとは、オトる、マける、の意。贏輸《えいしゅ》〈勝ち負け〉などと熟字する。山子《さんす》とはだれか、その解釈のし方にもいくつかあるようだが、いずれにしろこの場面では山子《さんす》とは、〝潙山〟禅師のほかみあたらない）。

華林の二虎

しかし、『景徳伝燈録』（巻第八）によると、第一座の華林は華林善覚のことで、同『伝燈録』中の伝（「潭州華林の善覚禅師」）によると、この禅師もまた、なかなか破《は》格《かく》な人物だったようだ。

善覚禅師は「常に観音《かんのん》〔経〕を念《ねん》」じておられた。そればかりか、禅師はまた、二虎《こ》を侍者《じしゃ》（つきびと）がわりに飼《か》いならしていたらしく、観察使《かんさつし》の裴休《はいきゅう》が禅師の住まう庵《いおり》を訪ねていったおり、善覚が「大空よ、小空よ」と侍者《じしゃ》をよぶと、それにこたえて二匹のトラが庵の後から出てきて吼《ほ》えさけんだ（咆哮《ほうこう》し

た)。それをみて裴休《はいきゅう》は胸がドキドキした(驚悸《きょうき》。驚きおそれ、動悸《どうき》が激しくなる〈『漢辞海』〉)＊12。

虎と禅僧の組合せは、豊干《ぶかん》禅師と寒拾《かんじゅう》(寒山・拾得)ならびに虎の四者が睡眠せるを図画した四睡《しすい》図を想《おも》い起こさせる(相阿弥筆、狩野探幽筆などがある)。

潙山選主《いさんせんしゅ》については、百丈《ひゃくじょう》と司馬頭陀《しばずだ》とのやりとりなど、本文中に関連記事をいささかしるした。百丈は潙山のあるじについて、自らを推挙《すいきょ》している(老僧の潙山に往《ゆ》かんと欲するは可《か》なる)が、頭陀にあっさりと断られている。そこで、会下《えか》の学人《がくにん》(修行者)の中からあらためて潙山のあるじ択《えら》びがおこなわれた。その選主の光景をえがいたのが、いまかかげた『無門関』第四十則の本則中の記事である。

つまり、こうである——。百丈は、第一座の華林《かりん》と、当時、百丈山にあって典座《てんぞ》(炊事係り)の役をつとめていた潙山《いさん》をよび、目前《めさき》に浄瓶《じんびん》をすえて、これを〝甚麼《なん》〟とよぶかと問いかけた。

すると第一座の華林は、「まさか、これを〝木片《きぎ》れ〟(もしくは〝下駄〈木履〉〟)というわけにはいきませんよね」と(浄瓶とは、〝木製の水さし〟のことをいい、これは、手を洗い浄《きよ》めるために水をたくわえる携帯具である。木をくり抜いてつくってあるから、かれはそれを〝木片《きぎ》れ〟とよんだのだ。なお、文中の木楔《ぼくとつ》とは、「①くい(杭)。ぼっくい。棒きれ。②木履のこと。木で作った履物」などとある〈『禅学大辞典』〉)。

四睡図
豊干禅師、寒山・拾得と虎の四者が睡れる図
〈Mugiko 画〉

いっぽう、潙山のほうはどう答えたのかというと、かれは「趯倒《てきとう》して去る」とあるから、浄瓶をひっくりかえして（けとばして）その場から出ていってしまった

するとそれをみた師の百丈は、「第一座、山子《さんす》に輸却《ゆきやく》せられたり」といって、第一座（華林のこと）の負けを宣《せん》し、かれの訴えをしりぞけて、炊事がかり（典座）の潙山のほうに軍配《ぐんばい》をあげたのである。

「遂に師をして潙山に往《ゆ》かしむ」とあるから、潙山の主《あるじ》えらびは第一座（首座）の華林ではなくして、師、つまり霊祐（師）そのひとを主《あるじ》とすることで、この一件は落着した。それが第一座〈の華林〉は潙山に負けた（輸却せられた。「勝負に負けること」）という表現となってあらわれている。

背触倶《はいそくとも》に非《ひ》なり

「趯倒浄瓶《てきとうじんびん》」では、

百丈は浄瓶《じんびん》を挙示し、地上に置いて問題を設けて言った。浄瓶《じんびん》を喚《よ》んで浄瓶としてはならない。

汝は喚《よ》んでなんと言うか（古田訳）

とある。いっぽうこれと同じ意趣の公案（類則）としては、『無門関』四十三則に「首山竹篦《しゅざんしっぺい》」の話がある。

首山が竹篦《しっぺい》を大衆《しゅ》に示して言った。汝らがもし竹篦とするならば竹篦と呼び名にたよることになり≪触れる≫、もし竹篦と呼ばなかったならば竹篦の用にそむくことになる≪背く≫。汝らなんというか言ってみよと（同前。≪　≫内は引用者）。

竹篦は、割《わ》り竹を弓状（彎弓《わんきゅう》状）にしたもので、学人《がくにん》（修行者＝禅学）を接得《せっとく》（指導）するための法具の一種である。

これは、『無門関』第四十則「趯倒浄瓶《てきとうじんびん》」の公案（本則）の趣旨とまったく同じもの（類則）で、そのおり潙山霊祐禅師は、浄瓶をけ倒しているが、こちらの竹篦《しっぺい》ばなしでは、師の首山禅師の問いかけに、会下《えか》の葉県帰省《せっけんきせい》禅師（不詳。首山の嗣《し》）は、〝師匠の手からその竹篦をひったくって（掣得して）地上にたたきつけ（地上に擲《なげう》っ）た〟（加藤『無門関』下、一五六頁）とある。

さらに葉県禅師は、首山和尚の「背《はい》（ソムく）も触《そく》（フルる）も倶《とも》に非《ひ》なり（二者ともに不可なり）」（背触倶非《はいそくともにひ》）という垂語《すいご》をきいて大悟した、そのような因縁ばなしからなっている。

背触倶非　真如《しんにょ》はこれに触れれば、それに執着して真如ではなくなるが、また真如に背《そむ》けば、もちろん真如ではなくなる。取捨ともに誤りであることを示した語（『禅学大辞典』）

首山和尚とは首山省念《しゅざんしょうねん》（風穴延沼《ふけつえんしょう》の嗣。九二六―九九三）のことで、禅師は常に法華経を念（誦）じていたので〝念法華《ねんほっけ》〟とよばれた。また、「首山竹篦」の公案もあるよう、首山禅師のころからこの竹篦が〝法具〟として用いられたようである。

図像としての「潙山踢瓶」は、古くは画僧祥啓《しょうけい》（啓書記。？―一三四五）の画《え》があり、つづいて狩野元信の画（東京国立博物館蔵、龍安寺蔵）もよくしられている。この画僧祥啓は、「建長寺に入って書記」（書状侍者）となったので、いっぱんには、〝啓書記《けいしょき》〟としてしられる画僧である（『禅学大辞典』）。

潙山の山容

さて、この潙山の山貌《さんぼう》と、きびしい環境についてふれて『景徳伝燈録《けいとくでんとうろく》』

浄瓶
手をきよめるため、水をたくわえ携帯するビン

は、次のようにえがいている。

是《こ》の山は峭絶《しょうぜつ》にして（切りたちそびえていて）、敻《はるか》に人煙《じんえん》無し（みわたすかぎり人家などない）。師（潙山霊祐）、猿猱《えんどう》（さる）を伍《ご》（なかま）と為《な》し、橡《とち》・栗《くり》を食に充《あ》つ。山下の居民、稍稍《しょうしょう》にして（ややあって）之《こ》れを知り、衆《しゅ》を帥《ひき》いて梵宇《ぼんう》（仏寺）を営む

これは『宋《そう》高僧伝』巻第十一も同じような記事をしるしている。

山は郡郭《ぐんかく》より十舎（三百里《り》）にして遥かなり。敻《とお》く人煙なく、比して獣窟《じゅうくつ》となす。乃ち猿猱《さる》の間に雑《まじわ》り、橡《とち》・栗《くり》もて食に充《あ》つ。浹旬《とおか》にして（十日ほどして）山民ありてこれを見、群《みな》信じて共に堂宇《どうう》を営む。時に襄陽《じょうよう》の連率《れんすい》李景譲、湘潭《しょうたん》を統摂《とうせつ》して良縁に預《あずか》るを願い、乃《すなわ》ち奏請《そうせい》して山門を**同慶《どうけい》寺**と号す＊13（国訳『宋高僧伝』巻第十一「一六九、唐大潙山霊祐伝」二二四頁）

この記事は、霊祐禅師が潙山《いさん》（大潙山）に入り、住山《じゅうざん》の同慶寺《どうけいじ》（長沙府〈湖南省〉寧郷県）を開くにいたった経緯《いきさつ》である。『景徳伝燈録』には「天下の禅学《ぜんがく》、輻湊《ふくそう》するが若《ごと》し」とあるから、多くの修行僧（禅学）が、潙山禅師を慕《した》ってこの寺に四方よりつどった（輻輳《ふくそう》した）とわかる。また「入室《にっしつ》の弟子は四十一人なり」同 とあるから、これは潙山霊祐の法を嗣《つ》いだ者（入室嗣法）、つまり師のあとつぎ（嗣法《しほう》相続）の者が四十人余りいたという。なかでもよく知られているのは、仰山慧寂《ぎょうさんえじゃく》（八〇七―八八三）で、かれは師の潙山とふたりながらにして（父子唱和）潙仰宗《いぎょうしゅう》の祖といわれている。

さらに潙山下の禅僧をあげると、「香厳撃竹大悟《きょうげんげきちくたいご》」（聞声悟道）の話で知られる香厳智閑《きょうげんちかん》（？―八九八）や、「霊雲桃花《れいうんとうか》」（見色明心《けんじきみょうしん》）の霊雲志勤《れいうんしごん》（不詳）などがいる。

奇巌の岩肌

仏通寺（広島県）へは、三原市の街中をしばらく行くと、そののち、左右に奇岩の岩肌がつづく山間の道をたどっていく

仏通寺川に架けられた橋

『景徳伝燈録』巻第八中の「潭州華林の善覚禅師」の章には、禅師につきしたがう、大空・小空という名の〝二虎《こ》〟の侍者《じしゃ》がでてくる（註5参照）。

また、寒拾（寒山・拾得）の故事中にも虎が出てきて、こちらは四睡図《しすいず》（中国の天台山国清寺の豊干《ぶかん》が、弟子の寒山や拾得、さらには豊干が常に騎乗している虎といっしょに三人と一匹が楽しそうに眠っている図〈日国〉）としてえがかれている。

筆者がかつて訪れた愚中周及《ぐちゅうしゅうきゅう》禅師（大通禅師）開創（即休契了〈仏通禅師〉勧請開山）の御許山仏通寺（広島県三原市）山門前をながれる川（仏通川）に架《か》けられた屋根付きの橋の名はそのものずばり、巨蟒橋《きょもうきょう》という。この蟒とは、ウワバミ（おろち、大蛇）のことである。いかにも深山《みやま》の禅寺を守護する（結界する）にふさわしい名を冠した橋である。

ついでにそえていうならば、僧堂《そうどう》前の橋は飛猿橋《ひえんきょう》という。ここに至る道中、遠く富士川を見、今また〝猿〟の名を冠した橋をみて、芭蕉の「野ざらし紀行」の「猿を聞く人捨子に秋の風いかに」（哀猿）の句がおもわれた。

ところで香厳や霊雲のさとりの契機（時節因縁《じせついんねん》〈時・処・機会〉）についてはよく知られている。

古人も亦《ま》た声を聞いて道《どう》を悟り、色《しき》を見て心を明らむる有り（『碧巌録』第七八則「十六開士入浴」）

「声（音）を聞いて道を悟り」とは、香厳禅師に由来する故事（香厳撃竹）がよくしられている（夏目漱石も『行人』の中でこの話についてふれている）。

後者の「色を見て心を明《あきら》らむ」については、仏教の開祖釈尊は暁《あかつき》の明星《みょうじょう》を見て悟りを開かれ、その教えを嗣《つ》いだ迦葉尊者《かしょうそんじゃ》は、釈尊が一花を拈《ひね》られる（拈花《ねんげ》）のを見て、その意《こころ》をさとって（微笑）第二祖《そ》となった（五官《ごかん》〈眼耳鼻舌身〉のうちの眼〈みる〉を機縁とする。前者の「香厳撃竹大悟」は耳〈きく〉を機縁として開悟）。このほか眼による悟りの契機に「洞山過水悟道《かすいごどう》」がある。色《しき》は「現象」、明《みょう》は「悟る」の意（『禅語小辞典』）。

悟りの機縁の〝たいせつさ〟（聞声悟道《もんしょうごどう》、見色明心《けんしきみょうしん》）について、道元は禅師ならではの一文をのべる。

竹の声・桃の花　見ずや、竹の声に道《どう》を悟り、桃の花に心を明《あきら》めし。竹、豈、利鈍有《あ》り迷悟有《あら》んや。花、何ぞ浅深有り賢愚有《あら》ん。花は年年《ねんねん》に開《ひら》くれども、皆、得悟《とくご》するに非ず。竹は時時《じじ》に響けども、聴く物ことごとく証道《しょうどう》するに非ず（山崎正一訳註『正法眼蔵随聞記』講談社学術文庫）

（竹に石が当った音を聞いて道を悟った香厳智閑禅師のことや、桃の花が咲いているを見て、心の正体を明らかに見きわめた霊雲志勤禅師のことを、考えてみるがよい。竹に、なんで利鈍あり迷悟あることが有ろうか。花に、なんで浅深あり賢愚あること有ろうや。花は毎年咲くが、それを見て誰しもみな悟りを得るわけではないのだ。竹は時に応じて響きを発するが、それを聴いた者がすべてみな、悟りの道を明らかにすることができるわけではないのだ〈同前〉）

まさにそうである。竹を撃《う》つ礫《つぶて》の声（おと）や、桃の花の開く様を見て、だれしもが悟りにいたる（発明する）わけではない。それはちょうど、サナギが蝶になる時節があるように、そうなるにはなるべき因縁が熟《じゅく》さなければばならない。機縁純熟ということが欠かせない。

潙山《いさん》の法系（潙仰宗《いぎょう》）は五家《ごけ》（臨済《りんざい》、潙仰《いぎょう》、曹洞《そうとう》、雲門《うんもん》、法眼《ほうげん》）のひとつに数えられるが、そののち、比較的早く、この教えの流れが絶えたのは、謹厳《きんげん》な禅風が南方のひとびとのこのみ（風尚）に適さなかったためであり、また潙山そのものの地理が、人里（人寰《じんかん》）とかけ離れていたためであろう、と常盤大定《ときわだいじょう》氏（仏教研究者）はのべる。

また潙山霊祐禅師には有名な『潙山警策《いさんけいさく》』＊14がある。

警策とは、驚覚策励《きょうがくさくれい》、訓戒・警告のこと。または、坐禅修行時におそいくる睡魔《すいま》をはらって、修行者を覚醒《かくせい》させるために策《むち》つことをもいう。坐禅時に、策励《さくれい》するため、扁平《へんぺい》な形の長い樫《かし》の棒（法具）がもちいられる。当然ながらこの警策棒は、夏と冬とでは用いる棒の厚さが違っている。着るものによって、冬場は厚いものが、夏場には薄いものが使用される。またこの法具を、曹洞宗ではこれをキョウサクと称し、臨済宗ではケイサクとよび、こんにちでも坐禅中によく用いられている。

坐禅時における除労の法具

警策（木製棒）と似た役目をもつもの、坐禅修行のたすけ（除労）となる法具に、禅毬《ぜんきゅう》・禅鎮《ぜんちん》・禅杖《ぜんじょう》がある。

禅毬《ぜんきく》とは『釈氏要覧《しゃくしようらん》』に、「禅毬は毛毬（マリ）也。睡《ねむ》る者あらば之《これ》を擲《うっ》て覚めしむ」とある。「坐禅の時に用いる、毛で作ったまり。かつて坐禅の時、眠る者に投げつけて眠りをさますのに用いられた。一説に、坐禅の時みずからの頭の上に載《の》せて眠りを防ぐのに用いたとも」（『日国』）。

禅鎮《ぜんちん》は「坐禅の時にいねむりを防ぐための、笏《こつ》に似た木製の頭上にのせる道具」（『禅学大辞典』）のこと。笏とは、しゃく、手板のこと。今では、主として警策がその役目をになつているようだ。

禅杖《ぜんじよう》は同じく「竹葦《ちくい》（タケとアシ）を以て之《これ》を作り、物を用いて一頭を包む、下座して執行せしめ、坐禅昏睡する時、軟頭を以て之を点す」と。または「坐禅の時に、睡るものを警《いまし》めるために突く棒」（同前）のことである。

このほか忘れてならないものには、禅版《ぜんぱん》（禅板）がある。『碧巌録』第二十則「龍牙《りゆうげ》の西来意《せいらいい》」の本則に「我が与《ため》に禅板を過《も》ち来たれ」（入矢ほか訳）と。黄檗希運《おうばくきうん》と臨済義玄《りんざいぎげん》の別離のシーンをえがいた『臨済録』中の記事にも「百丈先師の禅版と机とを持って来なさい」と黄檗が侍者に命じている場面がある。

この禅版とは、「長い時間坐禅をしていると疲れたり懈怠《けたい》が生じてくるのを除《のぞ》かんがためにもちいる、顎《あご》を支えたり、手を安《やす》んじる除労《じよろう》（労をとりのぞく）の法具」であるが、ここでは「百丈先師の禅版と机」とあって、これは黄檗《おうばく》禅師が百丈懐海禅師から「印可《いんか》証明のしるし」として授かったものとして、ふたつの法具が挙げられている。

『潙山警策』

警策は、禅道修行の精進を励ますことで、次にかかげた文は、潙山禅師の『潙山警策』より。

其れ業繫《ごうけ》（業に縛られる）身を受く、未《いま》だ形累《ぎようるい》（老・病・死など）を免《まぬが》れず。父母の遺体を稟《う》け、衆《しゆ》縁《えん》（おおくの縁）を仮《か》りて共に成《じよう》ず。乃ち四大《しだい》を扶持《ふじ》すと雖《いえど》も、常に相従違背す。無常老病、人と期《ご》せず、朝《あした》に存《そん》し、夕《ゆう》べに亡じ、刹那《せつな》に世を異《こと》にす。

譬《たと》えば春霜・暁露の倏忽《しゅくこつ》として（にわかに）即ち無きが如し、岸樹《がんじゅ》・井藤《せいとう》、豈《あ》に能《よ》く長久ならんや。念念迅速《ねんねんじんそく》なること、一刹那《せつな》の間《あいだ》なり、息《そく》を転ずれば即ち是《こ》れ来生《らいしょう》、何んぞ乃ち晏然《あんねん》として空しく過ごさん。（中略）

根本無明《こんぽんむみょう》、玆《こ》れに因《よっ》て惑《まど》わさる、光陰惜《こういんおし》むべし刹那《せつな》測られず（『潙山警策』より抜粋）

本章をふくむこれまでの章（1ないし5）では、徳山宣鑑禅師の修行時代――故郷出立、そして餅《もち》売り（売餅《まいひん》）の老婆との出会い、あるいは龍潭《りゅうたん》禅師のもとでの開悟、そしてさらには潙山における霊祐《れいゆう》禅師との出会い（法戦）ならびに決別について、時代をおってのべてきた。

本稿の目的は「徳山托鉢」という公案の探求であったが、それには徳山禅師の修行の過程を、順をおわないことには、この公案の奥ぶかいそのふところに入ることはできない。そこでこれまで、徳山宣鑑という大禅師〝誕生〟のいきさつについては、大ざっぱだが、いささかしるしてきた。そして、その修行の大団円《だいだんえん》ともよべるのが、ここの章「うわさの大潙山へ」でもあった。

なお徳山はこののち、澧陽《れいよう》（湖南省）もどって、そこに三十年ものあいだ住した（〔龍潭を〕辞し去って、潙山に抵《いた》り、復《ま》た還《かえ》って澧陽に住すること三十年なり〈釈氏稽古略〉）。この澧陽とは、龍潭寺《りゅうたんじ》のあるところだから、潙山霊祐禅師との相見《しょうけん》（拝顔）を、いっぽう的に了《お》えた徳山禅師はまた、崇信禅師のもとにもどっていき、本師《ほんじ》龍潭禅師の法を嗣《つ》ぐことになった。

『碧巌録』第四則「徳山挟複子問答」の本則　原文

❶徳山、潙山《いさん》に到る。複子《ふくす》を挟んで法堂上に於て、東より西に過ぎ、西より東に過ぎ、顧視《こし》して無無《むむ》と云って出《い》づ。〔雪竇、著語して云く、「勘破了也《かんぱりょうなり》」〕

❷徳山、門首《もんしゅ》に至り、却《かえ》って云く、「也《ま》た草草《そうそう》なることを得ず」。

❸便ち威儀《いぎ》を具《ぐ》し、再び入って相見《しょうけん》す。

❹潙山坐する次、徳山、坐具を提起《ていき》して云く、「和尚」。

❺潙山払子を取らんと擬《ぎ》す。

❻徳山便《すなわ》ち喝《かつ》して、払袖《ほつしゅう》して出づ。〔雪竇、著語して云く、「勘破了也」〕

❼徳山法堂を背却《はいきゃく》して、草鞋《そうあい》を著《つ》けて便ち行く。

❽潙山、晩に至って首座《しゅそ》に問ふ、「適来《せきらい》の新到、什麼《なん》の処《ところ》にか在る」。

❾首座云く、「当時、法堂を背却《はいきゃく》し、草鞋《そうあい》を著《つ》けて出で去れり」。

❿潙山云く、「此《こ》の子《し》、已後《いご》孤峰頂上《こほうちょうじょう》に向って、草庵を盤結《ばんけつ》して、仏を呵《か》し、祖《そ》を罵《ののし》り去ること在らん」。雪竇《せつちょう》、著語《じゃくご》して云く、「雪上《せつじょう》に霜《しも》を加ふ」＊15

（この本則中には当然のこと、圜悟克勤による著語《やくご》が付されているのであるが、それをここでは省いて、雪竇重顕による著語のみを記した）

これまでの章では、周金剛の故郷出立から、龍潭寺での悟り、大潙山での法戦までをめぐる徳山宣鑑禅師の前半生の軌跡をたどってきた。次下では、その拾遺の章とし、本書の結びとしたい。

＊1　**禅僧名と山名**　佐橋法龍「人名索引」（『景徳伝燈録』上、昭和四五、春秋社）に詳しい。

＊2　**挟複子**　修行僧が荷物（風呂敷）を手挟《たばさ》み、師を求めて修行の旅（撥草瞻風）にでた、の意をふくむ公案。

＊3　**作家**　唐宋時代は詩文盛んにして、詩文を巧《たく》みに作るものを作家と称して尊びたり。転じて怜悧《れいり》の人をいうに至れり（『国訳禅宗叢書』第九巻「月坡禅師語録巻之一」一九頁脚注）。怜悧な禅僧のこと。

＊4　**身を以てする一の説法：加藤咄堂**　この例に見ても、雪降が徳山に於てまた飯頭をつとめ、徳山が鉢を托げて堂を下るに対し、本則の如き問答をしかけたといふのは、禅機微妙の何ものかを発散したものと見なければなりません。自分が食時を遅刻させたキマリわるさに、テレた逆襲の態度に出たのだなぞとは、飛んでもない邪解です。また徳山が只だダラシなく耄碌してるたのだなぞとは何ごとですか。雪峰初相見の一問に、矢庭に痛棒をくらはせたほどの徳山、八十余歳とはいへ、得意の棒には断然年を取らせてゐない凄い老漢であつたのです。鐘未だ鳴らず鼓も未だ響かざるに、鉢を托げて堂を下るといふこと、その事が、亦たこれ身を以てする一の説法であらねばなりません。鈍漢俗物の眼には只だ老いぼれ沙汰にしか見えなくとも、雪峰の一隻眼には、一大事の禅的問題とされたのであります。此間の消息は、その境界に到つて見得すべしですが、菅原時保老師は、

　徳山が托鉢して行ったのも、只だ食事時であつたばかりではなく、折にふれて座下の学人の力両を点検せんとする目的であったかも知れぬ

と言つて居られますが、徳山或はそんなことであつたかも知れません……そんなことではなかつたかも知れませんが……菅原師は次に、

　それを見て取った雪峰が、修行といふ鐘が鳴らず、証果といふ鼓も響かぬ。此の無事甲裡に向って、つまらぬ之乎者也《しこしゃや》（余計なこと）を容れぬが好いと、真向から抑へた……

と説いて居られるのも、前の洞山砂米の問答と並せ考へて、雪峰の見地を見るべき何らかのヒントとす

ることが出来るやうに思はれます（以上、加藤『無門関』「碧巌録大講座」13、第十三則「徳山托鉢」三四七頁）。

＊5 佐橋氏（『景徳伝燈録』一九六頁）によると、「禅僧が錫をふるって師家のまわりを三匝し、のち卓然として その前に立つという相見（会見）のし方は、馬祖以後の禅僧のしばしば行なうところ……こういう非常識 ともいえる、人の意表をつく即物的超論理的な言動は、このころから次第に多くなり……」とある。

＊6 **蚊子を払う** 祖庭事苑八に曰く、諸比丘蚊虫の為《た》めに食われて身体 痒《かゆがり》を患う、抓搔《そうそう》して息《や》まず、仏、 諸比丘の蚊子を払うものを蓄うことを聴《ゆる》すと。要覧に曰く、払子は律《りつ》に云く、比丘、草虫を患う、仏、 払子を作ることを聴《ゆる》す。僧祇《そうぎ》に云く、仏、線払《せんほっ》、列氈払《れつせんほっ》、芒払《ぼうほっ》、樹皮払《じゅひほっ》を聴す。猫牛尾の若《ごと》き馬払並に 金銀を以て柄《え》を装《かざ》るものを制す、皆な執《と》ることを得ざれと（『道風軌範』昭和九）。

＊7 **仏をどなり祖をののしる** 柳田訳によると、「こやつはかならずや今に掘立て小屋のような山院で、仏を どなりつけ祖をののしるに相違ない……」（『徳山の棒・臨済の喝』下『禅文化』第57号）。

＊8 這裏《しゃり》ニ仏也無、祖也無、達磨是レ老臊胡《ろうそうこ》、十地菩薩是レ担屎漢《たんしかん》（『会要』二〇「宣鑑章」）。 這裏《しゃり》無レ祖無レ仏、達磨《だるま》是レ老臊胡《ろうそうこ》、釈迦老子是レ乾屎橛《かんしけつ》、文殊・普賢是担屎漢《たんしかん》、等覚《とうがく》・妙覚《みょうがく》是レ破執凡夫、菩 提・涅槃是繫驢橛《けろけつ》、十二分教是レ鬼神簿、拭二瘡疣《そうゆう》一紙、四果三賢初心十地是レ守二古塚一鬼、自救不了《じぐふりょう》（『五灯 会元』）。 担屎漢《たんしかん》とは、「糞をかついでいるような男。つまらぬ人間」とある。また、繫驢橛《けろけつ》はロバ（驢馬）をつな ぐ棒杙《ぼうくい》（橛）。人をくくりつけて身動きできなくするものの喩《たと》え（『禅学大辞典』）。十二分教とは、説法を内 容や形式によって十二分類した総称（神保・安藤『禅学辞典』平楽寺書店）、つまりは、釈迦一代所説の経教 のこと。自救不了《じぐふりょう》は、自己をすら救済し能《たま》わず、との意（同前）。

衣川賢次氏の「徳山と臨済」（東洋文化研究所紀要」第百五十八册）では、大慧の『正法眼蔵』巻上第一五八

「徳山和尚示衆」をとりあげて、同趣の文（語句には若干の違いがある）を紹介して、こうのべる。

わしの見かたは違うぞ。ここには仏もなければ法もない。達磨は腋臭《わきが》くさい印度人だ、十地菩薩は肥かつぎだ、等覚妙覚《とうがくみょうがく》は破戒の凡夫だ、菩提涅槃は驢馬をつなぐ杭だ、十二分教は鬼神の名簿、膿拭いの故紙だ、四果・三賢・初心・十地《じゅうじ》は墓守の亡霊だ。自分さえも救えぬ。仏は印度人のたれた糞棒だ。諸君、考え違いをしてはならぬぞ。自分は膿のふき出た身体なのに、いったい何を学ぼうというのだ。腹いっぱい飯を喰ってから、真如・涅槃はどうだこうだと言う。皮膚の下に血は流れているのか。それでも一人前の男か。〈聖〉は中味のない名前にすぎぬ。世の中に〈法〉として手に入れるものが塵ほどもあったなら、それが執着となって知解となり、それを後生大事にする者は、ことごとく天魔外道に落ちる。およそ学んだものは、すべて草木に寄りついた亡霊、人を誑かす野狐精にすぎぬ

（徳山老漢見処即不然。這裏仏也無、法也無。達磨是老臊胡、十地菩薩是擔糞漢。等妙二覚是破戒凡夫。菩提、涅槃是繫驢橛。十二分教是鬼神簿、拭瘡膿紙、四果三賢、初心十地是守古塚鬼、自救得也無？仏是老胡屎橛。仁者、莫錯！身被瘡疣衣、学甚麼事？飽喫飯了、説真如、涅槃、皮下還有血麼？須是箇丈夫始得。汝莫愛聖、聖是空名。向三界十方世間、若有一塵一法可得、与你執取生解、保任貴重者、尽落天魔外道。是有学得底。亦是依草附木精魅野狐）

また『臨済録』示衆にいう。「道流、山僧が見処を取らば、報化仏頭《ほうけぶつとう》を坐断し、十地《じゅうじ》の満心《まんしん》は猶《な》お客作児《かくさじ》の如く、等妙《とうみょう》の二覚《かく》は担枷鎖《たんかさ》の漢《かん》、羅漢辟支《らかんびゃくし》は猶お厠穢《しえ》の如く、菩提《ぼだい》涅槃《ねはん》は繫驢橛《けろけつ》の如し」（お前たち、わしの見解に立てば、報身仏・化身仏など足下にも寄せつけない。十地の菩薩の修行の完成をしたといってもそんなものは浮浪児、等覚・妙覚の悟りをした仏たちといっても手錠つきの囚人、羅漢・辟支仏も不潔そのもの、菩提・涅槃も驢馬を繫ぐ棒杭のような邪魔物だ〈朝比奈宗源『臨済録』〉）。

＊9 鮑昭（照）の詩「擬行路難」については、堂園淑子氏の「文學言語としての「看」と六朝詩歌」（「中國文學

報」第六十六冊）中や、佐藤大志氏の「鮑照「擬行路難」の制作意図」などにみいだされる。いま、本文中には、佐藤氏のそれをかかげた。

＊10 **百丈山**　在江西奉新県西百二十里。……山有百丈寺。唐僧懐海所建也。旧名大雄山。最高者曰大雄峯（中国古今地名大辞典）。

＊11 **衆僧を供養す**　仏家《ぶっけ》に本《もと》より六知事《ちじ》有り。共に仏子たり。同じく仏事《ぶつじ》を作す。中に就いて典座《てんぞ》の一職《しき》は、是れ衆僧《しゅそう》の弁食《べんじき》を掌どる。禅苑清規《ぜんえんしんぎ》に云く、衆僧を供養す故に典座有りと……昔日《そのかみ》潙山《いさん》洞山《とうざん》等之《これ》を勤め、其の余の諸大祖師も曾《かっ》て経《へ》来《きた》れり（大久保訳注「典座教訓」『道元禅師清規』一七頁）。

六知事とは、叢林における役僧名。都寺《つうす》（寺務の監督役）、監寺《かんす》（寺務方。「古時は監寺のみ。近日は都寺と称す」〈増永ほか『禅語小辞典』〉）、副寺《ふうす》（副監寺・副都寺）、維那《いのう》（修行者の指導役）、典座《てんぞ》（「典座の職は大衆の斎粥をつかさどる」同前）、直歳《しっすい》（住居の修理などをつかさどる）である。「徳山托鉢」で、雪峰がになっていた〝飯頭《はんじゅう》〟は典座よりも下位職にあたるが、潙山などがになっていた典座職とは混同されがちである。つまり、飯頭とは、典座の所使《しょし》（典座のもとに属す者）のことである。

＊12 **虎の侍者**　一日、観察使裴休《はいきゅう》、之《これ》を許ねて問ふて曰く、師、還《ま》た侍者《じしゃ》有りや否《いな》や、と。師曰く、一両箇《りょうこ》有り、と。裴〔休〕曰く、什麼《いずれ》の処にか在《あ》る、と。師乃《すなわ》ち大空小空と喚《よ》ぶ。時に二虎、庵後よりして出づ。裴〔休〕、之《これ》を観《み》て驚悸《きょうき》す（おどき恐れて胸がドキドキする）。師、二虎《こ》に語りて曰く、客有り、且《しばら》く去れ、と。二虎、哮吼《こうこう》（咆哮《ほうこう》）して去る。裴〔休〕問ふて曰く、師、何の行業を作《な》してか、斯《か》の如きを感得《かんとく》せる、と。師、乃ち良 久《りょうきゅう》して曰く、会《え》すや、と。曰く、会せず、と。師曰く、山僧、常に観音を念ずと（景徳伝燈録巻第八）

＊13 曇秀《どんしゅう》（大慧の曾孫。黄龍慧南の法嗣）撰の『人天宝鑑』上（国訳禅宗叢書第壹巻、五八頁）にも、『景徳伝燈録《けいとくでんとうろく》』や『宋高僧伝』と同様の記事を載せているが、こちらのほうがやや詳しい。

虎豹《こひょう》や蛇蟒《だもう》が道路によこたわる　師、遂《つい》に往《ゆ》いて庵を結ぶ。橡栗《しょうりつ》を食と為《な》し、猿鳥《えんちょう》を侶《とも》と為し、影《かげ》、山《やま》を出《い》でず、宴坐《えんざ》して日を終《お》う。是《か》くの如くすること九年、偶々《たまたま》念じて曰く、「吾《わ》れ居《お》ること久し。竟《つい》に人の到《いた》るなし、本《もと》、利物《りもつ》を図《はか》る、独居《どくきょ》何の益《えき》かあらん」と。庵を棄《す》てて去らんと欲《ほっ》す。谷口《こくこう》に至って虎豹蛇蟒《こひょうだもう》（ヘビやウワバミ）、道路に横《よこた》う。師曰く、「吾れ若《も》し此《ここ》に於《おい》て縁《えん》あらば汝　各《おのおの》散じ去れ、然《しか》らずんば汝が啖《くら》うに従《まか》す」と。言い訖《おわ》って散《さん》ず。是に於て復《ま》た回《かえ》る。神あり、見《まみ》えて曰く、「此の山は乃ち迦葉仏《かしょうぶつ》の時、曾《かつ》て蘭若《らんにゃ》（蘭若は此に閑静処、或は無喧諍と訳す、市井の閙埃《どうあい》雑乱を離れた閑静な修行道場をいう、即ち寺なり）たり、今当《まさ》に復成《ふくじょう》すべし。常に山を護《まも》ることは、蓋《けだ》し、仏記（仏記とは仏より記別を受け居るとなり、記とは仏が今より幾年の後には某が出現して、如何様になるということを説き聞かせ給うを、心に記憶し居ることとなり）を受くるのみ」と。明年《みょうねん》大安《たいあん》、衆を領《りょう》して輔《たす》けて法社《ほうしゃ》（法社は猶お叢林と云うが如し）と成《な》す

潙山での庵居《あんきょ》生活にあたってはサルなどを仲間とし、あるいはトチやクリ（橡栗《しょうりつ》）の実（菓子）などをもとめて日々の糧食にあてた。これは、『人天宝鑑』の記述も『景徳伝燈録《けいとくでんとうろく》』や『宋高僧伝』も同様ではあるが、十年ちかくもこのような日々を明け暮らしたが、だれひとりとして訪《おとな》う修行者とてなく、禅師は、このままでは、庵をうち棄《す》てて山を降りるしかない、と決意する。すると山棲のトラやヒョウ、それにウワバミのたぐいが禅師の行く手を拒《こば》むように跳梁《ちょうりょう》した。それはまるで禅師の決意のほどを試すかのようであった。

然《さ》もあらばあれ……、もし、わたしにこの山をはなれられないような縁があるとしたら、虎豹《こひょう》や蛇蟒《だもう》たちよ、今、この場から立ち退いてくれ、と。それともあるいは、もし、この潙山にわが身がなんのゆかりもなかったとしたら、エエ、儘《まま》よ、そのときは、獣《おまえ》たちの好きにまかせよう（汝が啖《くら》うに従《まか》す）、と。

すると、禅師のその言《ことば》が訖《おわ》る否《いな》や、かの凶暴な獣や、大きく獰猛《どうもう》なるウワバミたちは、いずこともなく、禅師のまえからその姿を隠してしまった。——禅師はかれらの託宣《たくせん》にしたがって、また庵に戻っていかれた（是に於て復《ま》た回《かえ》る）が、その翌《あく》る年になると、潙山における叢林の陣容もすっかりととのった——ここには伝記らしい脚色がほどこされているが、潙山開創《かいそう》にいたるまでの困難さを、よく物語っていよう。

＊14　**仏祖三経の一**　一巻。当時の学徒次第に懈怠《けたい》し益々流弊《りゅうへい》を成《な》すを慨して、之《これ》を警策して修行の正路を進ましめんが為《た》めに作れるなり。全篇を二分して文と銘《めい》となす。文を分《わか》って五節となす。後世に至り、『仏遺教経』、『四十二章経』とを合して『仏祖三経』と称して世に行わる（山田『禅宗辞典』）。

＊15　**雪上加霜**　「災禍が連続して起こること、あるいは厳しい上にもなお厳しいことの喩え」（末木）とあり、また「雪だけで十分なのに、霜まで加えるということから、余計なことをする意にも用いられるが、ここではそうではない」との指摘（同氏編の現代語訳に「雪で寒い上に霜までおまけだ」とある）。

コラム

「碧巌録」にみる、**火後の入組み**　……〔碧巌録中には〕全部にあるはずの垂示が欠けた則もあり、評唱や著語の中にも、とんでもないと思える文章の一節が、どう見ても有るべからざるところに入ていたりします。これを古から「火後の入組み」といっています。それは碧巌録が圜悟の提唱によって完成し出版されたのを、圜悟の高弟大慧宗杲は、雲衲達が碧巌録を読んで、その語句を暗記し、悟りもしないのに悟った風をしたりして、雲納の教育上よろしくない、好ましからざる教科書の役割をすると、これを一挙に焚いてしまいました。後、これを再版しましたが、その際に内容の乱雑を来たしたというのであります。それで、従来の師家方は、碧巌録のいたるところに、「以下何字削るべし」とか、「以下の何字錯りなること明かなり、除くべし」とかいう、自己の見解を記入して』（朝比奈『碧巌録講話』一〇―一一頁）いる、と。

6 婆子（婆ァさん）の禅

＊辛辣な老婆とお人よしの坊さん

婆子点心（そのプロトタイプ）

真っすぐに行きなさい（驀直去）

妙齢の娘（枯木寒巌による）

天女と禅僧（天竺をめざして）

婆子とは（老婆の揶揄）

「徳山托鉢《とくさんたくはつ》」章が展開していく過程では、「三世心《さんぜしん》（過去・現在・未来の三際《さんさい》にわたる心）の不可得《ふかとく》」にかんする周金剛《しゅうこんごう》と餅《もち》売りの老婆のはなし（婆子点心《ばすてんじん》）が物語られている。そのはなしを観《み》ると、それは、一禅僧とひとりの老婆——たとえばこのばあい、徳山宣鑑《とくさんせんかん》禅師（周金剛《しゅうこんごう》）と、禅師が澧《れい》州の路傍でであった一老婆——をワンセットとする話柄《わへい》（はなしのタネ）から成り立っていることがわかる。

婆子点心のプロトタイプ

このようなはなしはこの『無門関《むもんかん》』の「徳山托鉢《とくさんたくはつ》」第一三則や、「趙州勘婆《じょうしゅうかんば》」第三一則の公案中ばかりではなく、そのほかの公案、たとえば『従容録《しょうようろく》』の「台山《たいざん》の婆子《ばす》」第一〇則、あるいは『景徳伝燈録《けいとくでんとうろく》』『五燈会元《ごとうえげん》』『祖堂集《そどうしゅう》』などの燈史《とうし》などに、そのプロトタイプ（祖型）となるはなしを幾例かさぐりあてられる。いまはそれをおおよその例にしたがって分けると、次のとおりとなる。

まず、公案集としては、

① 「趙州《じょうしゅう》の勘婆《かんば》」（『無門関』第三一則）
（……趙州が、修行僧泣かせの婆子《ばす》を、かえって勘破《かんぱ》した〈見破った〉というはなし）

② 「台山《たいざん》の婆子《ばす》」（『従容録』第一〇則）
（……行脚僧《あんぎゃそう》から台山《たいざん》への路《みち》を問われて「驀直去《まくじきこ》」〈真っすぐ行きなさい〉と答えて揶揄《やゆ》した老婆のはなし）

があり、さらに「燈史」としては、とりあえず、次の三つがあげられる。
③「趙州観音院〔亦《ま》た東院と謂《い》う〕の従諗《じゅうしん》禅師（『景徳伝燈録』巻一〇）趙州東院従諗禅師
④「趙州観音院（亦た東院と曰《い》う）の従諗禅師」章（『五燈会元』巻第四）
⑤「趙州」章（『祖堂集』）

これらのはなしは、中国の五台山《ごだいさん》（台山、清涼山《せいりょうざん》。文殊《もんじゅ》菩薩の霊場）への参詣路《さんけいろ》をたずねる僧（雲水僧、遊行僧）と、それに対して、だれにでもただひとこと、「驀直去《まくじきこ》」（まっすぐ去《ゆ》きなさい）とこたえては僧をからかっては楽しんでいる、ひとりの老婆のはなしである。

簡単にではあるが、これら（①から④）に共通するはなしの粗筋《あらすじ》を要約してかかげると、大概、以下のとおりとなる。

僧：五台山への道はどこですか？
婆：真っ直《す》ぐ往《ゆ》きなされ
（僧は、老婆にいわれたままに、まっすぐに突き進む）
婆：なかなかのお坊さんと見えたが、このひともやっぱり同じように行きなさるわい
（そのはなしをくだんの僧から聞いた趙州禅師——）
趙州：俺が出て行って、その婆ァを見届けて（見破って）やろう
（婆を勘破《かんぱ》したという趙州は、修行僧たちを前に——）
趙州：あの麓《ふもと》（五台山）の婆ァを見破《みやぶ》ってしまったぞ

これが①ないし④のはなしに通じてみられる、共通のパターンである。

ただし類例中⑤の『祖堂集《そどうしゅう》』のみは、〝五台山〟への参詣路《さんけいろ》ではなく、趙州観音〔院〕への、、、路をたずねるはなしとなっていて、ほかの例とは少しちがっている。……以上の①から④、さらには類例⑤をも含めた、これらの話をくくって、とりあえず「あ」のグループとしておきたい。

さらに次のⓐ「婆子焼庵《ばすしょうあん》」（婆子焚庵とも。『五燈会元《とうえげん》中』巻第六）＊1もまた、前記のはなしとは趣《おもむき》がガラリと変わっている。登場する人物は、これまでと同様、婆子《ばす》（婆ァさん）と禅僧、これはこれまでとほぼ似たような配役。ただし禅僧は、その婆子の供養《くよう》を永年うけていること、そしてそれに十六歳（二八）ばかり（妙齢《みょうれい》）の女（むすめ）が新たに登場するのは、これまでにあげた「あ」群とはまた、大いに趣がちがっている（なお、このはなしについては後述の「老婆と禅僧と妙齢の女子」の項を参照のこと）。

したがって、このはなしは、前記「あ」（①〜④ないしは⑤）のグループの〝変型〟パターンとして分類できようから、このはなしⓐ「婆子焼庵《ばすしょうあん》」を、かりに「い」のグループとしておきたい。

禅僧と婆子（婆ァさん）のはなしについては、だいたい、以上みてきたとおり、

「あ」（①から④、⑤）のグループ、「い」（ⓐ）のグループ

に二分類できる。

次に掲《かか》げるのは、これらの二分類パターンともまた違っている。ここにでてくるのは、禅僧と婆子ではなくして、おなじ修行なかまの禅僧（禅学・学人）と尼僧とのはなし（「う」）のグループである。

倶胝和尚と実際尼

ここにかかげるⓑ（『碧巌録《へきがんろく》』第一九則「倶胝の指頭禅《しとうぜん》」）もしくはⓒ（『従容録《しょうようろく》』第八四則「倶胝一指」の評

唱）は、他人《ひと》に何か問われても、ただユビ一本だけを竪《た》てて、そのたずねられた問いかけに答えたという、そういう公案ばなしで有名な倶胝《ぐてい》和尚にかんするもので、もうすこし詳細にいうならば、倶胝和尚と、その和尚の住庵《いおり》をたずねてきた実際《じっさい》という名の尼僧との問答である（この倶胝禅師については、『無門関』第三則「倶胝竪指《ぐていじゅし》」の公案「倶胝和尚、凡《およ》そ詰問《きつもん》すること有《あ》れば、唯《た》だ一指を挙《こ》す」や、さきほどのⓑ〈『碧巌録』〉、あるいはⓒ〈『従容録』〉などの公案でよく知られている＊2）。

まず、ⓑ（『碧巌録』第一九則「倶胝の指頭禅」）についてとりあげると、以下のとおりである。

ⓑ「倶胝指頭禅《ぐていしとうぜん》」（または「倶胝只《ぐていた》だ一指を竪《た》つ」）……「初め住庵《じゅうあん》の時、一尼《にあ》有り、実際《じっさい》と名づく」＊3

この公案「倶胝《ぐてい》の指頭禅《しとうぜん》」（ⓑ）の中に、倶胝和尚と「実際《じっさい》」という名の尼僧とのやりとりがでてくる。「初め住庵の時」とは、次のⓒにもあるよう、和尚がまだ天台山《てんだいさん》に庵《いおり》をかまえて住していたおりのことである。

さらには次にとりあげる公案ⓒ（『従容録』「倶胝一指」の評唱）中にもやはり、ⓑと同じように実際尼との応答がでてくる。

ⓒ「倶胝一指」……「婺州金華山《むしゅうきんかざん》の倶胝和尚。初めて天台に庵《いおり》す。尼有り、実際《じっさい》と名づく」＊4

……天台山にあって庵《いおり》ずまいしていたある一日、実際《じっさい》という名のひとりの尼僧がやってきた、と。

記述の①ないし④、⑤の禅僧と一老婆のやりとり、さらには、それ（①〜④）の変型であるⓐ「婆子焼庵《しょうあん》」（婆子焚庵）、さらには倶胝和尚と実際尼《じっさいに》の問答をえがいたⓑ「倶胝指頭禅」やⓒ「倶胝一指」とに分けてその関係をみてきた。……この倶胝《ぐてい》和尚と実際尼《じっさいに》のはなしをくくって「う」（ⓑ・ⓒ）とする。

このように、婆子（婆ァさん）と修行僧とのやりとりをえがいた公案（あるいは語録）としては、そのパターンに幾つかがある。それは、[あ]……①から⑤、[い]……ⓐ、[う]……ⓑとⓒなどである。
ただ少し構成の変わったものとして、『五燈会元《ごとうえげん》』中のⓐ「婆子焼庵《しょうあん》」の話があったり、あるいは〝一指頭《しとう》の禅〟でしられる倶胝和尚と、その和尚に奮起《ふんき》を求めさせようとして訪《おとな》った女傑《じょけつ》（女丈夫）の尼僧＝実際尼《じっさいに》のはなし（ⓒ）など、禅僧と老婆（尼僧）の組み合わせばなしは公案中に事欠かないだろう。

これらにえがかれた老婆（や尼僧）は、その長《た》けた才知《さいち》をもってして、道の修行者である雲水《うんすい》僧（修行僧・行脚僧）たちを何かと戸《と》まどわせているが、老婆は修行僧を、ただいたずらに困惑させるいっぽうではない。よくよくみると、じつはこの老婆こそ、修行者の理解者（援護者）であることもまた伺《うかが》いしることができよう。

それは、〝実際〟という名の尼僧が、倶胝和尚の胸底《きょうてい》にひそむ道心《どうしん》を煽《あお》りにあおって（つまり難題をふつかけるようにして和尚に拶着《さつじゃく》〈詰問〉して）、そのうえ、大いなる奮起《ふんき》をうながして、ついには一生涯、用いても使いつくすことのない（「三十年用不残」〈『従容録』〉）〝一指頭の禅〟なるものを、倶胝和尚に発明《ほつみょう》させて（さとらせて）いるのをみれば、そのこともまたよく理解できる。

さて、ここでは公案そのものの詮索《せんさく》はさておいて、修行者と老婆（尼僧）との組み合わせをセットとする、さきにかかげた公案《こうあん》[あ]のグループのはなしについて、いま少し詳察してみたい。

老婆の一拶——「趙州の勘婆」「台山の婆子」（「[あ]」〈①—⑤〉）

① **「趙州の勘婆《かんば》」**（『無門関』第三一則）

趙州、因《ちな》みに僧、婆子《ばす》に問う、「台山《たいざん》の路、甚《いずれ》の処《ところ》に向《むか》ってか去る」。婆云《いわ》く、「驀直去《まくじきこ》」。僧、纔《わずか》に行くこと三五歩。婆云く、「好箇の師僧、又《ま》た恁麼《いんも》にし去《さ》る」。後《のち》に僧有《あ》って〔趙〕州に挙似《こじ》す。〔趙〕州云《いわ》く、「我《わ》が去《い》って你《なんじ》が与《た》めに這《こ》の婆子《ばす》を勘過《かんか》するを待《ま》て」。明日便《すなわ》ち去《い》って亦《ま》た是《かく》の如《ごと》く問う。婆も亦《ま》た是《かく》の如く答う。〔趙〕州《しゅう》帰って〔大〕衆《しゅ》に謂《い》って曰く、「台山《たいざん》の婆子、我《わ》れ你《なんじ》が与《た》めに勘破《かんぱ》し了《おわ》れり」。

〔趙州和尚は、あるとき僧が一人の老婆に、「五台山への道はどこですか」と尋ねたら、老婆が「真っ直ぐ行きなされ」と言うので、三、五歩行くと、老婆が、「なかなかの坊さんに見えたが、やっぱり同じように行きなさるわい」と言ったという話を聞いて、「よし、ひとつ俺が出て行って、その婆《ばば》あを見届けてやろう」と言われた。趙州和尚が明くる日、すぐに出かけて行って同じように道を尋ねられると、老婆はまた同じように答えた。趙州は帰ってきて門下の大衆を集めると、「おれはお前たちのために、あの五台山の婆あを見破ってしまったぞと」と言われた〕（西村恵信訳注『無門関』一二八頁）

次の『従容録《しょうようろく》』第十則「台山《たいざん》の婆子《ばす》」（②）の話は、『景徳伝燈録《けいとくでんとうろく》』巻第十（③）や、『五燈会元《ごとうえげん》』巻四（「趙州禅師」章、二〇一頁。後出参照）（④）の中にもとりあげられるが、もっともよく知られているのは、いまかかげた『無門関《むもんかん》』第三十一則「趙《じょう》州《しゅう》の勘婆《かんば》」（①）であり、また『趙州録《じょうしゅうろく》』（下）中の話＊5である。

②「台山の婆子」（『従容録』第一〇則）

本則　台山《たいざん》路上に一婆子《ばす》あり。〔傍城庄家、道《みち》を挟《さしはさ》む兎《と》〕凡《およ》そ僧あって、台山《たいざん》の路《みち》、什麼《いずれ》の処《ところ》に向《むか》ってか去ると問えば、〔一生行脚《あんぎゃ》して去処《きょしょ》も也《ま》た知らず〕婆云《いわ》く、驀直去《まくじきこ》。〔未だ好心《こうしん》に当らず〕僧、纔《わずか》に行く。〔賊を着《つ》くることだも、也《ま》た知らず〕婆云《いわ》く、好箇の阿師、又《ま》た恁麼《いんも》にし去れり。〔儞《なんじ》、早く侯白《こうはく》〕

僧、趙州《じょうしゅう》に挙似《こじ》す。〔人平らかにして語《い》わず〕〔趙〕州云《いわ》く、待《ま》て与《ため》に勘破《かんぱ》せむ。〔水平らかにして流れず〕〔趙〕州亦《ま》た前《さき》の如《ごと》く問う。〔陥虎《かんこ》の機《き》〕来日《らいじつ》に至って上堂《じょうどう》に云《いわ》く、我《わ》れ汝《なんじ》が為《ため》に婆子を勘破《かんぱ》し了《おわ》れり〔我れ更に侯黒《こうこく》〕＊6

台山《たいざん》は、太原府《たいげんふ》（山西省）代州五台県東北一四〇里の地にある山で、五台山《ごだいさん》のこと、略して台山という。五台山《ごだいさん》は東台・西台・南台・北台そして中台の五峰《ごほう》よりなるが、盛夏のころでも暑さ知らずの聖地だというから、別名を清涼山《せいりょうさん》という。

普賢菩薩《ふげんぼさつ》の峨眉山《がびさん》、観音菩薩の補陀落山《ふだらくさん》とならび称せられる、中国の三大仏教聖地のひとつで、ここ台山は、文殊《もんじゅ》信仰の聖地（霊場）でもある。

加藤咄堂氏（修養大講座9『従容録』（一））に、

路上は山下の路《みち》ばたということですが、『禅林類聚《るいじゅう》』第九尼女門には「五台山下に一婆子有って接待す」とあり、路《みち》ばたに茶屋掛《ちゃやが》けでもして、旅人に茶などを振舞《ふるま》っていた一老婆があった＊7

とあって、この老婆は五台山の山下にあって、修行僧やこの霊場をおとずれる参詣客があると、茶や菓子などをふるまって接待《せったい》していたようである。

これはちょうど、わが国の四国八十八箇所の遍路《へんろ》のようなものであろう。四国を順礼《じゅんれい》するお遍路さんのため、接待所《せったいじょ》をもうけて、茶湯《さとう》ないしは茶菓《さか》を饗応《きょうおう》し、往来《ゆきき》の遍路者をねんごろにもてなす、この婆は、そのような役をもって、台山山麓《さんろく》にあって、五台山巡《めぐ》りの僧俗を相手に接待《せったい》していたのである。

引文中の、驀直去《まくじきこ》の驀はバクと訓《よ》み、マッシグラ、ニワカ、タチマチの意味である。驀進《ばくしん》というと、直進スルということ。したがって驀直《まくじき》は、タダチに、マッシグラに、の意で、驀直去《まくじきこ》というと、マッシグラに去《ゆ》け、マッスグに去《ゆ》け、ということである。

婆子《ばす》とは、老婆のこと。とはいっても、「婆子」の語においた著語《しゃくご》（割《わり》註《ちゅう》形式の短評）中にもある（傍《ぼう》城《じょう》庄家《しょうけ》、道《みち》を挟《さしはさ》む兎《と》）ように、この婆ァは〝ただ者〟の老女ではない。「兎《と》」とは、虎《とら》の意。「兎は菟の音通《おんつう》、於《お》菟《と》の略で、古代楚国の方言に虎のことを於菟と呼んだ。大虫《だいちゅう》と同じく虎《とら》の異名としてもちいられ〔た〕」（加藤前掲書、二七三頁）。ここでは〝城下はずれ〈傍城〉の一軒家〈庄家〉の道端《みちばた》にいる虎〟（同）。つまり、婆子を〝虎〟にたとえているのである。

また本則（公案）中の「好箇《こうこ》の阿師《あし》」とは、「好師《こうし》」のことであり、すぐれて立派な僧（『禅学大辞典』）が本来の意。が、ここではそれに揶揄《やゆ》の意をふくめて、〝お人よしの僧〟とよんでいるのである。

著語《じゃくご》の中にでくる「侯白《こうはく》」や「侯黒《こうこく》」はともに、賊《ぞく》（盗人）のことである。侯白は男の賊、侯黒は、侯白の更《さら》に上をいくというすご腕《うで》の女盗人《ぬすっと》（註6を参照のこと）。

趙州（あるいはたんに〝州〟）は、趙州従諗《じょうしゅうじゅうしん》禅師のこと。

挙似《こじ》は、挙示、と同じ。したがって、挙《あ》げて示す、という意味で、僧はたずねていった趙州観音院の主《あるじ》＝従諗《じゅうしん》禅師に「こんなことがありました」と注進しているのである。

勘破《かんぱ》は、見破る、ことである。

趙州観音院のあるじ従諗禅師

南泉の会下にあって大悟。師に「如何なるか是れ道」と問われ、「平常心是れ道」と。

なおこの公案（「台山の婆子」『従容録』第一〇則）の示衆《じしゅ》中の「塵労魔外《じんろうまげ》、尽《ことごと》く指呼《しこ》に付し……」の塵労とは、漱石《そうせき》の『行人《こうじん》』の終章タイトルにも用いられているが、〝煩悩〟の意、魔外は天魔外道《てんまげどう》の意である。

③**「南嶽第三世　南泉〔普〕願嗣　趙州諗」章**（『景徳伝燈録』巻一〇）

僧有り。五台に遊び、一婆子《ばす》に問うて云く、「台山の路、什麼《いずれ》の処《ところ》に向ってか去る」と。婆子云く、「驀直に恁麼《いんも》に去れ」と〔まっしぐらに、このままゆけ、の意。驀直去は禅門でよく用いられる語〕。僧、便《すなわ》ち去る。婆子云く、「又《ま》た、恁麼《いんも》に去れり」と。其の僧、師に挙似《こじ》す。師云く、「待ちて我れ去り、遮《こ》の婆子を勘破《かんぱ》せん」と。師、明日に至り、便《すなわ》ち去って問う、「台山の路《みち》は什麼《いずれ》の処《ところ》に向ってか去る」と。婆云く、「驀直《まくじき》に恁麼《いんも》に去れ」と。師、便《すなわ》ち去る。婆子云く、「又《ま》た、恁麼《いんも》に去れり」と。師、院に帰り、僧に謂《い》いて云く、「我《わ》れ汝が為《た》めに遮《こ》の婆子《ばす》を勘破《かんぱ》し了《おわ》れり」と*8

南泉普願《なんせんふがん》（池州南泉山の普願）は、七四八年から八三五年の人。南岳下《なんがくか》の禅僧で、馬祖道一《ばそどういつ》（七〇九―七八八）の嗣《し》（あとつぎ）。よく知られた公案の「南泉斬猫《ざんみょう》」は『碧巌録《へきがんろく》』第六三、・南泉、両堂に猫を争う―六四則・南泉、趙州に問うや『無門関《むもんかん》』一四・南泉、猫を斬る中あるいは『従容録』第九則・南泉斬猫中にでてくる。南泉普願の嗣法《しほう》の弟子に、本項の趙州従諗《じょうしゅうじゅうしん》（七七八―八九七）や、そのほか長沙景岑《ちょうさけいしん》（不詳）らがいる。

④**「趙州観音院従諗禅師」章**（宋普済著『五燈会元』巻第四、二〇一頁〈中国仏教典籍選刊〉）

僧有り。五台に遊び、一婆子に問ふて云く、「台山《たいざん》の路、甚麼の処に向ってか去る」と。婆曰く、「驀直去《まくじきこ》」と。僧、便《すなわ》ち去る。婆曰く、「好箇《こうこ》の師僧、又た恁麼《いんも》に去れり」と。後《の》ちに僧有り、師に挙似《こじ》す。師曰く、「我が去って勘過するを待て」と。明日、師、便ち去って問う、「台山の路《みち》、甚麼《いずれ》の処《ところ》に向ってか去る」と。婆曰く、「驀直去」と。師、便《すなわ》ち去る。婆曰く、「好箇《こうこ》の師僧、又《ま》た恁麼《いんも》（このように）に去れり」と。師、帰院して僧に謂《い》って曰く、「台山の婆子、汝《なんじ》が為《た》めに勘破《かんぱ》し了《おわ》れり」と

師といわれている趙州従諗《じょうしゅうじゅうしん》（趙州観音院の従諗）は南岳下《なんがくか》の、唐末の禅僧である。公案「趙州の狗子《くす》」（狗子仏性）は『無門関』第一則中のよく知られた話。南泉普願《ふがん》禅師の嗣《し》。世寿《せじゅ》は百二十歳。

①ないし④の記事をみてきたが、ここで留意しておきたいことは、いずれの引用中にも、台山《たいざん》をおとずれる道のなかばでその行方《ゆきかた》（道順）をたずねてきた僧のことを、婆ァさんは、「好箇《こうこ》の師僧」①といい、あるいは「好箇《こうこ》の阿師《あし》」②とよんでいる。さらにはただ、「其《そ》の僧」③とのみよんでいる。ではこの④ではどうか、というと、さきの①と同じく、「好箇の師僧」とよんでいるのである。

まず「好箇の阿師」とは、すぐれて立派な僧（好師＝好〔箇の阿〕師）がほんらいの意だが、ここではいまもみてきたように、老婆がよんでいるその呼びかたには揶揄《やゆ》（からかい）の意がふくまれている。つまり老婆は、それらの僧たちを、けっして敬《うやま》って〔好師と〕よんでいるのではなく、かれらをからかって、「お人よしのお坊さんだよ」とよんでいる。こうしていずれの僧たちも、婆ァに「賊《ぞく》」をつけられてしまっている――有《も》っているあらゆる禅機《ぜんき》という禅機を奪われてしまった。そしてそのことをもまた、かれ〔ら〕は知らないでいる（賊《ぞく》を着《つ》くることだも、也《ま》た知らず）。

婆ァにそのように（お人よし）からかわれたと知った僧は、そのことを趙州観音院《じょうしゅうかんのんいん》で、じつは麓《ふもと》の茶店の婆ァに、こんなことをいわれたのですよ、と訴えている。

すると院主の趙州従諗《じょうしゅうじゅうしん》禅師は、「では、ひとつ、わしがその婆さんをとっちめてやろう（見破って

やろう)」という。そして同公案では、趙州がその婆ァさんをとっちめた(勘破した)という展開になっているが、じっさい、どのような手段を用いたのか、あるいは、どうやって、それを見破ったかは何ともえがかれていない。

①『無門関《むもんかん》』第三十則「趙州の勘婆《かんば》」は、『従容録《しょうようろく》』第十則の②「台山《たいざん》の婆子」、さらには燈史の『景徳伝燈録』巻第十の③「趙州」章や『五燈会元《ごとうえげん》』巻第四の④「趙州観音院従諗禅師」章もこれとほぼ同じである。

次の『祖堂集《そどうしゅう》』(燈史)の記事は、これまでに掲げた『無門関』(公案集)ほかの記述――「台山の婆子」のそれとでは少し異なっている。ただし、これもさきほどと同じく趙州禅師に関する記事である。

⑤「**趙州**」章(『祖堂集』〈世界の名著 続3、柳田聖山「禅語録」五六二頁〉)

ある男が老婆にたずねる、『趙州《じょうしゅう》にゆくのは、どの道をゆくのか」

婆、「まっすぐにゆきなさい」

僧、「西にゆくのではないか」

婆、「ちがう」

僧、「東にゆくのではないか」

婆、「やはりちがう」

ある男が先生に話す。先生はいう、「老僧が自分でいってテストしてやる」

賊

賊とは一般に盗賊の意。これについては、侯白・侯黒といった男・女の盗賊の名がよくしられている。

語録中の〝賊〟は、「相手の妄想・分別を奪いとる禅者の機用・作略をたたえていう」(『禅学大辞典』)。

「賊」字を含む禅語。

・賊過ぎてのち弓を張る(賊過後張弓《ぞくかごのちょうきゅう》)
・賊鎗を奪って賊を殺す(奪賊鎗殺賊)
・賊身已に露る
・賊、賊を識る(蛇の道は蛇)

先生は自分でたずねにゆく、「趙州にゆくには、どの道をゆくのか」

婆、「まっすぐにゆきなさい」

先生は、院にかえって弟子たちにいう、「してやったぞ」

このはなしについて柳田師は注記〈まっすぐにゆきなさい〉して、
原文は「驀直去《まくじきこ》」。のちに『無門関』第三十一則に収められる話だが、構成はやや異なる。趙州観音院にゆく道を尋《たず》ねているところがおもしろい。


とあって、『祖堂集《そどうしゅう》』では、僧は老婆に「趙州（観音院）にゆく道」を尋ねているが、これまでもみてきたように、『無門関』や『従容録《しょうようろく》』、あるいは『景徳伝燈録』や『五燈会元《ごとうえげん》』など、いずれもが「五台山への道」を尋ねている。

すでにふれたが、老婆と僧とがワンセットとなっている公案「い」の中でも、次にあげるのは、以上にみてきたストーリーとは少し異色のはなしから成りたっている。

老婆と禅僧と妙齢の女子（「い」〈ⓐ〉）

ⓐ「**婆子焼庵**」（『五燈会元 中』巻第六）

昔、婆子有り。一《ひと》りの庵主を供養して、二十年を経たり、常に一《ひと》りの二《に》八《はち》（一六）の女子をして飯《はん》を送り給侍《きゅうじ》せしむ。一日、女子をして抱定《ほうじょう》せしめて(だきつかせて)、曰く、「正恁麼《しょういんも》の時、如何《いか》ん」と。〔庵〕主曰く、「枯木寒巌《こぼくかんがん》に倚《よ》る、三冬暖気《とうだんき》無し」と。女、婆に挙似《こじ》す。婆曰く、「我《わ》れ二十年、祇《た》だ箇《こ》の俗漢を供養《くよう》し得」と。遂《つい》に遣出《けんしゅつ》し、庵を焼却《しょうきゃく》す＊9

ある老婆がひとりの禅僧を長いこと供養してきた。二十年たったころに、かの僧も、もう、だいぶ修行も積《つ》んできたろうからとおもい、婆は、いつもの給仕《きゅうじ》がかりの、十六歳ばかりの女《むすめ》に命じて、彼の僧に抱きつかせ、このようなとき（正恁麼《しょういんも》の時）、貴僧《あなたさま》は、どのようなお気持ちですか、とたずねさせた。すると、くだんの僧は「枯木《こぼく》寒巌に倚《よ》る、三冬《とう》暖気《だんき》無《な》し」＊10と、なんとも無愛想《ぶあいそう》なもの言いである。

それを聞いた老婆は、「ああ、この二十年間、わたしはあのような俗物《ぞくぶつ》を供養してきただけだったのか」といって嘆《たん》じた。いや、そればかりではない、彼《か》の僧を庵から放逐《ほうちく》すると、その僧が住《す》まわっていたところまで焼いてしまった（『五燈会元』巻第六）。老婆は、「人情みもない〝木石漢《ぼくせきかん》〟を養ってきたのではない、そのような僧の庵《いおり》していたところなど、焼き捨ててくれよう」といって憤慨《ふんがい》しているのである。

老婆が庵主を点検した逸話。（……中略……）この公案の狙いは折角供養した庵主が、真の仏道の修行をしているのではなくて、ただ自己の欲求を抑制して枯木（枯れた立ち木）寒巌になる（枯れ木に、冷たい岩の謂だが、冷淡で取っつきにくい態度のたとえ）という誤《あやま》った修行を目指したことである。真実の修行は単なる欲求の抑制ではなく、本来の自己の面目を明らめるべきことにあることを示した公案

（『禅学大辞典』一〇二〇頁）

岡本一平著『一平全集』第１巻
（先進社、昭和４）

小説家の岡本かの子に、「婆子焼庵」に素材をとった短い小説（掌編）に、題名もずばり「誘惑」（『仏教

人生読本』第一七課）なる一章がある。夫の岡本一平（漫画家。一八八六―一九四八）にもまた、公案名そのもののタイトルをかりた「婆子焼庵」のはなしがあって、夫婦ふたりながらにして、この禅話《ぜんな》に興味をしめしている。それはなにも岡本夫妻などばかりではない。

江戸期の禅者一休宗純《そうじゅん》（一三九四―一四八一）も、その禅詩集『狂雲集《きょううんしゅう》』の中で、「婆子焼庵《ばすしょうあん》」をとりあげて、次のような詩を詠んでいる（平野宗浄『狂雲集全釈』上、春秋社版より）。

　昔、一婆子あり、一庵主を供養す。二十年を経て、常に一《ひとり》の二八《にはち》の女子をして送飯給侍《そうはんきゅうじ》せしむ。一日、女子をして抱定《ほうじょう》して云わしむ、正恁麼《しょういんも》の時如何《いかん》と。庵主云く、枯木《こぼく》、寒岩《かんがん》による、三冬暖気《さんとうだんき》なしと。女子帰って挙似《こじ》す。婆子云く、我二十年、只《た》だ箇《こ》の俗漢を供養し得たりといって、追出《おいだ》して庵を焼却す。

老婆《ろうば》心《しん》、賊の為に梯《かけはし》を過《わた》し、（老婆の親切心は、まるで賊のためにてびきをしてやったようなものだ）
清浄《しょうじょう》の沙門《しゃもん》に女妻《にょさい》を与《あた》う。（清浄づらをさげた坊さんに、娘をあたえたのだから）
今夜《こんや》美人　若し我を約《やく》せば、（今夜もし美人が私を抱くならば）
枯楊春老《こようはるお》いて更に稊《ひこばえ》を生ぜん。（枯れたやなぎが晩春に新しい芽を出すであろう）

二八女子＝十六歳ぐらいの女子、妙齢の女子をいう。
送飯＝もとの意味は、死者のあった家の人が、鎮守社の側に仮小屋を作って住み、両三日間、妻女などが飯をはこぶをいう。
正恁麼時＝俗語で、まさにこのような時。

約《やく》＝ここではおそらく抱くことをいう（約には、誘う、招く、などの意もある……引用者注記）。

稊＝伐った草木の根株から出た芽。ひこばえ（以上、平野宗浄師による注記）。


仏教学者の市川白弦《はくげん》師＊11も、このはなしについて触れ、「享保十六（一七三一）年也来編『続一休咄』につぎの逸話がある」云々といって、この老婆について、もう少し敷衍《ふえん》して紹介している。つまりこの老婆は、「禅法に深く帰依し、草菴をたて禅の老僧を供養し、常に法を聞きて二十年許も此僧をうやまいたり」と、也来《らいや》編『続一休咄』で、そうのべている。也来とは、三宅也来のことである。

慧《え》嵬《かい》と天女《てんにょ》——梁高僧伝より

さきには燈史《とうし》（『五燈会元』）や、さらに加えて、一休宗純《そうじゅん》の禅詩集『狂雲集《きょううんしゅう》』をも援用して「婆子焼庵」のはなしをあげ、婆子と一少女、それに禅僧とのかかわりをみてきた。

ここでは〝高僧伝〟中より、慧《え》嵬《かい》という禅僧と眉目秀麗《びもくしゅうれい》な天女《てんにょ》のはなしについてみてみたい。

形貌《けいぼう》（かたち）端正《たんせい》な顔立ちの美女（天女）にいいよられても、「わたしの心は、〝死灰《しかい》〟のようなものだ」と、鉄案のごときことばをはいた慧《え》嵬《かい》という禅僧がいる。

かれは「何許《いずこ》の人なるかを知らず」と、伝（『梁高僧伝』巻第一一の「習禅」篇）にあるように、その詳細は明らかではない。

〝死灰〟とは、「火の気がなくなってしまって冷たくなった灰《はい》」のことであり、転じて、「生気のないもの、情などに動かされない枯れた心のたとえ」（『日国』）のことをもいう。

これは、先ほどの「老婆が庵主を点検した」はなしからすると、まさに老婆が罵《ののし》った〝木石漢《ぼくせきかん》〟、つまり、いささかも男女間の情愛・機微を解さない〝俗物〟のたぐいに属する僧のはなしということになろう。

鎌田茂雄（一九二七―二〇〇一）氏は、その著『中国の禅』の中で、「後代の禅宗において、女人を受け入れず拒否した禅者は、未だ境涯が不徹底であるという話があるが、それはそれでよい」とのべ、そのうえで、求道の僧慧嵬《えかい》の名をあげ、あえて顕彰《けんしょう》しておられる。

というのも、この慧嵬《えかい》という禅僧、生没年や生地（本貫《ほんがん》）など知られていないが、『梁高僧伝《りょうこうそうでん》』中の「釈法顕」の項《こう》にもみえて、「晋《しん》の隆安《りゅうあん》三年（三九九）を以て、同学の慧景《えけい》・道整《どうせい》・慧応《えおう》・慧嵬《えかい》等とともに、長安《ちょうあん》より発して西のかた流沙《りゅうさ》を渡る」とあるよう、かの法顕《ほっけん》（生没年不詳）らとともに釈迦ゆかりの地インドを訪れ、そのおみ足の軌跡《あと》を慕《した》う西域・西天への旅にいどんでいる。

それはあたかも、釈迦をしたってインド行を計画したわが国栂尾《とがのお》（京都）の明恵上人《みょうえしょうにん》（一一七三―一二三二）のごとき人物だとも、あるいは空海《くうかい》上人の弟子で、八六二年（貞観四）に入唐《にっとう》、さらに八六五年に海路インド(天竺《てんじく》)行きをこころざし、その旅の途中、南海の羅越国《らえつ》(マレー半島付近)で客死《かくし》した真如《しんにょ》(高丘親王《たかおかしんのう》。七九九―?)のような人物だともいえよう。

鎌田氏は同書の中で、さらにこう述べて同項（「慧嵬」）を結んでおられる。

> 慧嵬《えかい》は法顕《ほっけん》とともに旅だったが、その終るところを知らずと伝記は伝えている。砂漠の真只中で水に渇し、食もない流沙とゴビタン(砂石の海)の中で、まさに死なんとする刹那、美しい蜃気楼の中には宮殿があり、天女がほほ笑んでいた。その天女はかつて終南山の山中で慧嵬を

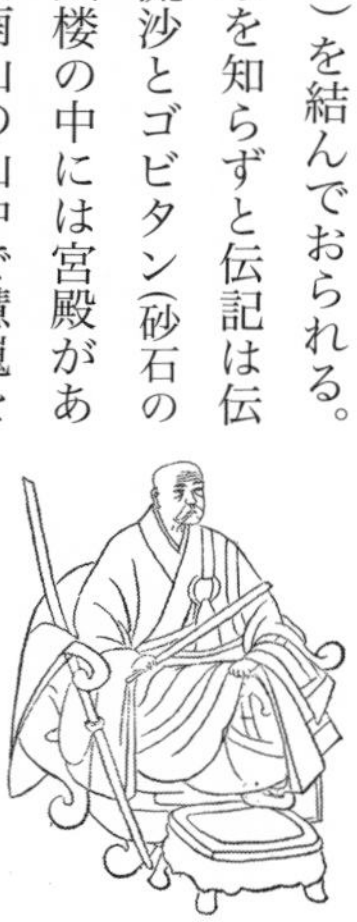

一休

誘惑した天女であったかもしれない（鎌田茂雄「中国の禅」三〇頁）

『仏国記《ぶっこくき》』（法顕伝）の著者＝法顕《ほっけん》（年不詳）が印度行（渡天《とてん》の旅。入竺記）を試みたのは隆安《りゅうあん》年間（三九七―四〇一）、なんと六十歳の頃のこと＊12。かれの目的は律蔵《りつぞう》（戒律聖典）の探求・将来《しょうらい》（請来）であった。

慧嵬の、法顕とのであいのシーンを、「老体にむちうち、釈迦の生まれたインドを訪れ、釈迦の生きた跡をこの目で見ようと志した法顕《ほっけん》と出会った。慧嵬《えかい》は歓喜《かんぎ》に燃えた。渡天のこころざしにすべてをかけたのであった」（同前）と、鎌田氏はえがいている。

次はその禅僧慧嵬《えかい》と、ひとりの天女のような人物のはなしである。たとえば「釈慧嵬《えかい》」の伝（『梁 高僧伝《りょうこうそうでん》』巻第一一「釈慧嵬四《しゃくえかい》」）には、こうある。

釈慧嵬《えかい》は、何許《いずこ》の人なるかを知らず。長安《ちょうあん》の大寺に止りて、戒行澄潔なり〈戒律に基づく行いは清潔そのもの〉。多く山谷に栖処して〈おおむね山谷で生活し〉、禅定の業を修《おさ》む。一無頭鬼ありて来《きた》る、〔慧〕嵬の神色変ずること無く〈慧嵬は表情ひとつ変えることなく〉、乃《すなわ》ち鬼に謂《い》って曰く、「汝既に頭無し。便ち頭痛の患《うれい》無からん。一に何ぞ快なる哉《かな》」と。鬼便《すなわ》ち形を隠す。復《ま》た無腹鬼と作《な》りて来る。但《ただ》手足あるのみ。〔慧〕嵬又曰く、「汝既に腹無し、便ち五蔵の憂《うれい》無からん。一に何ぞ楽しき哉」と。須臾《しゅゆ》にして復《ま》た異形《いぎょう》を作《な》す。〔慧〕嵬皆《み》な言に随《したが》って之《これ》を遣《や》る。

これが、「釈慧嵬」伝の前段に相当する箇所《くだり》である。そしてこの後半に、ここでとりあげる、テーマ〝禅僧と女人〟にかんする記事がでてくる。

後又時に天甚《はなは》だ寒くして雪ふる。一女子あり、来りて寄宿を求む。形貌端正《ぎょうみょうたんしょう》、衣服《えぶく》鮮明〈顔だちは端正、衣装は鮮やかで〉、姿媚柔雅にして〈容姿はなまめかしくしとやかである〉、自ら天女と称す。

「上人徳あるを以て、天、我をして来り以て相慰喩《いゆ》せしむ〈天は私を遣わしてお慰めさせることとしたのです〉」と。欲言を談読して勧《すす》めて其の意を動かす。〔慧〕鬼、志を執《と》ること貞確に、心を一にして擾《みだ》す無し。乃《すなわ》ち女に謂《い》って曰く、「吾が心は死灰《しかい》の若《ごと》し〈私の心は火の気のない灰のよう〉、革嚢《かくのう》を以て試みらるること無し」と。女遂《つい》に雲を陵《しの》ぎて逝《ゆ》く。顧みて歎《たん》じて曰く、「海水竭《つ》く可し、須弥《しゅみ》傾く可し、彼の上人は、志を秉《と》ること堅貞なり」と。後、晋《しん》の隆安三年を以て法顕《ほっけん》と倶《とも》に西域《せいいき》に遊び、終る所を知らず（国訳一切経史伝部『梁高僧伝』二四八頁）

これが、慧皎《えこう》（四九七―五五四）の撰になる『高僧伝』（「大蔵経」巻五〇）中の記事である＊13。文中の慰喩《いゆ》とは、ナダめサトす、の意。このところは岩波文庫版（『高僧伝』㈣）によると、「天は私を遣わしてお慰めさせることとしたのです」と。「〔慧〕鬼、志を執《と》ること貞確に、心を一にして擾《みだ》す無し」とは、「慧嵬はしっかりと心を保ち、ひたすら一心に動揺することなく」（岩波前掲書）とある。革嚢《かくのう》は、〝皮ぶくろ〟で、飯袋子《はんたいす》（飯ぶくろ）とか臭皮袋《しゅうひたい》（きたない皮ぶくろ）とかのことばもある『禅学大辞典』。

また、文末の「終る所を知らず」とは、どういうことをいっているのだろうか。「その後については分からない」（岩波版）とあるから、インド（西域《さいいき》）をめざした慧嵬のその後のこと（消息）については〝詳らかならず〟ということだ。かれは法顕《ほっけん》らとともにインドをめざした（三九七―四〇一年）のだが、法顕は十五年後（四一二年）に、ひとりで故国の地（中国）を踏んでいる（『日国』『大辞林』）。かれの業績としては将来《しょうらい》した（もちかえってきた）『摩訶僧祇律《まかそうぎりつ》』四十巻や『大般涅槃経《だいはつねはんぎょう》』六巻などの漢訳がある。

鎌田茂雄氏は『中国の禅』の中で、このはなし（「流沙の彼方に――釈慧嵬」）についてふれているが、その前半は、「頭の無い鬼」や「腹の無い鬼」のはなしがえがかれており、それら鬼神にであっても、慧嵬《えかい》の心はいささかも動じるところがなかった。さらに後半では、雪深い山中で修行にはげみ務める慧嵬《えかい》のもとに美女（天女）がやってきて、かれの堅固《けんご》なる意志が不変のものかどうかを試《ため》そうとする。

終南山の冬は厳《きび》しい。寒風吹きすさび、霏々《ひひ》として雪が降る。坐禅をしている五体は寒気のためしばれるばかりとなる。一人の女人《にょにん》が慧嵬《えかい》の住んでいる草庵《そうあん》に来て宿泊を乞うた。その姿態《したい》は柔《にゅう》和《わ》であり、顔、貌《かたち》は端正であり、美しい衣服をまとっていた。一言でいえば色気ある美女であった。自ら自分は天女であると語った。その天女は慧嵬に言った。

「和尚さまは大へんに徳の高い方だと聞いております。そこで天は私を遣わして、あなたさまを慰めするようにとのことでございます」と。この女人は何としても慧嵬の気持を動かそうとした。

　寒風吹き、冬雪舞う山中の草庵で五体の奥まで凍《こお》りついている時、暖かな女人が目の前に立ったのだ。まさしく天女が降臨してくれたのだ。女色を絶った肉体にも血が奔流《ほんりゅう》するにちがいないのだ。人恋《こい》しい思いにかられて女人を宿泊させるにちがいないのだ。たとえ女人を抱くことがなくても、草庵の一室に宿泊させるにちがいないのだ。

慧嵬の意志は微動《びどう》だにしなかった。心を専一にしている慧嵬の意志を乱すことができなかった。慧嵬は女人に言った。「自分の心は燃え残った灰のようなものである。どんなに暖気のある肉体をもって試してもそれは無駄《むだ》なことである」と。慧嵬の微動だにしない心を確かめた女人は、そのまま雲に乗って天に上っていったのであった（鎌田前掲書二八頁）。

ここが『梁高僧伝《りょうこうそうでん》』中にえがれた、当該の箇所である。

このはなしは、さきほどの「婆《ば》子《す》焼庵《しょうあん》」とほぼ同趣のはなしである。がしかし、登場人物としては婆子は姿を見せず、天女だという〝絶世の美女〟と、勁《つよ》い意志をもったひとりの修行僧との問答からなっていて、あえて分類するならば、「婆子焼庵」の変形譚《たん》とでもいえよう。

女丈夫の実際尼と、一指頭づかいの禅者倶胝（「う」）〈ⓑ—ⓒ〉

以上のストーリーとはちがって、同じ道をこころざす男女の修行者（僧と尼僧）どおしのはなしが存する（「う」）。それを次に紹介しよう。ただし、ⓑ『碧巌録《へきがんろく》』とⓒ『従容録《しょうようろく》』の話《わ》は同趣の類則である。

この禅話の主人公たる倶胝《ぐてい》和尚（不詳）にかんする公案ばなしは語録中に幾つか知られている。その中に、倶胝和尚のワキ役として女丈夫《じょじょうぶ》とでもいうべき尼僧実際《じっさい》の活躍をえがいた公案がある。

まずはよく知られている『無門関《むもんかん》』中の「倶胝、指を竪《た》てる」の公案そのものをみてみよう。

倶胝和尚、凡《およ》そ詰問《きつもん》有れば、唯《た》だ一指《し》を挙《こ》す（『無門関』第三則「倶胝竪指」の本則）

これは「一指頭《しとう》の禅」としてしられていて、唐代の禅僧＝倶胝和尚はいかなる問いにも、師の天龍《てんりゅう》和尚＊14直伝《じきでん》といわれる〝指〟一本をたてて応答されたという。

さらに次はその一指頭の教えに由来した公案「倶胝指頭禅《しとうぜん》」『碧巌録』である。そこには、こうある。

ⓑ「**倶胝指頭禅**」（『碧巌録』第一九則の本則）

倶胝和尚、凡《およ》そ所問《しょもん》あれば〔什麼《なん》の消息か有る。鈍根《どんこん》の阿師《あし》〕、只だ一指を竪《た》つ〔這《こ》の老漢也《ま》た天下の人の舌頭《ぜっとう》を坐断せんことを要す。熱するときは則ち普天普地熱し、寒《かん》するときは則ち普天普地寒す。天下の人の舌頭を換卻《かんきゃく》す〕（朝比奈訳註）

本則はたったこれだけ（ただ『碧巌録』の本則中には、みられるように圜悟《えんご》による著語《じゃくご》（〔 〕内）が付されている）で、この本則はまた先にみた『無門関』や、次に掲げる『従容録《しょうようろく》』も、ほぼ同じく簡単な短い内容からなっている。

ⓒ「**一指を竪《た》つ**」（『従容録』第八四則「倶胝一指」の本則）

倶胝和尚、凡《およ》そ所問《しょもん》有れば只《た》だ一指を竪《た》つ〔許多《そこばく》の気力《きりょく》を費《ついや》して作麼《なに》にするや〕

倶胝和尚の名の由来

唐代の禅僧、倶胝和尚の名のいわれについては、『禅苑蒙求《ぜんねんもうぎゅう》』（三巻）に「ただ三行の咒《しゅ》（呪）を念じて、便《すなわ》ち名、一切の人に超《こ》ゆることを得たり」（巻之下）とある。この和尚は常に三行の陀羅尼――「倶胝《くてい》仏母《ぶつも》陀羅尼《だらに》」をよく誦《じゅ》じておられたところから、世の人はかれを倶胝和尚といった（「倶胝仏母陀羅尼」については次章〈7〉を参照のこと）。

倶胝和尚は入寂《にゅうじゃく》（入滅。僧侶の死）のとき、「わたしは天龍和尚直伝《じきでん》の一指頭《いっしとう》の禅を得てからは生涯、これを用いてつかい尽くすことがなかった」（吾《わ》れ天龍一指頭の禅を会《え》して一生受用不尽）ともいっている。

なお、その倶胝和尚が天龍和尚直伝の一指頭の禅を用いるようになったその由来については、『碧巌録』や『従容録《しょうようろく》』のコメント（評唱）中にくわしいが、まずその前に、倶胝和尚の伝をみてみよう。『景徳伝燈録』「金華倶胝《きんかぐてい》」章に、次のようにある。

婺州金華《むしゅうきんか》山《ざん》の倶胝和尚。初め住庵《じゅうあん》するに、尼《に》有り、実際《じっさい》と名づく。庵に到《いた》り、笠子《りゅうす》を戴《いただ》き〈笠を下さず〉、錫《しゃく》を執《と》りて〈錫を持して〉、師を繞《めぐ》ること三匝《そう》（みめぐり）して云《いわ》く、「道《い》い得《う》れば即《すなわ》ち笠子《りゅうす》を拈下《ねんげ》せん（笠を下《おろ》そう）」と。三たび問ふに、師（倶胝）、皆、対《こた》うること無し。〔実際〕尼、便《すなわ》ち去る。師（倶胝）曰く、「日の勢、やや晩《く》れぬ〈天勢稍《てんせいや》や晩《くれ》れぬ〉。且《しばら》く留《とどま》りて一宿せよ」と。〈実際〉尼曰く、「道《い》い得《う》れば即ち宿せん」と。師（倶胝）、又《ま》た、対《こた》うること無し。〈実際〉尼去って後、歎《たん》じて曰く、「我れ丈夫の形に処すと雖《いえど》も而も丈夫の気無し」と*15（なお〈 〉内は、『碧巌録』より）

これが伝記（「金華倶胝」章）の前半部分である。

実際尼、笠をいただく（実際頂笠）

婺州《むしゅう》（浙江省《せつこうしょう》）金華山《きんかざん》の倶胝和尚（天龍和尚の法嗣《はっす》）の庵に実際《じっさい》という名の尼僧が訪《おとな》ってきた。そのとき和尚は椅子《いす》（禅牀《ぜんしょう》）に坐っておられた。すると尼は錫杖《しゃくじょう》をつきながらそのまわりを三《み》めぐりして（三匝《そう》し

南無《なむ》 颯哆喃《さとなん》 三藐三勃陀《さんみゃくさんぼだ》 倶胝南《ぐていなん》 怛姪他《たにゃた》

——三行の咒（「唵」以下を用いる）——

唵《オン》（oṁ）

折隷《シャレイ》（cale 覚動） **主隷**《シュレイ》（cule 起昇）

准提《シュンディー》（çundhe 清浄） **娑訶**《ソワカ》（svāhā）

一指頭をたてた倶胝和尚

福建省黄檗山万福寺から山を一つ隔てた処に霊石山倶胝寺があり、その本堂に一指を竪てている倶胝和尚の塑像が、現に安置してある（『碧巌録新講話』）

て）とあるから、尼はいちおう〝礼〟を尽くして和尚の正面にたった（右遶三匝《うにょうさんそう》は、右回りに三たびすることで、インドの礼法）。そして実際尼は、和尚に問答を仕掛《しか》けてきた（拶着〈詰問〉した）。「和尚さんが、何か気のきいたひとことを言ってくれるなら（道《い》い得《え》ば）、このかぶり物をとってあいさつしましょう」と、尼僧はいっているのである（手に錫《しゃく》を採《と》り三匝して相見するやり方は六祖慧能と永嘉玄覚の対面にみられる）。

だが和尚は、実際尼の非礼（実際尼は、笠をかぶったままの旅すがたのまま）で、そのうえ強気な態度（慇《いん》懃《ぎん》無《ぶ》礼《れい》なふるまい）に、どのようにも対応できなかった。一言も発することができなかった（無対）。

——和尚が言えないようならば、わたしは、ここを辞去《じきょ》することにします、と尼僧のさらなる追いうちである。そこで和尚が、「もう日も暮《く》れてきたから、今宵《こよい》は〔ここに〕逗留《とうりゅう》したらどうか」と提案した。すると、

——和尚さんが、わたしの問いに答えてくれるならば、そうしていいですよ

と、尼僧実際はこたえる。それでもやはり倶胝和尚はなんとも答えられなかったのである。

この伝記の前半部は、**なんとも情《なさ》けないことだ**（丈夫《じょうぶ》の気無し）という、和尚の自省《じせい》自戒のことばでおわっている。これだけでは少し説明不足だろうか、『碧巌録《へきがんろく》』第十九則「倶胝指頭禅」の評唱《ひょうしょう》（コメント）を参照すると、「笠子《りゅうす》を拈下《ねんげ》せん」（これは、先に掲げたように、「笠を下《おろ》さず」ということ）とは、

〔倶胝和尚は〕庵《あん》に到《いた》って直《じき》に入って更に笠《かさ》を下《おろ》さず。錫《しゃく》〔杖〕を持《じ》して禅牀《ぜんしょう》（椅子。住持が坐禅する場処）を遶《めぐ》ること三匝《そう》して云く、道《い》い得《え》ば即ち笠を下《おろ》さんと。是《か》くの如《ごと》く三《み》たび問う。倶胝、無対《むたい》

とある。無対とは、対《こた》うること無し（無対・無答）ということだから、和尚からは、意気《いき》あるような、なんらかの答《いら》え（返答）がなかった、と。

だから、すでにふれたように実際尼は、和尚と対面するのに、手には錫杖《しゃくじょう》を、頭には笠を被《かぶ》ったまま(頂笠《ちょうりゅう》=旅装《たびよそお》いのまま)、つまり彼女がとった態度はじつに非礼《ひれい》な態度——慇懃無礼《いんぎんぶれい》だったことがよく分かる(振錫遶牀《持錫》という相見《しょうけん》のやり方は、一宿覚《いっしゅくかく》〈玄覚〉のほか、麻谷宝徹《まよくほうてつ》〈馬祖の嗣〉と章敬懐惲《しょうけいえうん》〈同〉の相見《しょうけん》(対面、相看《しょうかん》)などにもみられる。たとえば『碧巌録』第三一則を参照のこと)＊16。

そして彼女(実際尼)は、和尚さんが、何か気のきいた、和尚さんらしい意気《いき》ある〝ひとこと〟をいってくれるならば、このかぶり物をとって(笠子を拈下《ねんげ》して)、和尚に改めてごあいさつしようといっている。この実際尼というひとは、さきに倶胝和尚が「一人前の男子の形《なり》はしていても、ますらおの気概がない」(丈夫の気無し)といって歎《たん》じているのに比《くら》べると、なんとも女丈夫の気象(気性)のもち主(女傑)のようでもある＊17。

次にあげるのは、「金華倶胝」章(『景徳伝燈録』)の後半部、さきほどのストーリーの〝続き〟に相当する部分である。実際尼の強気の態度になんとも対応できずに、倶胝和尚は、無力感のみをかかえこんでしまった。悲壮感をぬぐいきれずに、和尚はついに再修行(再出家)の旅にでようと決心をかためる(打畳行脚《だじょうあんぎゃ》せん)。それが、「庵を棄《す》て、諸方に往《ゆ》きて参尋《さんじん》せんと擬《ぎ》す」という勁《つよ》い意思表示となった。

するとその夜の夢に、山神のお告げがあった(夢告)。

其《そ》の夜、山神《さんじん》、告げて曰く、「此《こ》の山を離るることを須《もち》ゐざれ、将《まさ》に大菩薩《ぼさつ》有りて来《きた》り、和尚の為《た》めに説法せんとす」と。果《はた》して旬日《じゅんじつ》にして天龍《てんりゅう》和尚、庵に到《いた》る。

そして次が「一指頭の禅」の由来をのべた件《くだ》りである。

師、乃《すなわ》ち迎え礼《らい》して具《つぶさ》に前事を陳《の》ぶ。天龍、一指《し》を竪《た》てて之《こ》れに示す。師、当下《とうげ》(たちどころに)

に大悟《たいご》す。此《こ》れより、凡《およ》そ参学の僧有りて到《いた》れば、師（倶胝和尚）、唯《た》だ一指を挙《こ》するのみにして、別に提唱《ていしょう》すること無し＊18

提唱《ていしょう》とは、祖録《そろく》（祖師の言行録）を講《こう》ずること、つまり学人《がくにん》（禅学・学侶）への〝禅法の講義〟である。

なお、『碧巌録』「倶胝指頭禅」の評唱（概評）も、「金華倶胝」章と同様な記事をえがく＊19。

山神のお告げどおり、肉身《にくしん》の菩薩《ぼさつ》（天龍）があらわれ、憔悴《しょうすい》しきった哀《あわ》れな和尚を善導《ぜんどう》してくれる。

庵を棄《す》て諸方（各地の叢林〈修行道場〉）に往《ゆ》いて参請し、打畳行脚《だじょうあんぎゃ》せんと擬《ぎ》す。其《そ》の夜、山神《さんじん》、告げて曰く、「此《ここ》を離るることを須《もち》いざれ、来日、肉身《にくしん》の菩薩《ぼさつ》有り来《きた》って、和尚の為《た》めに説法せん。去ることを須《もち》いざれ」と。果《はた》して是《こ》の次の日、天龍和尚、庵に到る。師、乃《すなわ》ち迎え礼《らい》して、具《つぶさ》に前事を陳《の》ぶ。天龍只《た》だ一指を竪《た》てて之《こ》れに示す。倶胝、忽然《こつねん》として大悟《たいご》す。是《こ》れ他《た》、当時《そのかみ》、鄭重《ていちょう》に専注《せんちゅう》す。所以《ゆえ》に桶底《つうてい》を脱《だっ》し易《やす》し。後来《こうらい》、凡《およ》そ所問《しょもん》有れば、只《た》だ一指を竪《た》つ

実際尼《じっさいに》の問い（拶着《さつじゃく》〈詰問《きつもん》〉）にこたえられなければ、もうこうしていまのように一庵を構《かま》えて住《じゅう》することなど、とてもできっこない。かくなるうえは、庵をすて、各地（原文は「諸方」とあるが、各地の叢林の意）をめぐって、善知識（指導者）をたずねては、かれらに教えを請《こ》おう、と和尚はかたく決意する。

するとその夜、山神《さんじん》があらわれて、「和尚よ、この山から離れなくてもいい。かならずや、善知識（大菩薩あるいは肉身の菩薩）がおとずれて、あなたに禅の至極《しごく》をさずけてくれよう」という。

お告げどおり、日ならずして（旬日にして。翌日・その夜とも）、天龍禅師が倶胝和尚をたずねてこられた。そこで和尚は、過日の一件（前事）を、天龍禅師に訴えて教えを請《こ》うた。すると天龍禅師はただ、指一本をたてられただけだった。が、倶胝和尚は、その真意（竪一指頭）をたちどころに察した（悟《さと》った）。

天龍和尚が一指をたてて示されると、倶胝和尚はすぐさま悟られたとあるが、それについては、

是れ他《た》当時《そのかみ》鄭重《ていちょう》に専注《せんちゅう》す。所以《ゆえ》に桶底脱《つうていだつ》し易《やす》し

と評唱《コメント》（『碧巌録』第一九則「倶胝指頭禅」）にもあるとおりである。

桶底《つうてい》とは「桶《おけ》の底《そこ》の意」で、桶底脱《だつ》し易《やす》し、とは、忽然《こつねん》と（たちどころに）、豁然《かつぜん》と（急に）さとりを開く様《さま》を形容したもので、倶胝和尚が平生《へいぜい》、ひとつ事《こと》に集中されて、心をよそ事に移したりされなかったから、さとりを得やすかったのだ（常日ごろ己事究明に専注していたから大疑団を解消できた）、そのようすは、桶《おけ》に張った水の重みでその桶底が脱け落ちるように、〝カラッと〟しているといっている。

この実際尼だが、『禅苑蒙求《ぜんねんもうぎゅう》』（巻之中）によると、そこには「尼実際の其の志《こころざし》を激励するを以《もっ》て、方《まさ》に慕《ぼ》大《だい》の心有《こころあ》り」とあって、尼の所行《しょぎょう》（ふるまい）は、和尚の志を励まし、和尚に大道（大法＊20）を慕《した》いもとめさせる（慕大の心）ためであったこともわかる。

また倶胝和尚の名はいつも「倶胝仏母陀羅尼《ぶつもだらに》」を誦《じゅ》しておられたところから、時のひとはそうよんだのである（「倶胝、只《た》だ三行の咒《しゅ》〈陀羅尼〉を念《ねん》じて、便《すなわ》ち名《な》一切の人に超《こ》ゆることを得たり」『禅苑蒙求』巻之中）。

後半部は「倶胝竪指《ぐていじゅし》」でもよく知られている『無門関』第三則の公案中にもでてくる箇所《くだり》である。

婆子の正体（ほんらいの姿）！

以上、修行者と老婆（もしくは尼僧）をセットとする公案を、幾つかのパターンをあげてとりあげてきた。ひとつは老婆が修行者を揶揄《やゆ》したというストーリー、もうひとつは並の修行者以上に禅僧然《ぜんそうぜん》とした老婆の徹底した応対ぶり、あるいは同じ道を歩む者として、修行者に奮起《ふんき》をうながし、さらなる向

上を願う尼僧の物語。そのなかでもいちばん多い、つまりステロタイプ（紋切り型）というべきものが、未完の修行者にたいする老婆の揶揄《やゆ》（からかい）だろう。しかし、それはなにも修行者を困惑させるタイプばかりではなく、なかには老婆が修行者を、文字どおり〝激励する〟といったものなどもある。
それは、徳山托鉢にでてくる澧州《れいしゅう》の餅《もち》売りの老婆も、そのうちのひとりだったろう。またついには、一指頭の禅をわがものとした、修行中の倶胝和尚に奮起《ふんき》を求めた、かの実際《じっさい》という名の尼もそうしたタイプに属するのではなかろうか。

では、これまで縷々《るる》のべきたった、かの台山の婆子《ばす》（老婆・婦人）とは、いったい何者なのか。これまでの資料（公案や燈史）では、たんに五台山下にあって往来の修行者に接待《せったい》を事《こと》とする人物としてしかえがいてこなかったが、この老婆についてもう少し知るてがかりはないものだろか。

かんがえられるのは、いわゆる女の〝居士《こじ》〟――、禅の宗匠について、なんらかの参禅体験をもつ、そのような人物（禅子《ぜんす》）、ここでは禅法《ぜんぽう》に長《た》けた女人《にょにん》の存在をあげることができよう。
『従容録《しょうようろく》』第十則「台山婆子」の万松《ばんしょう》の評唱《コメント》には、台山路上のこの婆子について、「無着の出寺入寺に慣《なら》い随《したが》って、文殊《もんじゅ》の前三後三に飽参《ほうさん》す」というコメントが付《ふ》されてある。つまりそこではこの婆子のことを「飽参底《ほうさんてい》」（飽参とは、参《さん》じ飽《あ》いて、の意）の学人《がくにん》だと。飽参底とは、充分に修行（参禅）を積《つ》んで（飽満して）もう〝でき上がった人〟――師について参禅する要《よう》もなくなったひと（飽参のひと〈底〉）のことだ。

この婆子は、趙州従諗《じょうしゅうじゅうしん》と同時代の無着禅師（無着文喜《ぶんき》。八二一―九〇〇。仰山慧寂の嗣《し》、牛頭《ごず》法融《ほうゆう》の嗣とも）について参禅し、「文殊《もんじゅ》の前三後三《ぜんさんごさん》」（あるいは文殊前後三三）の話頭《わとう》（公案）に飽満《ほうまん》するほどだったというから、ただ者の婆ァさんではなかった、並の老婆ではなく、かなり禅法を積んだ女人《にょにん》のようだ。

「文殊《もんじゅ》の前三後三」＊21は、『禅苑蒙求』下巻中や『碧巌録』第三十五則（同則の評唱に「無著、五台に遊ぶ。中路荒僻《あれはて》たる処に至り、文殊、一寺を化《け》して他《かれ》を接《むか》えて宿せしむ……著、首を回《めぐら》すや、化寺《けじ》と童子と悉く隠れて見えず、只だ是れ空谷なり。彼処《かしこ》をば後来《のち》に之を金剛窟と謂う」云々と、いささかナゾめいたはなしがえがかれている）にでてくる公案として知られている。無着文喜《ぶんき》は、『宋高僧伝』巻第十二「唐杭州龍泉院文喜伝」に、『景徳伝燈録』巻第十二に伝を載《の》せるが、いまはこのままとして、あらためてふれたい。

さいごにもう一点あげるならば、潙山禅師とその女弟子のはなしがある。こちらはどちらかというと、〝大人《うし》（卿）〟どうしのはなしといえようか。

自らを〝水牯牛《すいこぎゅう》〟と称した潙山霊祐《いさんれいゆう》禅師と、その弟子（法嗣）で、潙山にほどちかい山ふところに庵《いおり》していたという女弟子の劉鉄磨《りゅうてつま》――彼女は、師の禅師によって「老牸牛《ろうじぎゅう》」（老いぼれの牝牛《めうし》）と綽名《あだな》された尼僧（劉氏のむすめ）との関係は、「劉鉄磨台山」とか「劉鉄磨潙山」『碧巌録』第二四則の公案にえがかれている。この女禅僧こそは禅僧と女性、もしくは尼僧（弟子）のあり方の理想形をしめしたものだろう。

＊1 **亡名道婆**　『五燈会元 中』巻第六「亡名道婆」〈『中国仏教典籍選刊』三六六―三六七頁、＊9の原文（昔有婆子供養一庵主……）を参照〉。

＊2 **一指を挙す**　「倶胝和尚、凡そ詰問《きつもん》すること有れば、唯《た》だ一指を挙《こ》す」（『無門関』第三則「倶胝竪指」の公案）。「倶胝和尚、凡《およ》そ所問有れば只《た》だ一指を竪《た》つ〔許多《そこばく》の気力《きりょく》を費して什麼《なに》にするや〕」（『従容録』第八四則「倶胝一指」の本則〈『修養大講座14　従容録』六、四八頁〉）。

＊3 **実際頂笠**　ⓑ「倶胝指頭禅」「初め住庵の時、一尼有り、実際と名づく。庵に到って直に入って更に笠を下《おろ》さず。錫《しゃく》を持して禅牀《ぜんしょう》を遶《めぐ》ること三匝《そう》して云く、道《い》い得ば即ち笠を下さんと。是《か》くの如く三たび問う。

倶胝、無《む》対《たい》」（『碧巌録』第一九則の評唱）。

＊4　**一指を竪つ**　婺州《むしゅう》の金華山《きんかざん》の倶胝禅師、初めて天台に庵《いおり》す。尼有り、実際《じっさい》と名づく（『従容録』第八四則「倶胝一指」の評唱〈「修養大講座14　従容録」六、五三頁〉）。

＊5　**老僧に勘破し了らる**　台山路上に一婆子《ばす》有り、僧に問わんと要《もと》む。僧問う、「台山の路、什麼《いずれ》の処に向ってか去る？」云く、「驀直《まくじき》に去れ。」僧纔《わずか》に行くや、婆云く、「又《ま》た与摩《よも》に去る。」師聞きて後、便《すなわ》ち去って問うも「台山の路、什麼の処に向ってか去る？」云く、「驀直に去れ。」師纔に行くや、婆云く、「又《ま》た与摩《よも》に去る。」師便《すなわ》ち帰って、大衆に挙《こ》して云く、「婆子、今日老僧に勘破し了らる」（『趙州禅師語録』巻下、鈴木大拙校閲、秋月龍珉校訂国訳、五一頁、春秋社）。

＊6　『従容録』第十則「台山婆子」の本則（加藤咄堂『修養大講座　9　従容録一』二七二―二七三頁）。

なお、文中にでてくる侯白《こうはく》（男の泥棒）と侯黒《こうこく》（女の泥棒）については、「秦少游の『淮海集《わいかいしゅう》』第二十五巻の二侯の説による」と、侯白、侯黒という男女の泥棒については、このようにいう。

閩《びん》の国（福建省）に侯白《こうはく》という泥棒が居て、暗夜に人に突き当って懐中物をスリ取るので、人皆な恐れて、誰れも侯白に出逢うと用心してゐた。この〔侯〕白が、或日途《みち》で侯黒《こうこく》という女の泥棒に行き逢った。すると黒女は、道端《みちばた》の古井戸を指して、井戸の中に落し物をしたから拾って呉《く》れと頼んだ。相手は名うての女泥棒ですから、〔侯〕白も油断はせぬ。よく確かめて聞くと、珥《じ》（耳飾り）を落《おと》したので、その耳飾りは百両もするものだといい、拾って下されば五十両差上げるという。〔侯〕白は五十両ときいて、よしきたと承知して衣服を脱いで井戸に下りて行った。そのスキに、黒女（侯黒）は〔侯〕白の着物から懐中物まで持ち逃げしてしまったので、これを聞き伝えた閩《びん》の人々は上手《うわて》のまた上手だということを『**侯白更に侯黒あり**』と申すようになった（加藤咄堂『従容録』㈢、二九〇頁、『禅学大辞典』）。

上には上がある　なおまた侯白と侯黒については『従容録』第四十則「雲門白黒」にもみえ、「侯白更に侯黒あり」とある（高崎直承『和訳校注　従容録』の「故事典拠篇」三九頁）。

＊7　**一老婆あって接待す**　五台山下有一婆子接待凡有僧問台山路向甚麼去（『禅林類聚』第九「尼女門」）。

＊8　『景徳伝燈録』巻十「南岳第三世　南泉願嗣　趙州諗」（新文豊出版公司印刊、一七八頁）（国訳一切経、史伝部14『景徳伝燈録』二五一頁）。

＊9　**妙齢の給侍がかり**　昔有婆子供養一庵主、経二十年、常令一二八女子送飯給侍。一日、令女子抱定、曰、「正恁麼時如何」主曰、「枯木倚寒巌、三冬無暖気。」女挙似婆。婆曰、「我二十年祇供養得箇俗漢」遂遣出、焼却庵（「亡名道婆」『五燈会元 中』三六六―三六七頁、中国仏教典籍選刊）。

＊10　**誘惑**　岡本かの子の掌編「誘惑」は「婆子焼庵」に題材をとったもので、『仏教人生読本』の中の「第一七課」に収められている。それによって「枯木寒巌に倚る三冬暖気無し」をみると、「まるで枯木が冷え切った岩に倚りかかったようなものさ、冬の真っ最中吹き曝しの気持ちだ」とある。また、漫画家の岡本一平（かの子の夫）には公案そのもののタイトルを付した「婆子焼庵」なる小篇がある。

寒灰枯木　『従容録』第九十六則「九峰不《ほうふ》肯《こう》」の本則中に「寒灰枯《かんかいこ》木《ぼく》に去れ」の文句があって、「煩悩の熱気なきこと」（山田孝道）と。あるいは「何の血の気もない無心の状は（甚《な》の気息か有る）無生物同然ぢゃ」（加藤咄堂、二八七頁）とあり、なお「寒灰《かんかい》」とは「火が燃え尽きたあとの灰」ともあり「転じて、心の働きがなくなった様子の形容」（『日国』）とある。

　情識分別を滅尽すること。冬季に巌頭に立てる枯木、炉中に薪尽き焔滅したる寒灰は一点の暖気なし、故に一切の念想を滅し尽くして空無一色の境に滞るものに喩う。『荘子』斉物論に「形は固に槁木の如くならしむべし、心は死灰の如くならしむべきか」と（山田孝道『禅宗辞典』）。

これはまさに、「人、木石にあらざれば皆情けあり」（蜻蛉『源氏物語』）というがごときである。

*11 市川白弦『一休——乱世に生きた禅者』（NHKブックス、昭和四五）一五五―一五六頁。これに関しては、すでに、この章末にかかげた「補遺」（「一休さんのこと」）を参照ねがいたい。

*12 **仏国記** 東晋の法顕が経典を尋ねて西域・インドを遍歴したときの旅行記。一巻。四一六年完成。高僧法顕伝。法顕伝。歴遊天竺記伝（『大辞林』）。
法顕 中国、東晋の僧。名は龔《きょう》。平陽府武陽（山西省襄垣県）の人。隆安年間（三九七―四〇一）六〇歳のころ律蔵を完全なものにしようとインドへの旅にのぼり、およそ一五年後に帰国した。その著「仏国記」（法顕伝）は貴重な歴史資料。翻訳仏典として共訳の「摩訶僧祇律」四〇巻や「大般泥洹経」六巻がある。生没年未詳（『日国』）。中国、東晋代の僧。三九九年、六〇歳の頃同学の僧らとともにインド旅行に出発し、四一二年一人海路で帰国した。その旅行記「法顕伝」（仏国記）は当時のインド・中央アジアの状況を伝える重要文献。「摩訶僧祇律」「大般泥洹経」などを漢訳。生没年未詳（『大辞林』）。

*13 **吾が心は死灰のごとし** 慧嵬不知何許人。止長安大寺。戒行澄潔。多栖処山谷修禅定之業。有一無頭鬼来。鬼神色無変。乃謂鬼曰。汝既無頭。便無頭痛之患。一何快哉。鬼便隠形。復作無腹鬼来。但有手足。鬼又曰。汝既無腹。便無五蔵之憂。一何楽哉。須臾復作異形。鬼皆随言遣之。後又時天甚寒雪。有一女子来求寄宿。形貌端正。衣服鮮明。姿媚柔雅。自称天女。以上人有徳。天遣我来以相慰喩。談説欲言勧動其意。嵬執志貞確一心無擾。乃謂女曰。吾心若死灰無以革嚢見試。女遂陵雲而逝。顧而歎曰。海水可竭須弥可傾。彼上人者秉志堅貞。後以晋隆安三年。与法顕倶遊西域。不知所終（慧皎撰『高僧伝』大正五〇）。
　釈慧嵬は、何許の人なるかを知らず。長安の大寺に止りて、戒行澄潔なり。多く山谷に栖処して、禅定の業を修む。一無頭鬼ありて来る、嵬の神色変ずること無く、乃ち鬼に謂って曰く、「汝既に頭無し。便ち

頭痛の患無からん。一に何ぞ快なる哉」と。鬼便ち形を隠す。復た無腹鬼と作りて来る。但手足あるのみ。鬼又曰く、「汝既に腹無し、便ち五蔵の憂無からん。一に何ぞ楽しき哉」と。須臾にして復た異形を作す。鬼皆言に随って之を遣《や》る。

後又時に天甚だ寒くして雪ふる。一女子あり、来りて寄宿を求む。形貌端正、衣服鮮明、姿媚柔雅にして、自ら天女と称す。「上人徳あるを以て、天、我をして来り以て相慰喩せしむ」と。欲言を談説して勧めて其の意を動かす。嵬、志を執ること貞確に、心を一にして擾す無し。乃ち女に謂って曰く、「吾が心は死灰の若し、革嚢を以て試みらるゝこと無し」と。女遂に雲を凌ぎて逝く。顧みて歎じて曰く、「海水竭く可し、須弥傾く可し、彼の上人は、志を秉ること堅貞なり」と。後、晋の隆安三年を以て法顕と倶に西域に遊び、終る所を知らず（国訳『梁高僧伝』巻第一一）。

晋の隆安三年は三九九年である。なお、『高僧伝』㈣（吉川忠夫・船山徹訳、岩波文庫）によって、訳文をかかげておきたい。

……その後、とても寒くて雪の降るある冬の日のこと、一人の女がやって来て一夜の宿を請うた。顔だちは端正、衣装は鮮やかで、容姿はなまめかしくしとやかである。自ら天女であると名乗り、「上人は徳が高いので、天は私を遣わしてお慰めさせることとしたのです」などと、あれこれ誘いの言葉を口にし、心を動かそうとするが、慧嵬はしっかりと心を保ち、ひたすら一心に動揺することなく、そこで女にこう言った。「私の心は火の気のない灰のよう、革袋でもって試すようなことをするではない」。女はかくて雲を凌いで立ち去り、振り返ってこう嘆じた、「海の水も涸らし尽くすことができ、須弥山《しゅみせん》も傾けることができるが、あの上人は志操堅固で貞潔だ」。その後、東晋の隆安三年（三九九）に法顕《ほっけん》とともに西域に旅をし、その後については分らない。

*14　**天龍和尚**　唐代の人。南岳下。杭州（浙江省）の人。馬祖下の大梅法常に法を嗣《つ》ぎ、門下に対し常に一指を立て、金華山《きんかざん》の倶胝を打出した人。天龍一指の禅として知られるが、伝録には短い上堂と問答語おのおの一篇を載すのみでその行履《あんり》（行住坐臥のすべて）は不詳（『禅学大辞典』）。

*15　**倶胝和尚**　「天龍和尚の法嗣　婺州金華山の倶胝和尚」『景徳伝燈録』巻第十一（新文豊出版公司印刊、二〇五頁）（国訳一切経、史伝部14『景徳伝燈録』二八〇頁）。

*16　佐橋法龍氏は「振錫遶牀についていう。

玄覚と六祖の初相見は、玄覚三十一歳のときのことである。幼年のころから仏門に入り、天台教学の研鑽にしたがい、止観に心を傾け、禅についても神秀に学び東陽と交わるなどしている玄覚であれば、三十一歳のおりにはすでに禅にも深く達していたとみてよい。宋の慧洪覚範（＊―一一二八）の『林間録』は、六祖に相見する以前にすでに玄覚は、『維摩経』によって仏心宗（禅宗）の旨を自得していたと記している（……）、禅僧が錫をふるって師家のまわりを三匝し、のち卓然としてその前に立つという相見（会見）のし方は、馬祖以後の禅僧のしばしば行なうところとなる。たとえば、馬祖下の麻谷宝徹《まよくほうてつ》がおなじ馬祖下の章敬懐惲（七五六―八一五）に相見してこれを行ない、次いでやはり馬祖下である南泉普願（七四八―八三四）に謁して再びこれを演じたという逸話がある（……）いずれにしても、こういう非常識ともいえる、人の意表をつく即物的超論理的な言動は、このころから次第に多くなり、やがてそれが中国禅宗の宗風を形成する重大な要素となる（『景徳伝灯録』一九五―一九六頁）。

*17　**老牸牛**　潙山霊祐（水牯牛）の弟子、尼僧の劉鉄磨《りゅうてつま》――劉氏のむすめもまた、かの潙山禅師によって、老牸牛《ろうじぎゅう》よ――おいぼれたメウシよ、と愛称（綽名）された女丈夫の尼禅僧である。

*18　註15に同。

＊19　**山神の託宣**　庵を棄《す》て諸方に往いて参請し、打畳《だじょう》行脚せんと擬《ぎ》す。其の夜、山神《さんじん》、告げて曰く、「此《ここ》を離るることを須《もち》いざれ、来日、肉身の菩薩《ぼさつ》有り来《きた》って、和尚の為《た》めに説法せん。去ることを須《もち》いざれ」と。果して是の次の日、天龍和尚、庵に到る。師、乃《すなわ》ち迎え礼して、具《つぶさ》に前事を陳《の》ぶ。天龍只《た》だ一指を竪《た》て之《こ》れに示す。倶胝、忽然《こつねん》として大悟す。是《こ》れ他《た》、当時《そのかみ》、鄭重《ていちょう》に専注《せんちゅう》す。所以《ゆえ》に桶底《つうてい》を脱《だつ》し易《やす》し。後来《こうらい》、凡《およ》そ所問《しょもん》有れば、只《た》だ一指を竪《た》つ（『碧巌録』第一九「倶胝指頭禅」の評唱）。

語録中あるいは引文中にみる〝諸方〟とは、〝あちこち〟の意だが、それだけではなく、『正法眼蔵』「弁道話」にも「諸方の禅院、みな坐禅堂を構えて、五百六百……安じて」云々とあるよう、諸方に「禅院」、「禅林」ないしは「叢林」などの語をおぎなったほうがよりいっそうその意が闡明《せんめい》になるだろう。

＊20　**大法（大道）を慕う**　「国訳禅苑蒙求」巻之中の脚注（八〇頁）には、慕大とは「大法を慕う」とある。

＊21　無着文喜（百丈―潙山―仰山―無着）が五台山の華厳寺金剛窟《こんごうくつ》で、文殊《もんじゅ》（菩薩）の化身《けしん》たる老翁と問答中、老翁が「前《ぜん》三三後《ご》三三」と言ったのによる。前三三後三三とは、有限の数量を超越した無限の数とか、物の数の無量であることをいう（『禅学大辞典』）。

補遺

一休さんのこと

市川白弦《はくげん》師は『一休――乱世に生きた禅者』（NHKブックス、昭和四五）で、『続一休はなし』に言及し、「享保十六（一七三一）年也来編『続一休咄』につぎの逸話がある」として、以下の逸話を紹介している。これはすでにのべきたった『狂雲集』中のものと同話である。文中の也来とは三宅也来のこと。

禅法にすぐれたる老婆　一休和尚ある夜のつれ〴〵に弟子たちを集め物語し給ふ。昔ある所に一人の老婆あり、禅法に深く帰依し、草菴をたて禅の老僧を供養し、常に法を聞きて二十年許も此僧をうやまいたり。召仕に二十許の眉目容貌すぐれたる女、これにいひ付け、毎日の供御《くご》を運《はこば》せ、その外の小づかひ諸用を便ぜさせけるに、あるつれづれの雨のたそがれ、物さびしき夜を幸に、老僧の心を引見《ひきみ》ばやと、かの女にかう〳〵といひ含め、暮れかけてぞ遣しける。女菴に行きて老僧にむかひ、老婆よりの言伝《ことづて》、用の事をいひしまひ、人しれぬ此夜半、ひとり住居の御つれ〴〵、い、い、い、い、い、い、い、かうした時はいかなる御意にやと、老僧にいだき付けば、僧は答へて、枯木依二寒岩一、三冬無二暖気一といひたり。此意はたとひ美人に抱かれても、我心は**枯木の寒き岩に依ったる如く、冬の時に暖なる気は少しもなきが如く、心を動かす事なしとなり**。此女も常々禅法に逸《すぐ》れたる老婆に仕へ、かたき事をも聞きはつり覚えしにや、此老僧の禅法漸《やゝ》と聞覚え帰り、片言《かたこと》交りに老婆に語りければ、婆大きに怒り、**今まで道を悟りたりし僧**とおもひ、二十年このかた此の俗人ごときの者を供養せし事の腹だちやと、即時に僧を追出し、その草菴を焼捨てたり。此僧禅の活機を知らず、婆はよく活気の悟処を知れり。汝等よく〳〵工夫《くふう》すべし。此心を詩に作って見せんと即ち筆を取って

老婆心為レ賊ノ過スレ梯、清浄ノ沙門ニ与フ二女妻ヲ一、
今夜美人若シ約セバレ我ニ　枯楊春老テ更ニ生ゼンレ稊ヲ。

汝等此詩を見て悟るべし。かの老僧も不可なり。婆も不可なり。我は可もなく不可もなし、と教へ給ふ。此の詩の心は、むかしの婆がこころは盗人のために梯《はしご》をかけ、通路をこしらへてやるに同じ、故に清浄なる沙門に艶なる女を与ふる、こよひ美人来りてもし我に約束せば、枯れたる楊

なりとも、春の末に稊を出すごとく、心を若やげ情になびき、おもひみだれんとの詩の意味、かの老僧が枯木の暖《あたたま》りなき気にはあらじとなり。是《これ》一休の向ふ境界をうけて著せざる所、**遍照《へんじよう》僧正のかさねばうとし、いざふたりねん、とのこゝろも是《これ》に推《おし》てぞ知るべきなり。**

注　話は、有名な「婆子焼庵」の公案である。狂雲集もおなじ筋の前置きを掲げ、これをうけて前記一休作の偈をのせている。三冬――冬の三カ月。稊――木の切り株から生ずる芽。稊――老姿が僧のもとへ送った少女のこと。「かさねばうとし…」――「世を背く苔の衣は唯一重、貸さねばうとしいざ二人寝む。」なお女犯肉食は、中世出家仏教界における親鸞の場合、自己の全存在と仏法の証との絶体絶命の緊張を賭けた冒険であり、いわゆる性の解放、フリー・セックスといった安易なものではなかった。仏教に「淫欲即是道」の語がある。禅に「婆子焼庵」「文殊、酒肆淫坊に夏を過す」（既出）の公案がある。『請益録』第一則。「酒肆淫坊」は狂雲一休に特有の事ではない。『碧巌録』の扉の「碧前の頌」の「柳ハ暗ク花ハ明カナリ十万戸、門ヲ敲ケバ処々人ノ饗ウル有リ」は、もと花街を詠じたものではなかろうか（一五五―一五六頁）。

これと同じはなしは、安楽庵策伝『続一休咄』巻之二の中にもでてくる（「一休和尚禅の老婆が物語し給う事」）。安楽庵策伝《あんらくあんさくでん》（一五五四―一六四二）は、江戸時代前期にかけて活躍した浄土宗の僧（説教僧）で、〝落語の祖〟ともいわれている。

文末の「遍照僧正のかさねばうとし、いざふたり《（二人）》ねん」とは、後撰集（『後撰和歌集』）巻十七「雑三」にみえる、小野小町（八二五―九〇〇）の贈答歌の〝かけうた〟（懸歌、問いかけ歌）にたいする、僧正遍照《そうじょうへんじょう》（八一六―八九〇）の〝かえし〟（返歌）である。

市川師の注記にある「世を背《そむ》く苔《こけ》の衣《ころも》は唯一重《ただひとえ》、貸《か》さねばうと（疎）しいざ二人寝む」中の「苔の衣」とは、「苔で作ったような粗末な衣。隠遁者《いんとんしゃ》など俗世をはなれた人の着る衣をいう。苔のきぬ。苔の衣手。苔の小衣。こけごろも。苔織衣」（『日国』）のこと。

これはもと「岩の上に旅寝をすればいと寒し苔の衣を我に貸さなむ」（石上寺《いそのかみでら》の名にあやかって、岩の上で旅寝をするとなると、たいそう寒い。岩の上の苔という縁で申しあげるわけではありませんが、苔の衣とも呼ばれている僧衣を私にお貸しいただきたいものです〈新日本古典文学大系〉）という小町の〝かけうた〟（懸歌、問いかけ歌）にたいする、遍照の〝かえし〟（返歌）が「世を背く……二人寝ん」である。

その〝詞書《ことばがき》〟（前書き）に、「いその神といふ寺に詣《もう》でて日のくれにければ　夜あけてまかり帰らむとてとどまりてこの寺に　遍昭（照）侍りと人の告げ侍りければ物いひ心みむとていひ侍りける」と。石上寺に詣《もう》でたその帰りのこと、日がくれてきたので、その日はそこで宿することにし、夜があけてから帰ることにした。ところが、その寺に僧正遍昭（照）がおられることを知ったので、このよう（「苔の衣を　我にかさなむ」）に問いかけたのであった。それにたいして遍照は「貸さねばうと（疎）し」で、「いざ二人寝む」（さぁ、二人して眠ろうよ〈寝ねよう〉）と。「大系」本の脚注に「小野小町が色好みであるというイメージとともに……仏道修行中の遍昭の心を試そうとして歌をよみかけところ、『いざ二人寝ん』と軽く応じた遍昭の風流ぶりがこの贈答の眼目……」とある。

「酒肆淫坊」は、酒屋（肆は書肆《しょし》・魚肆などと熟字するよう、〝店〟の意）と遊女屋（淫坊）のこと。

7 志賀直哉の禅

＊小説の神様は禅話好き

三行のダラニ（准胝観音の咒）

山神のお告げ（善知識あらわる）

童子とは何者か（給仕がかりのさとり）

指は在るか（幻肢のゆくえ）

ひとつ事に徹する

射れるものなら…（殺人箭か活人箭か）

煙波のあなたへ（深淵の釣りびと船子和尚）

志賀直哉の禅

志賀《しが》直哉《なおや》（一八八三―一九七一）は、先輩作家の夏目漱石（一八六七―一九一六）とおなじように、禅に興味をよせていて、禅にかんするはなしを小説中にいくつか書いている。代表作『暗夜行路《あんやこうろ》』の中で、

> ぐてい一指頭の禅とか、南泉猫児《なんせんびょうじ》を斬る話とか、石革《ママ》の毒箭《どくせん》を向ける話とか、船子《せんす》和尚と夾山《かっさん》の話とか、徳山が竜潭の所で悟る話とか、それから百丈《ひやくじょう》、潙山《いさん》、黄檗《おうばく》、睦州《ぼくしゅう》、臨済《りんざい》、普化《ふけ》、そういう連中の色々な話など、総《すべ》てが、現在の謙作には理想的な心の境地であった。「何々、こつ然大悟す」其処へ来ると彼はよく泣きそうになった。殊に徳山托鉢という話などでは彼は本統に泣きだしてしまった。その話が彼の貧しい心に心の糧として響くからばかりでなく、一方それの持つ一種の芸術味が、烈《はげ》しく彼の心を動かした

と。それら数々の公案ばなしをみると、かれが禅話《ぜんな》に一方《ひとかた》ならぬ関心をよせていることがよくわかる。

なお本章では、「ぐてい一指頭の禅」、「石革《ママ》の毒箭《どくせん》を向ける話」および「船子《せんす》和尚と夾山《かっさん》の話」についてふれてみたい。またこの引文中には、「徳山托鉢《とくさんたくはつ》」の話になると、かれは〝ほんとうに泣きだした〟としるしているから、禅の公案《こうあん》ばなしのなかでも、徳山宣鑑《とくさんせんかん》禅師とその弟子たち――雪峰《せっぽう》義存《ぎぞん》と巌頭《がんとう》全豁《ぜんかつ》のはなし（「徳山托鉢」）に、格別な共感を寄せていたのもわかる。

恵心僧都源信

それでは志賀は漱石のように、宮城《みやぎ》の松島《まつしま》や鎌倉の禅寺なり、どこかの禅寺に行って参禅しようとしたのかというと、そうでもなかった。直哉はさきの引文（『暗夜行路』）につづけて、こういう。

彼がそういう話に腹から感動するのを見ると信行は遠慮しながら、鎌倉へ来る事を勧める事もあった。しかしそうなると謙作は素直になれない方だった

〝鎌倉〟とは、鎌倉の禅寺の謂《いい》である。鎌倉の〝禅寺〟での参禅《さんぜん》体験よりは、「もし行くなら、まだ行ったことはないが、高野山《こうやさん》とか、叡山《えいざん》の横川《よかわ》あたりに行きたい」と、主人公時任謙作《ときとうけんさく》のことばにことよせて、そういっている（漱石は、松島瑞巌寺《ずいがんじ》〈南天棒〉や、鎌倉円覚寺〈釈宗演〉での参禅体験がある）。

高野山《こうやさん》は和歌山県（伊都郡《いとぐん》高野町）にある真言《しんごん》宗（古義《こぎ》真言宗）の地、つまり、弘法大師《こうぼうだいし》空海《くうかい》（七七四―八三五）によって開かれた密教の聖地（壇上伽藍《だんじょうがらん》の地）である。またいっぽうの叡山《えいざん》とは、京都市と大津市のさかいにまたがる比叡山《ひえいざん》のことで、最澄《さいちょう》（七六六／七六七―八二二）によって開創され、義真《ぎしん》（伝教大師最澄《さいちょう》や弘法大師空海《くうかい》〈七七四―八三五〉が入唐《にっとう》したときの通辞《つうじ》〈通訳〉）を初代天台座主《ざす》とする、わが国天台《てんだい》宗の聖地で、ここは、円《えん》（法華経）密《みつ》（密教）禅《ぜん》（禅宗）戒《かい》（戒律）を修する仏教の総合センターである。なかでも横川《よかわ》とは、『往生要集《おうじようようしゆう》』（極楽往生の要文《ようもん》をあつめた書）を著《あらわ》した恵心僧都《えしんそうず》源信《げんしん》（九四二―一〇一七）の住院・恵心院《えしんいん》があった京の比叡山《ひえいざん》の地である。

ぐてい一指頭の禅

志賀直哉の『暗夜行路《あんやこうろ》』中、最初にでてきた「ぐてい一指頭」については、これに先だつ章（6 婆子の禅）でも少しふれた。この倶胝和尚にかかわる、よくしられた公案として『無門関』第三則の話（公案）に

「倶胝竪指《ぐていじゅし》」（竪指は、指頭《しとう》〈ユビさき〉を〝まっすぐたてる〟こと）がある。あるいはまた「一指頭《しとう》の禅」（一本ユビの禅）ともいって、唐代の禅僧・倶胝和尚は、いかなる問いにも、天龍《てんりゅう》和尚＊1直伝《じきでん》の一指頭《しとう》をもって（ユビ一本を竪《た》てて）応答されたという、その一指頭の教えに由来した公案である。

「倶胝竪指《ぐていじゅし》」（『無門関』第三則、西村恵信訳注）の示衆《じしゅ》（垂示《すいじ》＝序文）には、次のようにある。

倶胝和尚は、誰かれとなく挑戦的な問答を仕掛けてくると、決まって指を一本立てられた

（倶胝和尚、凡《およ》そ詰問《きつもん》有れば、唯だ一指を挙《こ》す）

『碧巌録』の「倶胝《ぐてい》指頭禅」第一九則の本則にも、同趣の記述がある（ただしこちらのほうは、次にかかげるよう、〔 〕内に、圜悟克勤《えんごこくごん》による著語〈短評〉が付せられている）。

倶胝和尚、凡《およ》そ所問《しょもん》あれば、〔什麼《なん》の消息《しかけ》か有る、鈍根《にぶ》い阿師《ぼうず》め。〕只《た》だ一指を竪《た》つ（入矢ほか訳注『碧巌録』……以下ⓐと略す）

本則（公案）は、たったこれだけである。『従容録《しょうようろく》』第八四則（加藤咄堂『修養大講座』……以下ⓒと略す）の「倶胝一指《ぐていいっし》」も、次のように同様で、これに似ている（いっぽう『従容録』のほうは万松老人による著語〈コメント〉が付されている）。

挙《こ》す。倶胝和尚、凡《およ》そ所問《しょもん》有れば只《た》だ一指《し》を竪《た》つ〔許多《そこばく》〈あまた〉の気力を費やして作麼《なに》にするや〕

『従容録《しょうようろく》』や『碧巌録』中の本則では「問わるることあらば」（所問あれ〈ら〉ば）であるが、『無門関』中では〝詰《なじ》り問う〟（詰問有《きつもんあ》れ〈ら〉ば）という、ややつよい言い回しとなっている。

グテイという称《な》

倶胝《ぐてい》和尚という称《な》のいわれについては、「只《た》だ三行の咒《しゅ》を念じて、便《すなわ》ち名、一切の人に超《こ》ゆることを得たり」（『禅苑《ぜんねん》蒙求』巻之下）とある。和尚は常に「倶胝仏母陀羅尼《ぐていぶつもだらに》」を誦《じゅ》しておられたところから、世の人は、かれを倶胝和尚と称《い》った。

倶胝和尚は示寂《じじゃく》のとき（亡くなるとき）、「わたしは天龍和尚直伝《じきでん》の一指頭の禅を得てからは、これを用《もち》いて、つかい尽《つ》くすことは、生涯にわたってなかった」（吾《わ》れ天龍一指頭の禅を得て一生受用不尽《じゅゆうふじん》〈吾得天龍一指頭禅、一生用不尽〉）（『無門関』）といいおいて滅せられた（『碧巌録』では、指を竪《た》てて寂滅《じゃくめつ》す、としるす）。

本師《ほんじ》の天龍和尚、その法嗣《はっす》の倶胝和尚の生没年など詳《つまび》らかではないが、その嗣法次第《しほうしだい》は次のとおり。

大祖師 馬祖道一《ばそどういつ》——祖師 大梅法常《だいばいほうじょう》（七五二—八三九）——本師 天龍（不詳）——当人 倶胝（不詳）

その倶胝が天龍直伝の一指頭の禅を用いるようになったいわれについては、『碧巌録《へきがんろく》』や『従容録《しょうようろく》』のコメント（評唱）中にくわしい。

まず倶胝《ぐてい》和尚の伝をみよう。「金華倶胝《きんかぐてい》」章『景徳伝燈録《けいとくでんとうろく》』巻一一（国訳一切経……ⓑと略す）に、次のようにある。

婺州金華山《むしゅうきんかざん》の倶胝和尚。初め住庵《じゅうあん》するに、尼有り、実際《じっさい》と名づく。庵に到り、笠子《りゅうす》を戴《いただ》き、錫《しゃく》を執《と》りて、師（倶胝）を繞《めぐ》ること三匝《そう》して云《い》く、「道ひ得れば即ち笠子を拈下《ねんげ》せん」と。三たび問ふに、師、皆、対《こた》ふること無し。〔実際〕尼、便《すなわ》ち去る。師曰く、「日の勢、稍《やや》晩《くれ》れぬ。且《しばら》く留《とどま》りて一宿せよ」と。〔実際〕尼曰く、「道《い》ひ得れば即ち宿《しゅく》せん」と。師、又《ま》た、対《こた》ふること無し。〔実際〕尼、去って後、歎じて曰く、「我れ丈夫《じょうぶ》の形に処すと雖《いえど》も而《しか》も丈夫《じょうぶ》の気無し」と。

丈夫《じょうぶ》とは、〝ますらお〟（たくましいおのこ）のこと。前半部のシーンは『従容録《しょうようろく》』ⓒにもある（もっとも、実際尼の傍若無人ぶりについては、『碧巌録』の評唱中にも同様の記述をえがく)。

ⓒ『**従容録**』㈥　初め天台山《てんだいさん》中の一庵に住していた時に、実際という尼さんが尋《たず》ねて来て、案内も乞わずズカズカと庵に入って、冠《かぶ》った笠《かさ》も取らず、杖《つえ》についた錫杖《しやくじよう》をギャリン〱と鳴らしながら、倶胝《ぐてい》和尚が坐禅をしている牀《しよう》（イス・こしかけ）をグル〱と三返《べん》まわつて和尚の正面に立った。ソコデ倶胝が、無断で庵室に入り込んで来た非礼をとがめ、笠を取って挨拶せよといったら「道《い》い得《え》ば即ち笠《かさ》を脱《ぬ》ごう」――和尚は庵中に独り悟りすましたような顔をしているが、和尚らしい一句を吐《は》き得たら、この尼も笠を脱《ぬ》いで、改めて御挨拶もいたしましょう（加藤咄堂訳）

これが伝記（『景徳伝燈録』「金華倶胝《きんかぐてい》」章）の前半部分にえがかれた〝できごと〟であり、『祖堂集《そどうしゆう》』中の一宿覚《いつしゆくかく》（『証道歌』の永嘉玄覚《ようかげんかく》）に関する記事や、あるいは次にみる『景徳伝燈録』中の記載とほぼ同趣*2の記事である。たとえば「錫を持し」たり、「禅牀（あるいは祖）を遶ること三匝する」などの相見《しようけん》法は「馬祖以後の禅僧のしばしば行なう」し方なのである（③佐橋法龍「伝燈録」上、一九五頁）。

錫を振るって三匝　温州永嘉《ようか》玄覚禅師は永嘉の人なり。姓は戴氏、丱歳《かんさい》（アゲマキのころ）にして出家し、遍《あまね》く三蔵《ぞう》を探る。天台《てんだい》の止観円妙《しかんえんみよう》の法門を精《つまびらか》にし、四威儀《いぎ》の中に常に禅観《ぜんかん》に冥す。後、左の朗禅師（天台五祖左渓玄朗）の激励するに因《よ》って、東陽の策禅師（六祖の嗣）と同じく曹谿《そうけい》に詣《いた》る。初めて到りしとき、錫《しやく》を振るい瓶を携えて、祖《そ》（六祖）を繞《めぐ》ること三匝《そう》（三めぐり）し、卓然として立つ。祖曰く、夫《そ》れ沙門《しやもん》は三千の威儀（行住坐臥）八万の細行（些細な作法、礼法）を具す。大徳、何《いず》れの方よりか来りて大我慢（我をたのんで心のおごる煩悩の甚《はなは》だしいもの）を生ずと。師曰く、生死事大、無常迅速なりと。祖曰く、何ぞ無生《むしよう》（真如）を体取し無速を了ぜざると。曰く、体は即ち無生にして、了は本よ

り無速なり、と。祖曰く、如是、如是と。時に大衆愕然たらざるは無し（③佐橋「伝燈録」上、一八九頁）

八万の細行　仏弟子のとるべき「たちい・ふるまい」などの作法のことである。三千威儀と同じく仏弟子の威儀をいう。八万細行とは、八万四千の律儀のことで、おおよその数（大数）をあげたもの。行住坐臥の四威儀に各二五〇戒《かい》があるので一千となる。これを三聚浄戒《じょうかい》に配すると三千となる。これを殺《せつ》・盗《とう》・婬《いん》（身の三支）、両舌《りょうぜつ》・悪口《あっく》、妄言《もうげん》・綺語《きご》（口の四支）の身口七支に対して二万一千となる。これを貪瞋痴《とんじんち》の三毒および等分の四煩悩に配すると八万四千となる（『禅語大辞典』）人間が日常とる所作《ふるまい》には、からだ（身）がつくりだす三つ悪業——**身**三《しんさん》、ことば（口）を発することでもたらされる四つの悪業——**口**《く》**四**《し》、こころ（意）におもいいだく三つの悪業——**意**《い》三《さん》、がある。

さて、婺州《むしゆう》（浙江省《せつこうしよう》）の金華山の倶胝《ぐてい》和尚（のち天龍和尚にまみえ、その法を嗣《つ》ぐ）の住している庵に実際《じっさい》という名の尼僧がやってきた。ときに和尚は椅子《いす》（禅牀《ぜんしょう》）に坐っておられた。すると来訪者の実際《じっさい》尼は、頭には笠《かさ》をかぶり（笠子を戴《いただ》き）、錫杖《しやくじよう》をつきながら（錫《しやく》を執《と》りて）、和尚のまわりを三回めぐって（師を繞《めぐ》ること三匝《そう》して）和尚の正面にたった。つまり尼僧の実際《じっさい》は、倶胝和尚に問答を仕かけてきた（道《い》ひ得れば即ち笠子を拈下《ねんげ》せん）のだ。だが和尚は、その実際尼の問いにこたえられなかった。

和尚が言えないようならば、わたし（実際尼）はただちに（便《すなわ》ち）、ここ（和尚の庵）を辞去

准胝観音

准胝観音は、仏母準提・准胝仏母・七倶胝仏母・尊那仏母などともいい、図像は、胎蔵現図マンダラ中の遍知院にえがかれている。また七倶胝（七千万）とは多を表す数なるが故に、過去無量の諸仏の母たる清浄陀羅尼を主る尊を七倶胝仏母と名く　（『密教大辞典』）

することにします、と。そこで倶胝和尚が「もう日も暮れてきたのだから、今宵《こよい》は逗留《とうりゅう》したらどうか」(日の勢、稍《や》や晩《くれ》れぬ。且《しばら》く留《とど》りて一宿《しゅく》せよ)と提案した。「和尚さんが、わたしの問いに答えてくれるならば、そうしていいですよ」と、実際尼《じっさいに》はいう。それでも和尚はやはり、こたえられなかった。

この前半は、見た目はますらお(たくましい男子)の形《なり》をしていても、わたし(倶胝和尚)という僧は、なんとも情《なさ》けないことだ(丈夫の気無し)、という和尚の自省《じせい》・自戒のことばでおわっている。

これだけではすこし説明ぶそくだろう。「倶胝指頭禅《ぐていしとうぜん》」『碧巌録』第一九則の評唱《ひょうしょう》(コメント)を参照すると、そこには「なにか、的確《てきかく》なひと言《こと》をいい得たならば笠《かさ》を下《お》ろさん」(道い得れば笠子《りゅうす》を拈下《ねんげ》せん)とある。

庵《あん》に到《いた》って直に入って更《さら》に笠を下《お》さず(庵《あん》に到《いた》るや直に入り、更《さら》に笠を下《お》さず〈ⓐ〉)

としるす記事への、実際尼の、その反論・反駁《はんばく》の弁である。次いで、

錫《しゃく》〔杖〕を持《じ》して禅牀《ぜんしょう》(椅子)を遶《めぐ》ること三匝《そう》して云《いわ》く、道《い》い得ば即《すなわ》ち笠を下《お》さんと。是《か》くの如く三たび問う(錫《しゃく》を持《じ》して禅牀《ぜんしょう》を遶《めぐ》ること三匝《みたび》して云《いわ》く、「道《い》い得ば即《すなわ》ち笠を下さん」と〈同〉)

とあるから、実際尼は、和尚に対面するのに〔じっさいは三千もの細かいきまりがあるのに〕、頭《こうべ》には笠を被《かぶ》り、そのうえ手には錫杖《しゃくじょう》をもったまま、つまり〝旅じたく〟のまま(実際頂笠)であったことが分かる。

「三匝《そう》」とは、右遶三匝《うにょうさんそう》のこと。「インドの礼風として、長者を訪ねた時、右まわりに三度めぐるのを法とした」(『禅学大辞典』)とある(匝は、メグる、の意)。「右まわり」とは〝右遶《うにょう》〟(右旋とも。時計回り)のこと、「三度めぐる」ことを〝三匝《さんそう》〟という。したがって実際尼は、一見すると、礼儀にかなった態度をとって、倶胝和尚に応対あるいは面接しようとしていたことがわかる(実際尼のこの所作について、入矢義高監修『景徳伝燈録』〈以下、②と略す〉によると、「自己を押し立てての挑戦的なふるまいであって、仏を敬礼

する右遶《うにょう》三匝とは別」と)。

さらに、和尚さんが何か気のきいた〝ひとこと〟をいって示してくれるならば、いま被《かぶ》っているその笠をとって(〝頂笠〟のままではなく、笠をおろして)、和尚さんに礼儀正しく〝ごあいさつ〟いたしましょう、と。この実際という尼僧《あま》は、さきに倶胝《ぐてい》和尚が「一人前の男子《おのこ》のなりはしていても、ますらおの気《き》概《がい》がない」(丈夫《じょうぶ》の気無し)といって歎《たん》じているのに比《くら》べると、あまたの尼衆(尼たち)の中にあっても、なんとも女丈夫《じょじょうぶ》の気象《きしょう》(女傑の気性《きしょう》)のもち主のようだ。

山神・神人のお告げ

「金華倶胝《ぐてい》」章の後半部、ここは「一指頭の禅」の由来(いわれ)をのべたくだりである。

> 庵を棄《す》て、諸方に往《ゆ》きて参尋《さんじん》せんと擬《ぎ》す。其《そ》の夜、山神《さんじん》、告げて曰く、「此《こ》の山を離るることを須《もち》ゐざれ、将《まさ》に大菩薩《ぼさつあ》有りて来《きた》り、和尚の為《ため》に説法せんとす」と。果《はた》して旬日《じゅんじつ》にして天龍和尚、庵に到《いた》る。師、乃《すなわ》ち迎へ礼《らい》して具《つぶさ》に前事を陳《の》ぶ。天龍、一指《し》を竪《た》てて之《こ》れに示す。師、当下《とうげ》(たちどころに)に大悟《たいご》す。此《こ》れより、凡《およ》そ参学の僧有りて到《いた》れば、師(倶胝和尚)、唯《た》だ一指を挙《こ》するのみにして、別に〔これといった〕提唱《ていしょう》すること無し

実際尼《じっさいに》の問いにこたえられなければ、もうこうして一庵《あん》を構《かま》えて住《じゅう》することなど、とてもできっこない。かくなるうえは、この庵をすてて、あちこちの叢林《そうりん》(禅林)に善知《ぜんち》識《しき》(よき指導者)をたずねては、あらためて教えを請《こ》おう、と倶胝《ぐてい》和尚はひそかに決意した(引文中の「諸方」とは〝各地の叢林〟の意)。

するとその夜のこと、山神(山の神)が、和尚のまえにあらわれて、窮地《きゅうち》におちいっていたかれに「こ

の山から離れなくてもいい、そなたをたすけてれる善知識《ぜんちしき》（大菩薩）がかならずあらわれて、和尚に禅の至極《しごく》をさずけてくれるだろう」（和尚の為《ため》に説法せん）と、サジェスチョンをあたえて安心させてくれた。

この引文の〝夢告《むこく》〟には「山神」云々とあるが、倶胝《ぐてい》和尚はつね日ごろ、観音《かんのん》（准胝観音 Cuṇḍī チュンディー）の真言《ダラニ》（倶胝仏母陀羅尼《ぶつもだらに》）をとなえておられたのだから、おもうに、この山神《さんじん》とは、観音《かんのん》菩薩のインカーネーション(incarnation 変化身・権化《ごんげ》)、あるいはサンスクリット語でいう〝アヴァターラ〟(Avatāra 化身《けしん》・権現《ごんげん》）のごとき存在のものとでもかんがえられようか。

なお、これを「山神《さんじん》」と称するのは『碧巌録』や『従容録』のほか、『景徳伝燈録』の「金華山の倶胝和尚」の章がそうで、いっぽう「神人《しんじん》」という表記もある。『祖堂集』19には、「宴座《えんざ》の中忽然《こつねん》として神人《しんじん》の報じて言く、三五日の間にして大菩薩人有りて到《いた》り来たり和尚の為に説法せん、と」あって、ここでは、〝山神〟ではなく〝神人《しんじん》〟（〝じにん〟ではなく、〝しんじん〟。神のように気高いひと、仙人のような存在のひとのこと）とあるが、いずれにしろ、それは権化《ごんげ》のごとき存在のものであろう。宴座《えんざ》は、〝坐禅〟のこと。

倶胝仏母ダラニ——あだ名のいわれ

山神《さんじん》のお告《つ》げどおり、日ならずして（旬日〈十日ほど〉。『碧巌録』は「次の日」「来日《あす》」としるす）、ひとりの善知識《ぜんちしき》が倶胝《ぐてい》和尚をたずねて庵にやってきた。

善知識（カリヤーナ・ミトラ）とは、「人を教化《きょうけ》して仏道に導きはいらせるひと」とか「高僧」あるいは〝功徳《くどく》のある所行をする人〟（『日本仏教語辞典』）のこと。なお、『碧巌録』「倶胝の指頭禅」のコメント（評唱）中の文には、こうある。

山神告げて曰く、「此《ここ》を離るるには須《およ》ばず。来日《あす》肉身の菩薩有りて来たり、和尚の為《ため》に説法せん。去《ゆ》くに須ばず」

ここには〝善知識〟ではなく、〝肉身の菩薩《ぼさつ》〟とある。しかし、その表現こそ異なっているが、〝肉身〟を有する菩薩とは、〝善知識〟にほかならない。

こうして、夢のお告げどおり、天龍禅師の来庵《らいあん》があった。そこで倶胝《ぐてい》和尚は、過日の一件（前事）を天龍禅師にうったえ、哀願しては、師の教えを請《こ》うたのである。すると和尚の訴えを聞いた天龍禅師は、ただ指を一本を竪《た》てられただけだった。――たったそれだけの所作《しょさ》だったが、倶胝《ぐてい》和尚はたちどころに、指一本を竪《た》てた天龍禅師の真意を悟《さと》って了《りょう》としたのである。

それを『碧巌録』の第十九則「倶胝の指頭禅《しとうぜん》」の評唱《コメント》は、次のようにえがいている。

天龍和尚、庵に到る。倶胝乃《すなわ》ち迎え礼して、具《つぶさ》に前事を陳《の》ぶ。天龍只《た》だ一指を竪《た》てて之《これ》に示す。倶胝忽然《はた》と大悟す。是《こ》れ他《かれ》当時鄭重《ねんごろ》に専注す、所以《ゆえ》に通底《つうてい》脱し易《やす》し。後来凡《そのの》そ所問《しょもん》有れば、只だ一指を竪《た》つ⒜

また倶胝《ぐてい》和尚という〝渾名《あだな》〟のいわれについて、

倶胝、只《た》だ三行の咒《しゅ》を念《ねん》じて、便《すなわ》ち名、一切の人に超《こ》ゆることを得たり（『禅苑蒙求』巻之中）

とあるが、その〝咒《しゅ》〟（陀羅尼《ダラニ》）のもとになったという「倶胝仏母陀羅尼《ぐていぶつもだらに》」とは、具名《ぐみょう》を、「七倶胝仏母所説准提陀羅尼経」（大正二〇）といい、その経中に説かれている、

曩謨《のうも》颯哆喃《さとな》、三　藐三勃陀《さんみゃくさんぼだー》、倶胝喃《くちな》、怛姪陀《たにゃたー》　**唵**《おん》、**折戻拄戻**《しゃれいしゅれい》、**菩提薩婆訶**《ぼーぢそわか》＊3

南無《なむ》　颯哆喃《さとなん》　三藐三勃陀《さんみゃくさんぼだ》　倶胝南《ぐていなん》　怛姪他《たにゃた》　**唵**《おん》　**折隷**《しゃれい》　**主隷**《しゅれい》　**准提**《じゅんでい》　**娑訶**《そわか》（『密教大辞典』）

（オーン　歩むものよ　髻をもつものよチュンディーよ　スヴァーハー）（訳文は『曼荼羅図典』より）

の二十五、六文字からなる呪《じゅ》（陀羅尼《だらに》〈ダーラニー dhāraṇī〉）、倶胝和尚はいつも、それを誦《じゅ》じておられた。

後半部では、あらたに、禅師に仕《つか》えるひとりの童子がくわわって、事態は新たな展開をしめす。

①一童子有り。外に於いて人に詰《きっ》せられて曰く、和尚、何の法要をか説くと。童子、指頭《しとう》を竪起《じゅき》す。帰りて師に挙似《こじ》す。師、刀を以《もっ》て其の指頭を断つ。②童子、叫喚《きょうかん》して走り出づるや、師、召《め》すこと一声す。童子、首《こうべ》を回《めぐ》らすに、師、却《かえ》つて指頭を竪起《じゅき》す。童子、豁然《かつねん》として領解《りょうげ》す。③師、将《まさ》に順世《じゅんせ》せんとし、衆《しゅ》（大衆）に謂《い》ひて曰《いわ》く、「吾《わ》れ、天龍の一指頭の禅を得て、一生、用《もち》い尽くさざりき」と。言ひ訖《おわ》りて示滅す

①倶胝和尚の住まう庵にひとりの小僧がつかえていたが、かれは門外《そと》のひと（外に於いて人に詰《きっ》せられて）（『無門関』では「因みに外人問う」）に「和尚さんは、いつも、どのような説法をしておられるのか」と、そのように問いかけられると、和尚さんを真似《まね》て、ニョキッと指一本をたてた（指頭を竪起《じゅき》す。指をたてる）。そればかりか、そのようすを和尚に自慢げにはなした（「挙似す」とは、挙示す、と等同で、挙《あ》げて示す、の意）。すると和尚は、利刀《りとう》（よく切れる刀）でもって小僧のその指を、無慈悲にも断ち断《き》ってしまわれた（刀を以て其の指頭を断つ）。その賢《さか》しい、なんともこざかしい人まねを断ったのである。

②指を断《た》たれた小僧は、あまりの痛さに大声をあげ（叫喚として）その場より逃げさった（『無門関』では「負《ふ》痛号哭《つうごうこく》して去る」）。その背中に、師の和尚は「おい」とひと声かけられた（一声す）。それにつられて小僧は首をさしむけた（首を回らす）。と和尚は、いつものように、指を一本たててみせられた（却って指頭を竪起す）。すると、それをみた小僧はたちどころに（豁然《かつねん》として）悟った。

（――『碧巌録』の「評唱」中には、次に「且《しばら》く道《い》え、箇《こ》の什麼《なん》の道理をか見たる」(ⓐ)とあるが、『伝燈録』や『無門関』には、この記載はない。）

③師の和尚は亡くなられる（順世＝世間に順じて滅すること、いわゆる遷化《せんげ》のこと）にあたって、こういわれた。「わたしは、天龍禅師より一指頭の禅をさずかった（天龍の一指頭の禅を得て）が、それを生涯のあいだ（一生）用いてもつかいはたすことがなかった（用い尽くさざりき）」と、そういって滅《めっ》せられた（「示滅す」。『碧巌録』では、「脱去《だっこ》す」〈ぬけがらを脱ぐように、そのままの姿で遷化する〉との傍注）。

以上は、『碧巌録』の「評唱《コメント》」とほぼ同一の記述である。なお、「一童子」についてふれた『景徳伝燈録』の箇所《くだり》（「一童子有り」以下）は、〈次にかかげるよう別立ての公案〉「倶胝《ぐてい》竪指」の話としても知られていて、『無門関』第三則の公案中にもでてくるところである。文中の順世《じゅんせ》＊4とは、「僧（釈氏＝釈子〈仏弟子〉）の死」。次は『無門関』の該当原文（西村訳注）。

倶胝和尚、凡《およ》そ詰問《きつもん》有れば、唯《た》だ一指を挙《こ》す。後に童子有り。因《ちな》みに外人《がいにん》問う、「和尚、何の法要をか説かん」。童子も亦た指頭を竪つ。〔倶〕胝、聞いて遂に刃を以てその指を断つ。童子、負痛《ふつう》号哭《ごうこく》して去る。〔倶〕胝、復《ま》た之《こ》れを召《め》す。童子、首《こうべ》を廻《めぐ》らす。〔倶〕胝、却《かえ》って指を竪起《じゅき》す。童子、忽然《こつねん》として領悟《りょうご》す。〔倶〕胝、将《まさ》に順世《じゅんせ》せんとして、衆に謂《い》って曰《いわ》く、「吾《わ》れ天竜一指頭の禅を得て、一生受用不《いっしょうじゅゆうふ》尽《じん》」と。言い訖《おわ》って滅《めつ》を示す

（倶胝和尚は、誰かれとなく挑戦的な問答を仕掛けてくると、決まって指を一本立てられた。倶胝の処にいた童子が、ある時外からやってきた客に、「ここの和尚はどのように仏法の肝要を説いておられるか」と尋ねられ、直ちに指を一本立てて見せた。これを聞きつけた倶胝和尚は、刃をもって童子の指を切断してしまった。

童子は痛みに堪えず号泣して走って逃げた。すると倶胝和尚は「おい、おい」と童子を呼び止められた。童子が振り向くと、今度は倶胝和尚がすっと指を立てられた。その途端に童子はいっぺんに開悟してしまった。倶胝は臨終を迎えると大衆を集めて「私は天竜和尚の処で一指頭の禅というものを得たが、一生かかってもそれを使いきることが出来なかった」と言って、すぐに息を引き取られた)

さきにかかげた『無門関』の原文中の「童子も亦《ま》た指頭を竪《た》つ」と「〔倶〕胝、聞いて遂に刃《やいば》を以てその指を断《た》つ」の間には、みるとおり、何の脈絡《みゃくらく》もないが、文中には、省略された文言《もんごん》がある。そうでないと「聞いて」の内容が判然《はっきり》としない。それを『景徳伝燈録』によっておぎうと、

(一童子有り。外に於いて人に詰《きつ》せられて曰く、「和尚、何の法要をか説く」と。)童子、指頭を竪起す。**帰りて師に挙示《こじ》す**。師、刃を以て其の指頭を断つ」

と。和尚が「聞いて」小僧の指を断《た》ったその〝因由《わけ》〟(由来)がもうすこし明瞭にうかびあがってくる。

小僧は外部《そと》のひとから、「和尚さんは、どのようなご説法をなされていますか」と問われたのにたいして、和尚を真似《まね》て、ニョッキと指一本をたててみせた。そればかりか、そのことを、小僧は師の倶胝和尚に注進すらした(帰りて師に挙示《こじ》す)。本物の〝竪指《じゅし》〟ならばいいが、真似《まね》はどこまでいっても、あくまでもマネである。だから和尚は、小僧の小賢《こざか》しさを、その一指ごとそっくりと断ってしまったのである。

さきにかかげた『無門関』の文中に「後に童子有り」とあった。ここでいう「後」とは、「倶胝の一指頭を竪《た》てだして来て、しばらく経って」(加藤咄堂)、あるいは「……ある時、誰かの質問に対して、倶胝和尚が指を竪てたことのあった、その出来事の後の意」(井上秀天)である。

また『碧巌録』中の同則評唱には、「及至遷化……要会麼」(遷化に及んで……会《え》せんと要《ほっ》するや)につづ

けて「竪起指頭便脱去」（指頭を竪起《じゅき》して便《すなわ》ち脱去《だっこ》す）の一文が添えられている（脱去は、死んで行ったの意）。

童子とは何者か？

この公案（『無門関』）中には小僧のことをただ〝童子〟とのみしるす。いかなる役割を負った人物をさしていうのか、それについてはなんの説明もない。いっぱんに童子とは、「三尺《さんせき》の童子」ならば七、八歳、「六尺《りくせき》の童子」ならば十四、五歳のこどものこと。

では、ここでいっている童子とは、いったい何者か。

・kumāra（音写は鳩摩羅《くまら》、少年・王子の意）の訳。①発心求道《ぐどう》して、まだ剃髪・得度していない幼童をいい、経の読み方などを習う少年。年齢的には『大智度論《だいちどろん》』では四歳以上二〇未満とし、『玄応《げんのう》音義』では八歳以上で、未婚の者をいうなど一定しない（古田ほか監修『仏教大辞典』）

・寺院に居住して未だ剃髪得度をしない少年。仏典学習のかたわら給仕をしたり、高僧のおともをしたりした（岩本裕『日本仏教語辞典』）

童子はまた童行《ずんあん》ともいい、〝落髪《らくはつ》〟（剃髪《ていはつ》）以前の、未得度の仏道修行者のことである。

以上の説明をふまえ、さらに中村元氏によって童子の項を整理しなすと六分類できる（『仏教語大辞典』による）が、その六つの解説中のひとつに、「給仕をする少年」〈『方広大荘厳経』四巻㊅三巻五五九中〉があげられている。

さらには、ここにでてくる童子について、次の文献資料（『五燈会元』巻第四、杭州天龍和尚法嗣「金華倶胝和尚」）中には「一《ひと》りの供過《くか》の童子あり」（「有一供過童子」同二五〇頁）と。童子の職位は〝給侍《きゅうじ》がかり〟とある（②では、供過に「そばづかえ」とフリガナ）。供過《くか》とは、「具《つぶ》さに供過行者《あんじゃ》或は供頭《くじゅう》行者と称し、物の給士をする下役をいう（大久保『道元禅師清規』二五六頁）。

石田瑞麿氏によると、供過行者とは「禅宗で、知事《ちじ》、あるいは頭首《ちょうしゅ》の下にあって粥飯・茶湯・燈燭・榜牌などを上げ下ろしする役。供頭《くじゅう》とも」と。また多屋頼俊氏ほか（『仏教学辞典』）によると、これは禅林における職位のひとつで、「食事を配る者」のことと。これはさきの六項中の「③給仕をする少年」にあたろうか。サンスクリット語では **cetivarga** に該当する。つまりこの童子（年少の行者）は、給仕がかりの少年（供過《くか》行者《あんじゃ》、供頭《くじゅう》行者）にあたろう。

その童子が、外からやってくる人（外人《がいにん》）に、「ここの和尚はどのように仏法の肝要を説いておられるか」（西村前掲書）と問いかけられると、「童子も亦た指頭を竪《た》つ」（『無門関』）という始末。つまり、師の倶胝禅師をまねて、ユビ一本を竪《た》てて外来者に応答したものだから、来訪者たちは困りはてていた。それを耳にした倶胝和尚は刃でもって、少年の一指を斬《き》ってはしまわれた（胝、聞いて遂に刃を以てその指を断つ）。少年は、あまりの痛さに号泣しながら去ろうとした（童子、負痛号哭《ごうこく》して去る）。そのとき、かれはふたたび、師の倶胝和尚に呼びかけられた（〔倶〕胝、復《ま》た之《こ》れを召《め》す）。よびとめられた少年は、首《こうべ》をめぐらして師のほうをふりかえりみた（童子、頭《こうべ》を廻《めぐ》らす）。

ここで、師弟ふたりの所作《ふるまい》を、もう少し細かにさぐってみることにしよう。『無門関』では、和尚によびとめられて童子が振りむいたその刹那《せつな》に、倶胝和尚は、例のごとく、指を一本竪《た》ててみせられた（〔倶〕胝、却《かえ》って指を竪起《じゅき》す）。『碧巌録』第十九則「倶胝の指頭禅」の評唱の記述もほぼこれと同じである。

童子首《こうべ》を回らす。倶胝却《かえ》って指頭を竪起《た》つ。童子豁然《つねん》として領解《りょうげ》す（ⓐ）

これにたいして、『五燈会元《とうえげん》』巻第四の「杭州天龍和尚法嗣《はっす》金華倶胝和尚」の章（『五燈会元』二五〇―二五一頁〈中国仏教典籍選刊〉）の記事には、『無門関』中にはみられない、「童挙手不見指頭」なる一文が文中にさしはさんである。②入矢「伝燈録」にも同じく、「童、手を挙ぐるに指頭を見ず」の一文があり、さらにつづけて「豁然《かつねん》と大悟す」とある＊5。童子がさとったのは、「手を挙ぐるに指頭を見ず」という機縁《きえん》があったからである。同公案（『無門関』）では、さきの西村師訳にも、こうある。

> 童子は痛みに堪えず号泣して走って逃げた。すると倶胝和尚は「おい、おい」と童子を呼び止められた。童子が振り向くと、今度は倶胝和尚がすっと指を立てられた。その途端に童子はいっぺんに開悟してしまった（西村訳注『無門関』）

したがって、ここで一指を竪《た》てたのは、童子ではなく倶胝和尚のほうである。それがこの伝（『五燈会元』）中では、倶胝和尚だけでなく、指を断たれた小僧もまた、手を挙《あ》げて一指を竪《た》てた、と。

じつのところこの文脈では、手を挙げたのは童子か、はたまた師の倶胝だったのか、それが判然《はっきり》とはしない……。が、その竪《た》てようとした一指が無いのに、童子はあらためて気づいた。つまり童子自身は、和尚が指をたててみせた瞬間、いつもの癖で、断たれてもうなくなってしまった、そのいまは喪《な》くしたみずからの一指を、けなげにも、たててみせようとした。その刹那《せつな》、童子（少年）は〝さとった〟（開悟した）のである。それが「童挙手不見指頭」（童、手を挙ぐるに指頭を見ず）という表現となってあらわれている。さらには、その一事が〝さとり〟の発明《ほつみょう》（得悟。開悟）へとむすびついたのであろう。

したがって『伝燈録』中の一文「手を挙ぐるに指頭を見ず」の一文は、師の倶胝和尚が手を挙《あ》げたの意ではなく、童子自らが一指をたてた、ところが少年は、その指をみることはついにかなわなかった、との意だったろう。

『従容録《しょうようろく》』ⓒ第八十四則「倶胝一指」には、次の一節（五一頁）がある。

童子がヒョイと振り向いた途端に、和尚がヒョイと指を一本立てて見せた。童子も反射的にヒョイとやったが、ゆびがない。此の瞬間『童子忽然《こつねん》として領悟す』とあって、倶胝一指頭の禅を悟った

また秋月龍珉《りゅうみん》氏（『無門関を読む』）も同様に解して、次のシーン（六六頁）をえがいている。

小僧も、つられて指を立てようとしましたが、切り落とされて指はありませんでした。そこで小僧ははっと悟るところがありました（六六頁）

鎌倉円覚寺の朝比奈宗源《あさひなそうげん》老師（一八九一―一九七九）は『無門関提唱』中で、『会元』中の記事をあげ、

童子は指を挙げんとしてその指のないのに気づくと同時に……」（傍線は引用者）

とのべている。「金華倶胝和尚」章（『会元』）や『大慧普覚禅師語録』＊6の記事のほうが、無門慧開《むもんえかい》の『無門関』中に記載の記事とくらべてもより詳細で、童子がさとった機縁もさらによく理解できる。

無い一指をたてようとした——この状況をば、「手や足を切断した人が、消失した手や足の部分をまだあるかのように感じ、そこに痛みを感じること」（『大辞林』）を〝幻肢痛《げんしつう》〟（ファントムペイン）というが、その症状・症例からも説明できる。喪失した手、足の部分は、当の小僧にとっては、それはまだ〝在る〟。すでに断たれ喪失した一指ではあるが、小僧（童子）にとってその一指はまだ充分に存在している〝かのように〟感じとられた、そのように〝実感〟された。だから小僧（童子）が無い指をたてようとしたのも〝宜《むべ》なるかな〟で、「もっともなことである」との感を、あらためてつよくする。

〝さとり〟の機縁の不思議については、倶胝和尚が実際《じっさい》尼に激発され、天龍和尚の来庵《らいあん》まで刻苦《こっく》のお

もいをしてすごしたが、実際尼が投げかけた大きな疑団《ぎだん》に誘発され、さらには天龍和尚の示唆《しさ》で〝さとり〟を得た。それというのも尼に励まされた倶胝はそのころ、桶底《つうてい》を脱《だつ》する（さとりをひらく）ほど修行に専念・専注していたからだ（是《かれ》他当時鄭重《ねんごろ》に専注す、所以《ゆえ》に桶底《つうてい》脱し易し〈『碧巌録』〉）との記述がある。

そのようにこの給仕がかりの童子（少年）も、容易《たやす》く、ユビさきひとつで、〝さとり〟をひらいたわけではない。『無門関』がしるすように、童子は、師に〝かくかくしかじか〟と注進したばかりに、「負痛」のおもいを心底から味わう。しかしかれは、これまでしらなかった〝真の味〟（法悦）を、そののち堪能（味わう）するにいたった。これは師の倶胝が尼に激発された〝なげき〟と同根であることもまたわかる。

ここでもう一度、ふたりのさとりの〝内実〟（質）についてサラっておきたい。コメント（評）中にもあるように、倶胝和尚や、そのそばに仕《つか》えていた童子、このあたりのさとりは〝けっして〟指頭上などにあるのではない（倶胝幷《なら》びに童子の悟処《ごしょ》、指頭上に在《あ》らず）。

無門慧開《むもんえかい》の評唱《コメント》は、この「指頭上に在《あ》らず」につづけて、「若し者裏《しゃり》に向かって見得《けんとく》せば、天竜、同じく倶胝幷《なら》びに童子とは、自己と一串《いっかん》に穿却《せんきゃく》せん」とある。「者裏《しゃり》」は「這裏《しゃり》」とも表記されるが、それは「ここ」「そこ」（入矢『禅語辞典』）の意である。「者裏《しゃり》に向かって」とは、加藤咄堂氏によると、「指頭上にあらざる処《ところ》」であって、その意は「此の倶胝並びに童子の悟処が指頭上にないことを見得したらば……」ということだという。見得とは「見てとる」（同）の意。

したがって、師の倶胝和尚によびとめられた童子が、師のたてた一指頭をみて、みずからも常のくせで一指をたてようとし、そしてその一指が師によって断たれていまはもうすで無いことに気づき、さらには、その事実を諾《うべな》った童子が〝さとり〟へと導かれていった、そのさまをもよく理解できる。

さて倶胝和尚は、この世を去る（寂滅《じゃくめつ》する）にあたり、叢林《そうりん》（修行道場）の修行者らに、「天龍和尚直伝の一指頭の禅を活用して、三十年来、用《もち》い尽《つ》くすことがなかった」と、そういいおいて入滅《にゅうめつ》した。

以上がこの公案の本則で、後半部は、無門慧開《むもんえかい》（一一八三―一二六〇。月林師観《げつりんしかん》〈一一四三―一二一七〉の嗣《し》）による評唱《コメント》と頌《じゅ》（詩文）とがつづき、この公案は終わっている。

著者の無門慧開による、この本則（公案）にたいするコメント（評唱）は、こうである（西村訳より）。

> 倶胝も童子も、指先ぐらいで悟ったわけではないぞ。もしお前たちにその本当のところが見抜けるものなら、天竜和尚、倶胝和尚、そして童子らと一緒に、お前自身も一串に刺し貫かれるであろう

つまり公案作者たる無門慧開《むもんえかい》のコメント（評唱）中にもあるとおり、指だ、ユビだ、と騒ぎたてているけれども、ふたりの「悟処《ごしょ》」（さとり）は、けっして、指先になどあるのではないぞ（「指頭上に在らず」〈指先ぐらいで悟ったわけではないぞ〉）、つまり、指先には、なんらの用もないのである、と。

指は、〝指月《しげつ》の指《し》〟といって、〝月《つき》〟（真理）をさす〝指《ゆび》〟そのものにたとえられる。かといって、月（真理）をさす指のその先（月＝真理）にあるものを見ずして、指《ゆび》（手段）そのものだけを見ても、けっして真理そのものを得た（明《あき》めた）ことにはならない。それを「指先ぐらいで、禅の要諦を悟ったわけではない」のだ、と。

なお倶胝和尚が天龍和尚よりうけついだ「一指頭の禅」とは、華厳経《けごんぎょう》の教理がもとになっているとも説かれている（加藤咄堂）。たとえば『碧巌録《へきがんろく》』の垂示《すいじ》（イントロ）の冒頭には、

> **一即一切**　塵ひとつ上がればそこに大地が入っている。花一輪開けばそこに世界が始まる。塵がまだ上がらず花がまだ開かない時、どこに着目するか。そこで、一束の糸を斬るように全てを一気に

たち斬り、一束の糸を染めるように全てを一度に染めてしまう、と言うのだ。今、このまま言葉による分別を断ち切り、自己の本性を持ち出すことができたら、高くても低くてもみな応ずることができるし、前にも後にも違うことはなく、それぞれがそのまま顕らかになる〈末木文美士編『現代語訳 碧巌録』上、三一六頁〉（一塵《じん》挙《あが》って大地収《おさ》まり、一花《け》開いて世界起《おこ》る。只だ塵未だ挙《あが》らず、花未だ開かざる時の如きは、如何《いかに》か眼《まなこ》を著けん。所以《ゆえ》に道《い》う、「一綟糸《れいし》を斬るが如し、一斬すれば一切斬。一綟糸を染むるが如し、一染すれば一切染」と。只だ如今《いま》便ち葛藤を截断して、自己の家珍を運出せば、高低普《あまね》く応じ、前後差《たが》うこと無く、各各現成せん。儻或《もし》未だ然らずんば、下文を看取《み》よ）ⓐ「碧巌録」上、二五一頁）

「一塵挙って大地収まり」（塵ひとつ上がればそこに大地が入っている）とは、つまり華厳経《けごんぎょう》に「一がすなわち（即）一切であるということ。一と一切とが隔即して無礙《むげ》なることをいう」（一即一切《いちそくいっさい》）とある（中村元）。「一即十」を説明して、「もし一を単位とすれば、この一を離れて二ないし十はない。また二ないし十は一の中に含められて存在していることから、一と十とは相即するように、一塵・一念の中にも、一切仏土は無量の時劫をおさめて、無礙円融《むげえんにゆう》である相を示す。華厳宗の用語」とある（同）。つまり「一切の中に一を知り、一の中に一切を知る」（加藤咄堂）ことである。また「一花開いて世界起る」（花一輪開けばそこに世界が始まる）とは、「一花の開いたのを見れば、世は春になったことがわかる」（同。岩波版に付された傍注には、「微小な一塵・一花の中に、無限の大地・世界が含まれている」）と。

この垂示《すいじ》は、『従容録《しょうようろく》』では「示衆《じしゅう》」（示《しめ》シテレ衆《しゅ》ニ云《ク》＝大衆に教誡《きょうかい》を示訓すること）とよばれるが、本則《ほんそく》（公案）の〝小序〟のようなものであって、本則の意趣（考え）を明らかにするための小文である。

ためしに、『従容録』ⓒ第八十四則（公案）の示衆をあげる、「一を聞いて千を悟り、一を解すれば千に従う」（一聞千悟、一解千従）であり、脚注を参照すると、「一つ花が開けば世界の春を知る如きをいう」（高崎直承）とある。なお、②入矢「伝燈録」では、この〝一指〟についてふれ、

『荘子』「斉物論」の「天地は一指、万物は一馬〈万物の対立のなくなった境位〉」『肇論《じょうろん》』「涅槃無名論」の「天地は我と同根、万物は我と同体」（大正四五―一五九中）＊7が、一指頭禅を生む思想的背景となろう

と、〝一指頭禅〟誕生のバックボーンについてふれている（加藤『無門関』一六〇頁も参照）。

ひとつ事に徹した禅僧たち

さて倶胝和尚は、どのような質問にもただ一指をたてて応酬《おうしゅう》された。そのように、〝一事《じ》〟（ひとつこと）に徹底された禅僧がたは、倶胝和尚のほかにも、幾人《いくたり》かを数えることができる。それら禅僧について、「倶胝《ぐてい》指頭禅」『碧巌録』第一九則の評唱中 では、たとえば⑴秘魔常遇《ひまじょうぐう》（八一七―八八八）や⑵打地《だち》和尚（伝不詳。馬祖の法嗣）、さらには⑶無業《むごう》禅師（七六〇―八二一）の事蹟《じせき》をあげ、その名をつらねて言及している。

秘魔《ひま》〈常遇和尚〉は平生只《た》だ一扠《しゃ》を用《もち》う。**打地《だち》**和尚は、凡《およ》そ所問《しょもん》有れば、只《た》だ地《ち》を打つこと一下《ひとたび》す。後《のち》、人に佗《そ》の棒を蔵却《かく》され、却《そののち》に「如何《いか》なるか是れ仏」と問われ、他《かれ》只だ口を張《あけ》るのみ。亦《ま》た是れを一生用い尽《つ》くさず……**無業**〈禅師〉は一生凡《およ》そ所問《しょもん》（問われる）有れば、只《た》だ道《い》う「妄想《もうぞう》する莫《なか》れ」と

「扠《しゃ》」とは、サスマタのこと。ふたまたにわかれた叉木《またぎ》のような道具。棒のさきに〝琴柱《ことじ》〟（和琴《わごん》の胴部分にたて、弦《げん》をささえる道具）をさかさまにしたような叉木《またぎ》をつけたもので、別名を琴柱《ことじ》棒ともいう。

まず⑴**秘魔《ひま》常遇《じょうぐう》**和尚（八一七―八八八）の伝をみると、「南岳下。范陽《はんよう》（河北省）の人。……大中四年〈八五〇〉五台山《ごだいさん》に登り、華厳寺《けごんじ》菩薩堂に詣《もう》で、文殊《もんじゅ》に見《まみ》えて右手中指を施《ほどこ》す。ついで文殊降龍の地とされる

秘魔巌《ひまがん》に至り、茅《ぼう》（かやぶきの粗末な家、茅屋《ぼうおく》）を結んで一七年間住す。常に一木叉《もくしゃ》を持して学人の接化にあたる」『禅学大辞典』と（木叉道人とも〈加藤〉）。次の『景徳伝燈録』のほか、『祖堂集』などにも同趣の記事。

五台山の秘魔巌和尚は常に一木叉《もくしゃ》（木叉。木づくりのサスマタ）を持つ。僧の来《きた》りて礼拝《らいはい》するを見る毎《ごと》に、即ち頸《くび》を叉却して云く、「那箇《なこ》の魔魅《まみ》か汝をして出家せしむ。那箇《なこ》の魔魅か汝をして行脚《あんぎゃ》せしむ。**道《い》ひ得るも也た叉下《さか》に死なん**、道《い》ひ得ざるも也《ま》た叉下に死なん。速《すみやか》に道へ」と。学僧、対《こた》ふる者有ること鮮《すくな》し（『景徳伝燈録』ⓑ巻第一〇）

次に加藤咄堂氏の訳をかかげる（『碧巌録大講座』4、第一九則「倶胝指頭禅」一六〇頁）。

常に一本のサスマタのやうな叉木《またぎ》を以て相手の首根っ子をギュッと挾《はさ》んで、／『何らの魔魅《まみ》が汝をしてその様に出家せしめたか。汝をしてそのやうに行脚《あんぎゃ》せしめるのか、さァ一句言へ。言い得るも此の木叉で挾み殺すぞ、言い得ざるも此の木叉で挾み殺すぞ』／と、凄い見幕でキメつけるのが、お定まり手段で、曾《かつ》てこれに満点の答案を呈した坊さんがないと言われたものであります

魔魅《まみ》とは、ひとをたぶらかす魔物《まもの》のことで、それを、魑魅魍魎《ちみもうりょう》というではないか。もっともそれがもし秘魔巌でのことならば、それはもっぱら〝山のばけもの〟（魑魅《ちみ》⇅魍魎）ということになろうか。＊8

次に⑵**打地**和尚（?—七七三）の伝をみてみよう。

忻州《きんしゅう》の打地《だち》和尚は、江西《こうせい》に旨を領してより、自ら其の名を晦《くらま》す。凡《およ》そ学者、問いを致さば、惟《た》だ棒を以て**地を打ち**て之《こ》れに示すのみ。時に之れを打地和尚と謂《い》う。一日、僧に棒を蔵却せられ、然《しか》る後《のち》問わるるに、師、但《た》だ其の口を張るのみ。僧、門人に問いて曰く、「打つ意旨は如何《いかん》」と。

琴柱（日国）

門人、即ち竈《かまど》底より柴《しば》一片を取りて釜中に擲在《てきざい》す（『景徳伝燈録』巻第八）

文中、打地和尚のことがでてくる。棒を蔵《かく》されてしまった和尚は、「但《た》だ其の口を張るのみ」とある。〝張る〟とは、『碧巌録』ⓐでは「張《あけ》る」という〝よみ仮名〟がふってある。これは〝あんぐりとして、口をあけたけど、ひと言も発しなかった〟の意だろう。

手にサスマタ（刺股《さすまた》・首金《くびがね》）があったればこそ、あいての首根《くびね》っ子《こ》を挾《はさ》みこむことも可能だっただろうし、あるいは棒（ないしは拄杖《しゅじょう》）でもあったなら、それでもってあいてを打擲《ちょうちゃく》することもできたろう。が、その為人《いにん》（学人の指導）接化《せつけ》（説得指導）のだいじな道具を蔵《かく》されてしまった今は、ことばを発して口（たとえば〝喝〟など）でこたえるほかはなくなってしまった。しかし、「其の口を張《あけ》るのみ」とある。口をあけこそしたが、それ（ことばを発すること）すら叶《かな》わなかった、と。

江西《こうぜい》というと、長江《ちょうこう》中流の南の地のことだが、「打地《だち》和尚」伝中にみるこの江西《こうぜい》とは、江西省南昌府の開元《かいげん》寺にあって教線をはった「馬祖道一《ばそどういつ》」禅師の謂《いい》（意味）である。

馬祖の下《もと》にあって嗣法《しほう》した者をあげると、有名な百丈懐海《ひゃくじょうえかい》や南泉普願《なんせんふがん》をはじめとし、〝震旦《しんたん》の維摩《ゆいま》〟と称せられた龐蘊《ほううん》（龐居士。？—八〇八）、あるいは倶胝和尚にとっては祖師にあたる大梅法常《だいばいほうじょう》（杭州天龍の本師）や、猟師出身で、彎弓《わんきゅう》（弓彎《ひ》き）の名手としてしられた石鞏慧蔵《せっきょうえぞう》（後出）などがいる。

いまとりあげた秘魔《ひま》常遇《じょうぐう》や打地《だち》和尚、あるいは〝妄想〟すること莫《なか》れでしられている無業《むごう》禅師など、馬祖下の法嗣《はっす》たちはなかなか多士済々《たしせいせい》で、唐・宋期の〝禅僧伝〟をいろどる禅の匠《たくみ》たちである。

さらに次には(3)**無業《むごう》**禅師（七六〇—八二一）の伝をさぐる。

汾州《ふんしゅう》（山西省汾陽県）の無業《むごう》禅師は、商州上洛（陝西省商県）の人なり。姓は杜氏。初め母の李氏、空中に、「寄居せん、得《よ》ろしきや」と言えるを聞き、乃《すなわ》ち覚《さ》めて娠める有り。誕生の夕《ゆうべ》、神光、室《へや》に満つ。俯《はじめ》て丱歳《かんさい》（アゲマキのころ）に及ぶや、行かば必らず直視し、坐すれば即ち跏趺《かふ》す。九歳にして、開元寺の志本禅師に依《よ》りて大乗経を受く。五行、倶《とも》に下り・諷誦《ふじゅ》して遺《ぬか》ること無し。十二にして落髪《らくはつ》し、二十にして具戒を褒州《ほうしゅう》（陝西省）幽律師に受く。四分律《しぶんりつ》の疏《しょ》を習《なら》い、才《わずか》に終れば便《すなわ》ち能《よ》く敷演《ふえん》す。毎《つね》に衆《しゅ》僧の為に涅槃《ねはん》の大部を講じ、冬夏に廃する無し。後、馬大師の禅門（禅宗）鼎盛《まつさかり》なるを聞き、特に往《ゆ》きて瞻礼《せんらい》す（拝して礼拝する）。馬祖《ばそ》、其の状貌《じょうぼう》（かおかたち）の瓌偉《かいい》（瑰偉。すぐれて珍しい）にして、語音の鐘の如くなるを覩《み》て、乃《すなわ》ち曰く、「巍巍《ぎぎ》たる仏堂、其の中に仏無し。」と……凡そ、学者の問いを致《いた》さば、師、多く之《こ》れに答へて云く、「莫妄想《まくもうぞう》」

（②入矢「伝燈録」巻第八〉）

寄居せん、とは、同録の傍注に、「本義は宿をとることだが、ここでは託胎《たくたい》、つまり、胎《はら》を借りて人の世に生まれること」とある。託胎《たくたい》とは、仏教語で、「母の胎内《たいない》に宿ること」である。

開元寺の志本禅師とは、不詳、とあるから、生没年および本貫《ほんがん》（出身地）など、いずれも詳《つまび》らかではないという。褒州幽律師もおなじく、不詳とある。

莫妄想《まくもうぞう》とは、「妄想《もうぞう》すること莫《なか》れ」の意である。妄想とは「常識的な対立的見解を抱いて分別の心を生ずること」（国訳本の脚注）との説明がある。また②入矢「伝燈録」には、「問答はすべて妄想であるとして、殆ど応じなかったこと」と傍注《ぼうちゅう》にある。

——このように一事（ひとつこと）に専心された禅僧がたは、この「一生莫妄想《まくもうぞう》」（一生、妄想すること莫れ）＊9で有名な汾州《ふんしゅう》（山西省）の無業《むごう》和尚や、本公案（「倶胝の指頭禅」）の本則にでてきた一指頭づかいの名人ともいうべき倶胝和尚のほか、いまあげた評唱中のサスマタづかいの〝名手〟秘密巌和尚や、〝地団駄《じだんだ》踏み〟の打地《だち》和尚のほか、幾人《いくたり》かがあげられる。

これら禅僧のほかに、「瑞巌只《ずいがんた》だ喚《よ》ぶ主人公」の公案（『無門関』一二の「巌、主人を喚ぶ」）でしられる㋑瑞巌師彦《しげん》禅師などもまさにそうで、ひとつ事《こと》に専注された。瑞巌は徳山宣鑑《とくさんせんかん》禅師の法嗣《はっす》、巌頭全豁《がんとうぜんかつ》の嗣《し》（つまり徳山宣鑑禅師の孫弟子。台州瑞巌院に住す）で、かれには、次の公案がある。

瑞巌彦《ずいがんげん》和尚、毎日自ら「主人公」と喚《よ》び、復《ま》た自ら応諾《おうだく》す。乃ち云く、「惺惺着《せいせいじゃく》。諾《だく》。他時異日《たじいじつ》、人の瞞《まん》を受くること莫《なか》れ。諾諾《だくだく》」（瑞巌の彦和尚は、毎日自分に向かって、「おい主人公」と喚びかけ、自分で「はい、はい」と応えられるのであった）（西村訳注『無門関』「巌、主人を喚ぶ」岩波文庫）

あるいはこのほか「禾山解打鼓《かざんかいたこ》」（『碧巌録』四四則）の㋺**禾山無殷**《かざんむいん》（八八四―九六〇）禅師なども一事（ひとつこと）に専心したことで有名である。この禅師は禾山《かざん》（吉安府〈江西省〉）の大智院に住したので、山名をとって禾山禅師とよばれる。名は無殷《むいん》である。

禾山は七歳（乾寧四年、八九七年）のとき、徳山宣鑑《とくさんせんかん》禅師の嗣《し》、雪峰義存《せっぽうぎぞん》（真覚大師。当時七六歳）に参じて出家している＊10が、雪峰はこののち、ほどなくして示寂《じじゃく》（九〇八、八七歳）しているから、かれはその後、筠州《いんしゅう》（江西省）九峰山《きゅうほうざん》の道虔《どうけん》（不詳）に参じ、その法を嗣《つ》ぐこととなった。

その次第――青原行思《せいげんぎょうし》から九峰山《きゅうほうざん》の道虔《どうけん》、さらには禾山にいたるまでの嗣法者《しほう》は次のとおりである。

青原行思《せいげんぎょうし》↓石頭希遷《せきとうきせん》（七〇〇―七九〇）↓薬山惟儼《やくさんいげん》（七四五―八二八）↓雲巌曇晟《うんがんどんじょう》（七八二―八四一）・道吾円智《どうごえんち》（七六九―八三五）↓石霜慶諸《せきそうけいしょ》（八〇七―八八八）↓九峰道虔《どうけん》（不詳）↓禾山無殷《かざんむいん》（八八四―九六〇）

さきには巌頭全豁《がんとうぜんかつ》に法を嗣《つ》いだ㋑瑞巌師彦《ずいがんしげん》禅師の名をあげたが、こうしてみると、ここでの九峰道虔の嗣《し》（あとつぎ）、㋺禾山《かざん》禅師（雪峰のもとで出家）といい、当時、徳山宣鑑《とくさんせんかん》禅師の法嗣《はっす》である巌頭や雪峰ゆかりの禅僧（九峰道虔）らが、いかに活躍していたかがよくわかる。

㋺禾山禅師は「解打鼓《かいたこ》」『碧巌録』第四四則の公案で知られている。解打鼓は、「カイタコ」のほか「カイタ〔ダ〕ク」「ゲタク」などともよまれ、「解《よ》く鼓《く》を打つ」（ⓐ）と訓《よ》むよう、〝よく鼓《く》を打つことができる〟の意である。公案の本則（なおこの公案には垂示の部分を欠く）中に「四打鼓《しだく》」についてこういう。

禾山垂語《かさんすいご》して云く、「習学、之を聞《もん》と謂い、絶学、之を隣《りん》（旧字では、鄰）と謂《い》う。此の二つを過ぐる者、是を真過と為す」。

同公案（禾山解打鼓）は、本則のこの文につづけて、禾山《かざん》と、ひとりの僧との問答をえがいている。そこで禾山は、僧の問いかけにたいして、いずれの場合（四たび）も「解打鼓」と答えて応答している。したがって、これを「禾山《かざん》の四打鼓《したく》」（公案名「解打鼓《かいたこ》」）と称《い》っている。

僧出でて問う（以下、この僧は、四問をあげて、禾山にたずねている）――

「一　如何《いか》なるか是れ真過……真の超越とは何ですか」、「二　如何なるか是れ真諦《しんたい》……仏法の真理とは何ですか」、「三　如何なるか是れ非心非仏《ひしんひぶつ》……即身即仏はさておき、非心非仏とは何ですか」、「**四**　向上の人来たる時、云何《いかん》が接せん……至高の人が来た時にはどのように導かれますか」（以上、末木編『現代語訳碧巌録』）いずれのばあいも、解打鼓――能《よ》く太鼓を打つことができる、とこたえている。なお、禾山無殷《かざんむいん》禅師の伝は、『景徳伝燈録』（巻第一七）、『祖堂集《そどうしゅう》』（巻一二）に『五燈会元《とうえげん》』（六）があるが、これら『景徳伝燈録』や『五燈会元』中に、「解打鼓」の文句はみられない。

②弓箭をひく石鞏―石鞏の毒箭《どくせん》

志賀直哉の『暗夜行路《あんやこうろ》』中の公案や禅話《ぜんな》についてもう少しふれてみてみたい。そこでは、「南泉猫児《びょうじ》を斬《き》る話」につづく「石革」云々中にでてくる主人公は「石革」ではなく、正しくは〝石鞏〟である。

石鞏《せっきょう》は、慧蔵《えぞう》（馬祖道一の嗣《し》）のことで、「唐代の人。南岳下。貫姓不詳」（『禅学大辞典』）とあるとおり、出身地（本貫《ほんがん》）も姓氏《せいし》（みょうじ）も詳《つまび》らかでない。

この石鞏（しゃっきょう、とも）はもともと猟師《りょうし》だった。そういうところから、かれは、大弓をもって学人《がくにん》（修行者）を指導（接化《せつけ》）したという。

その「石鞏彎弓《せっきょうわんきゅう》」*11の話について『碧巌録《へきがんろく》』第十三則「巴陵《はりょう》の銀椀裏《ぎんわんり》」は、その評唱《コメント》にこういう。

道吾《どうご》、笏《こつ》（手版）を舞《まわ》せば同人会《え》し、石鞏、弓を彎《ひ》けば作者《さくしゃ》諳《そら》んず（石鞏慧《え》蔵《ぞう》）

（道吾が笏を持って舞うと、同志にはわかり、／石鞏が弓を引くと、やり手の連中にはお見通しだ〈末木編『現代語訳　碧巌録』〉）

笏《こつ》は、ほんらいシャクと訓じる。備忘《びぼう》のメモをはるための細長い板、手版《しゅはん》（おもに朝儀のさいに使用）。

〝弓を彎《ひ》く〟（彎弓《わんきゅう》）とは、あるいは〝弓を張《は》る〟（張弓《ちょうきゅう》）ともいい、弓をひきしぼること。

作者は、サクシャと訓《よ》んで、いわゆる作家《さっけ》の意、ひいては「練達した禅匠」（入矢『禅語辞典』）とか「禅機にすぐれたひと」のことである。

また、諳《そら》んず、とは、「チャンと承知していること」（加藤咄堂）。あるいは、入矢ほか訳注本（ⓐ岩波文庫）には、「石鞏慧蔵（馬祖の法嗣）は弓に矢をつがえて人をためした」との傍注《ぼうちゅう》（一九九頁）がある。

石鞏が大きな弓を彎《ひ》いて学人《がくにん》（修行者）を待ちうけては接得《せつとく》（指導）した（きたるべき〝あとつぎ〟をまっていた）、その状況《さま》については、以下、もう少し詳しくうかがってみることにしたい。

すると前文中の「弓に矢をつがえて人をためした」とあるその〝人〟とは不特定の人びとかともかんがえられるが、そうではなくして、ある特定の人物のことだ、との推測もまたうまれてこようか。もし、そうだとすれば、はたして、その人物とは、いったい何者だろうか。

『碧巌録《へきがんろく》』第八十一則「薬山《やくさん》、麈中《しゆちゆう》の麈《しゆ》を射《い》る」（薬山射麈中）の評唱《コメント》にいう。なお麈《しゆ》とは、鹿《しか》の王たるオオジカ、つまりは、鹿の群《む》れをひきいる王鹿《おおじか》のこと。

古《いにしえ》石鞏師有り、弓矢を架《つが》えて坐す。是《かく》の如くすること三十年、知音一箇《ちいんひとり》も無し（その意を知りつくした道友は一人もない〉）。三平的《まと》に中《あた》り来たり、父子相投和《あいとうわ》す ⓐ

父子相投和《ふしあいとうわ》す、とは、まず父子とは、たんなる親子のことでないのはいうまでもない。〝師資《しし》〟のこと、つまり師（師匠）と弟子（資）のあいだの意気がたがいに通いあっている、そんな関係にある存在のことである。たとえば、ふたりながらして潙仰宗《いぎようしゆう》をうち立てた師弟――潙山霊祐《いさんれいゆう》と、その法嗣《はつす》で〝小釈迦〟といわれた仰山慧寂《ぎようざんえじやく》（八〇七〜八八三）など、禅宗史上によく知られている〝父子〟関係がある。

ここでいう父子とはまさに、石鞏と三平の父子関係――つまり師弟をさしていっている。

前掲引文の「古《いにしえ》石鞏師有り、弓矢を架《つが》えて坐《ざ》す」云々は、第八十一則の評唱中に「法灯《ほつとう》に頌《じゆ》有り、云《いわ》く」とあるように、これは、法灯泰欽《ほつとうたいきん》（諡《おくりな》して法灯《ほうとう》禅師〈?—九七四。法眼文益の嗣〉）の頌文《じゆぷん》（詩文）中の文句だとわかる。

これは、石鞏が三十年も弓箭《きゆうせん》を持って知音《ちいん》を待って居

笏
手版のこと

たが、三平の来るに遇《お》うて**半箇《はんこ》の聖人**を射得《いえ》たりというのを頌《じゅ》した＊12「半箇《はんこ》の聖人」とは、半人前《はんにんまえ》の聖人ということで、「禅語では大力量をもつ稀有《けう》なる人をいう」（『前掲辞典』）が、このさいは三平義忠《さんぺいぎちゅう》禅師（七八一―八七二）そのひとの〝別称〟でもある。

一箇・半箇＊13は、一人・半人の意。半箇《はんこ》（半人前）の聖人、つまりは、法（おしえ）を伝授する、伝えるに足るべき弟子のこと、ここでいうと三平のことである。三平義忠ははじめ石鞏《せっきょう》（石鞏《しゃっきょう》とも）に参じ、のちに大顚宝通《だいてんほうつう》（石頭希遷の嗣《し》。七三二―八二四）の法を嗣《つ》いでいる。したがって、さきほどの「弓に矢をつがえて人をためした」とあった、その〝人〟とはまさに、三平義忠《さんぺいぎちゅう》禅師のことである。

猟師の慧蔵、禅門に入る——石鞏趁鹿

次の伝は、馬祖道一《ばそどういつ》禅師の嗣《し》＝石鞏慧蔵《せっきょうえぞう》が禅門に入った機縁《きえん》（めぐりあい）をのべた〝箇所《くだり》〟である。

撫州《ぶしゅう》石鞏の慧蔵《えぞう》禅師は、本《も》と、弋猟《よくりょう》（狩り）を以《もっ》て務《つとめ》と為《な》し、沙門《しゃもん》を悪《にく》み見る。因《ちな》みに群鹿《ぐんか》を逐《お》い、馬祖《ばそ》の庵の前に従って過ぐ。〔馬〕祖、乃《すなわ》ち之を逆《むか》う。〔慧〕蔵問う、和尚（馬祖）、鹿《しか》の過ぐるを見るや否《いな》や、と。〔馬〕祖曰く、汝《なんじ》は是れ何人《なんぴと》ぞ、と。〔慧蔵〕曰く、猟者なり、と。〔馬〕祖曰く、汝、射を解《よ》くするや否《いな》や、と。〔慧蔵〕曰く、射を解《よ》くす、と。〔馬〕祖《そ》曰く、汝、一箭《せん》にして幾箇《いくつ》を射《い》るや、と。〔慧蔵〕曰く、一箭《せん》に一箇《こ》を射《い》る、と。〔馬〕祖曰く、汝、射を解《よ》くせず、と。〔慧蔵〕曰く、和尚（馬祖）、射を解《よ》くするや否《いな》や、と。〔馬〕祖曰く、射を解《よ》くす、と。〔慧蔵〕曰く、和尚（馬祖）、一箭《せん》に幾箇を射《い》るや、と。〔馬〕祖曰く、一箭に一群を射《い》る、と。〔慧蔵〕曰く、彼此、是れ命あり、何ぞ他の一群を射《い》るを用いん、と。〔馬〕祖曰く、汝、既に是《か》くの如きを知らば、何ぞ自《みずか》ら射《い》ざる、と（ⓑ巻第六）

これは石鞏がまだ猟師《りょうし》だったころの、ひと日のできごとである。かれが鹿《しか》の群《む》れを趁《お》って猟《りょう》をしていると、いつしか馬祖《ばそ》の住《じゅう》していた庵《いおり》の前にたどりついた。そしてその庵前で、猟師の石鞏と馬祖のふたりが問答をかわしたのである。

まずはじめに猟師の慧蔵《えぞう》が馬祖禅師に「このあたりを鹿《しか》の群《む》れ（群鹿）が通りすぎたのをみませんか」と訊《たず》ねると、馬祖はそういう慧蔵に不審《ふしん》なおもいをいだいたのであろうか、「おまえさんはいったい、何者か」とあらためてたずねた。すると「わたしは慧蔵という猟師です」。馬祖はかさねて、「猟師というからには、おまえは弓《ゆみ》をよく射《い》るのであろう」と問うと、「はい、そのとおりです、わたしは弓をよく射《い》ます」と猟師の慧蔵《えぞう》はこたえている。

ここまでは、馬祖禅師と猟師慧蔵《えぞう》による変哲《へんてつ》もない会話である（文中の「解《よ》くす」とは、〝よくする〟ということである）。しかしそこは禅匠たる馬祖のこと、かれはその慧蔵《えぞう》に「おまえは一箭《せん》（一つの箭《や》）で、何匹の鹿《しか》を射止《いと》めることができるのか」と、いかにも禅者らしい問いをしかける。すると慧蔵は「一つの箭《や》では、一匹の鹿《しか》しか射《い》ませんよ」と、これまた実直なこたえである。すると馬祖は石鞏にいう、「おまえは、射《い》ることが、あまりよくできないな」と。これに納得いかないのは石鞏だ。「では、和尚さんならば、どうなんですか」――和尚さんならば、もっとすばらしい弓をひくことでしょうね、とこれまた、すぐれた問いをかえす。すると馬祖は「一矢（一箭）で鹿の群れを、まるごと射《い》てしまう」とこたえている。

こうした因縁があって石鞏《せっきょう》はとうとう、この馬祖道一禅師のもとに参じることになった、これが、馬祖に入門するにいたるその由縁をしるしたところである。

南嶽《なんがく》下の馬祖道一禅師のもとには、七十六名（『五燈会元』による）の嗣《し》法者《ほうしゃ》がいるが、ここでとりあげた人びともいる。そこでなんといっても面白いのは、無業《むごう》禅師（七六〇―八二一、馬祖の嗣）や秘魔巌《ひまがん》和尚（常遇。八一七―八八八、霊湍の嗣）、打地《だち》和尚（不祥、馬祖の嗣）など、一事に専注した禅僧を多く輩出したということであろうか。もっとも、かの石鞏ですら、嗣法の弟子三平（半箇《はんこ》）をえようと、三十年も辛抱づよく弓を彎《は》って待ちうけていたのだから、この法系に次第する禅僧に特徴的なことだろうか。

馬祖道一→百丈懐海・石鞏慧蔵・大梅法常・汾州無業・秘魔巌和尚・打地和尚・龐蘊居士

この法系にでてくる龐蘊居士《ほうおんこじ》とは、娘の霊照女《りんしょうじょ》とのコンビでもしられ、また、震旦《しんたん》〈中国〉の維摩居《ゆいまこ》士《じ》と称せられた〝龐居士《ほうこじ》〟で、日蝕《にっしょく》の日に昇天（示寂）しようとしたが、〝敏捷い《はしつこ》〟（俊なる）娘（霊照）にさきを越されて遷化《せんげ》（死去）されてしまった（『祖堂集』巻第一五にくわしい）、そんなエピソードもある。

さて、さきには石鞏《せっきょう》が学人接化《せっけ》（接得指導）にあたって常づね「大弓《だいきゅう》」を張って待ちうけていた、とのべたが、その一端をえがいた画《え》（禅機図＊14）がある。よく知られたものに、大仙院《だいせんいん》（京都）旧蔵といわれる方丈障壁画《ほうじょうしょうへきが》のうちの「禅宗祖師図」（東京国立博物館蔵）がある。

その中に狩野元信《かのうもとのぶ》（一四七六?―一五五九）の「三平開胸」（あるいは「石鞏張弓《ちょうきゅう》」）の障壁画がある。

それをみると、むかって右手には、樹《き》（松?）の根方《ねかた》には弓をひき絞《しぼ》った（彎弓《わんきゅう》した、あるいは、張弓した）石鞏禅師がひかえており、その左手前方には両手で胸をはだけて（胸を撥開《はっかい》して。撥開《はっかい》は、パッとひらく）、「さあ、射《い》てみよ」といった風情《ふぜい》で堂々とたちはだかった三平像がえがかれている（画人に狩野元信《かのうもとのぶ》や海北友松《かいほうゆうしょう》がいる）。そのシーンについては次にかかげる伝に詳しい。

殺人箭《せつにんせん》か活人箭《かつにんせん》か

殺人剣・活人剣とは禅録中によくみることばだが、殺人箭《せつにんせん》（人を殺す箭《や》）あるいは活人箭《かつにんせん》（人を活かす箭《や》）とはおのずから明らかであろう。〝殺活《せっかつ》〟とは、学人（修行者）をみちびく禅の指導者がもちいる〝自在なるはたらき〟のことである（後出の佐橋法龍氏の引用を参照）。

なお、この三平義忠《ぎちゅう》（七八一―八七二）はのちに潮州（広東省）大顚宝通《だいてんほうつう》（七三二―八二四）の法を嗣《つ》ぐことになるが、かれが禅に参じたそもそものキッカケは、ここにあげた石鞏《せっきょう》との〝であい〟によるのはもちろんのことである。次は、その由縁のいったんをしるした伝（ⓑ巻第一四）からである。

石鞏彎弓　漳州《しょうしゅう》三平〔山〕の義忠禅師は福州の人なり。姓は楊氏なり。初め石鞏に参ず。石鞏、常に弓を張り、箭《や》を架して以《もつ》て学徒を待つ。師（三平）、法席に詣《いた》る。〔石〕鞏曰く、箭を看《み》よ、と。師（三平）、乃《すなわ》ち胸を撥開《はっかい》して（パッと開いて）云《いわ》く、此《こ》れは是《こ》れ**殺人箭**《せつにんせん》なり。**活人箭**《かつにんせん》は又《ま》た作麼生《そもさん》、と。〔石〕鞏、乃ち弓《ゆみ》の絃《つる》を扣《たた》くこと三下《げ》す。師（三平）、便《すなわ》ち礼《らい》を作《な》す。〔石〕鞏云く、三十年、一張

石鞏慧蔵

馬祖：一箭《せん》にして幾箇を射《い》るや（ひとつの矢で何匹を射るか？）
慧蔵《えぞう》：一箭に一**箇**《こ》を射《い》る（ひとつの矢では一匹しか射ませんヨ）
慧蔵《えぞう》：一箭に幾箇を射《い》るや（では、和尚さんはどうですか？）
馬祖：一箭に一**群**を射《い》る（わたしは、群れをまるごと射つくすゾ）

の弓と両隻《りょうせき》の箭《や》をもって、只《た》だ半箇《はんこ》の聖人を得しことを謝《しゃ》す、と。遂《つい》に弓絃《ゆづる》を拗《よう》す（ねじりまげる）長年のあいだ、法を伝えるにたる真個《まこと》の弟子を求めるため、弓を彎《ひ》き（彎弓）つづけてきた石鞏だが、かれはとうとう、それにかなう好箇《こうこ》の人材——三平（義忠禅師）を得ることができたのだった。

このようにその所期《しょご》の目的を果たした（つまり弟子を得た）石鞏は、それまで（永年）持参の弓箭《きゅうせん》をおりまげる。なぜなら、もうこれ以上、弓箭《ゆみや》をかまえてだれかを待ちうける要はなかったからだ。弟子ともよぶべき高材《こうざい》（好箇の人材、仏子）をえてはじめてかれ自身、その足跡を、後世にのこすことができたのである。これはおおくの禅僧がそうであるように、法を伝え遺《のこ》すべき人材をつくらなければばならない、そのことを意味している（禅匠としての役割）。それが出来なければ、禅僧にとって、伝法の意味はなくなってしまう。先師からうけついだ〝法〟の伝授ため、徳山宣鑑《とくさんせんかん》なり、巌頭《がんとう》なり、雪峰《せっぽう》なり、唐宋時代のそれぞれの禅僧は、その一事《じ》のため、こころを尽くしてきた（これが代々〈世々〉にわたる法の伝承、つまり、逓代相承《ていだいそうじょう》の意である）。

「〔石〕鞏《きょう》曰く、箭《や》を看《み》よ、と。師（石鞏の弟子、三平のこと）、乃《すなわ》ち胸を擘開《はっかい》して（パッと開いて）云《いわ》く、此《こ》れは是れ殺人箭《せつにんせん》なり。活人箭《かつにんせん》は又《ま》た作麼生《そもさん》」との文には、こういう意を宿しているのであろう。

次の訳は、石鞏や三平そのひとの本意をよく伝えている。

「この箭《や》が目に入るか」／石鞏がまずこういうと、三平は胸もとをぐっとおし開いて、／「射れるものなら、みごと射ぬいてごらんなさい。そんなものは所詮《しょせん》人殺しの道具にすぎません。ひとつ、人を生かし仏にする箭《や》を拝見したいものです」／といった。／すると石鞏は、思わず、わが意を得たりとばかり、弓の弦《つる》を指さきで三度かるくたたいた。三平もそれをみると、ニッコリほほえんで、深く一礼した。石鞏がいった。／「この三十年、一張《ちょう》の弓と二本の箭《や》をもって多くの学人にあい対してきたが、はじめて一人の仏子を得た。ありがたいことだ（佐橋『景徳伝燈録』二四四—二四五頁）

三平の述懐（『祖堂集』）に、「あのときは、してやったとばかり思ったが、今にしておもうと、してやられていたな」（『続・純禅の時代』）とは何とも興趣ある感懐だが、少々できすぎた〝はなし〟ではある。

③船子和尚と夾山の話

ところが「船子《せんす》和尚と夾山《かっさん》の話」もまた『景徳伝燈録』（や『永平元和尚頌古《えいへいげんおしょうじゅこ》』）中にみえる話ではあるけれども、読書人にあまねく知られわたっている話（公案）ではない。

前話と同様に、これも、一箇《こ》半箇《はんこ》（一人半人、つまり、きわめて少数人）の嗣《し》（すぐれたあととり）をうるのに難渋《なんじゅう》したという、その接化《せっけ》為人《いにん》の困難なさまをいったものだろう。まずは伝を繙《ひもと》いてみよう。

船子和尚（華亭和尚、船子徳誠《とくじょう》）は、武宗《ぶそう》（八四〇—八四六在位）による法難〝会昌《かいしょう》の沙汰《さた》〟＊15のとき、華亭県《かていけん》の江上《こうじょう》（大河の上）に扁舟《へんしゅう》（こぶね）をうかべて、渡《わた》し守《もり》に身をやつし、来たるべき世を待っていた禅僧で、薬山惟儼《やくさんいげん》の嗣《し》（法をついだ者）である（徳山宣鑑もこのころ、独浮山の石室に難を避けている）。

沙汰《さた》とは、「米を水洗いして砂を取り除く。転じて、物の善悪をよりわける。淘汰《とうた》」（『漢字源』）の意である。また、禅語辞典によると、「沙石《させき》より金を沙《よ》り分《わ》くる事にて、善悪《ぜんあく》を分類することなり。即ち官より僧尼の善悪を吟味して悪しき僧を還俗《げんぞく》さするを沙汰と云う。唐の会昌五年（或は四年）の毀仏を会昌沙汰と云うは、道教を善とし、仏教を悪として毀《こぼ》てるなり」（山田）。なお、天下の寺院四千六百を毀《こぼ》ち（こわし）、二十六万五百もの僧尼を還俗《げんぞく》させた＊16。

船子和尚（本貫・俗姓など不詳）の同学・同参の禅僧に、道吾《どうご》円智《えんち》（七六九―八三五。予章〈江西省〉の人）や雲巌曇晟《うんがんどんじょう》（七八二―八四一。鐘陵建昌《しょうりょうけんしょう》〈江西省南城県〉の人）がいる*17。

なかでも次は、船子和尚と、同参の道吾とのやりとりからである。

煙波のかなたへ　華亭《かてい》の船子《せんす》和尚、名は徳誠《とくじょう》にして、薬山《やくさん》に〔法を〕嗣《つ》ぐ。嘗《かつ》て、華亭《かてい》の呉江（江蘇省松江府の大湖にのぞんだ地）に於て一小舟を汎《うか》ぶ。時に之《こ》れを船子和尚と謂《い》う。師（船子和尚）、嘗《かつ》て同参（船子と同じく、薬山の嗣）の道吾《どうご》〔円智〕に謂《い》いて曰く、他後に霊利の座主《ざす》有らば、一箇《こ》を指し来《きた》れ、と。道吾、後《のち》に京口和尚夾山《かっさん》を激励して、師（船子和尚）に参礼《さんらい》せしむ。師（船子和尚）、問うて曰く、座主、甚《なん》の寺にか住する、と。〔夾山善〕会《ね》、曰く、寺は即ち住せず。住せば即ち似ず、と。師（船子和尚）、曰く、似《に》ずと、箇の什《な》麼《に》にか似る、と。〔夾山善〕会、曰く、目《め》前《さき》に相似《あいに》るたるものなし、と。師（船子和尚）、曰く、何《いずれ》の処《ところ》よりか学得し来る、と。曰く、耳目の到る所に非ず、と。師、笑いて曰く、一句合頭《がっとう》の語（理にかなったことば）、万劫《まんごう》の繋《け》驢《ろ》橛《けつ》（やくたたず）なり。垂糸千尺（ながい釣り糸）の意は深潭《じんたん》（ふかい潭《たん》＝淵《ふち》）に在《あ》り。鉤《かぎ》（つりばり）を離るること三寸、速《すみ》やかに道《い》え、と。〔夾山善〕会、口を開かんと擬《ぎ》するや、師（船子和尚）、便《すなわ》ち篙《こう》（さお）を以って水中に撞在《どうざい》す（つきおとす）。因《よ》って大悟す。師（船子和尚）、当下《とうげ》に舟を棄《す》て逝《ゆ》く。其の終りを知ること莫《な》し（ⓑ巻第一四。『五燈会元』巻五にも載す）

「寺は即ち住せず。住せば即ち似ず」とは分かりづらいが、最新の訳（小川隆訳）には「寺には即ち住せず、住すれば即ち寺ならず」と。「寺には住みません、住んだら寺でなくなります」（柳田聖山訳）とある。

文中、「一句合頭の語」とは、そのうち合頭は「契当《かいとう》・会《え》得《とく》の意。絶対の真理（一句）にかなった（契当《かいとう》した）語」のことである。「万劫《まんごう》の繋《け》驢《ろ》橛《けつ》」とは「たとえ真理に契《かな》った語でも、それに執着すれば自由の分を欠くことになる、の意」。「繋驢橛」とは「驢《ろ》馬《ば》を繋《つな》ぐ橛《くい》のことで、①全く役に立たない無意味なもの。②束縛されて自由の分を欠くこと、文字言句に執着して悟境から遠ざかること」。

柳田聖山訳に、「さもありそうなドグマの一句こそ、永劫《えいごう》に動きのとれぬロバの杭《くい》ぞ」とある。小川隆訳には「真実をぴたりと言いとめた一言は　永劫に驢馬を繋ぎとめる棒杭にほかならぬ」と。

また、「垂糸千尺の意は深潭に在り」とは、「千尺もの長い糸を垂《た》れる目的は深潭の大物を釣《つ》ることである」と（国訳『景徳伝燈録』〈ⓑ〉脚注）。

同様の話が『禅苑蒙求《ぜんねんもうぎゅう》』上「船子麟《りん》（鱗は、大力量の人）を得たり」や、『五燈会元《とうえげん》』の中にもある。

予《わ》れ賦性《ふせい》（うまれつき）疎野《そや》にして唯《た》だ山水を好むのみ、情を楽しめ自ら遣《や》るの外、更に所能なし。後に至りて我が所止の処《ところ》を知るならば霊利の座主《ざす》一人を指《さ》し来《きた》らしめよ（章末「霊利の漢」を参照）

と、船子和尚は、道吾《どうご》に頼んでいる。この出来事は師の薬山惟儼が世を去《さ》ったあとのことである。

師弟（道吾を指している）にひとつたのみがある。わしはここで分れたあとは、蘇州華亭県にあって、小さな舟をさがして、水のうえで遊んで暮す。そのうちに、霊利な男がみつかったら、そいつをわしのところによこしてくれ（『祖堂集《そどうしゅう》』柳田訳）

本師《ほんじ》薬山禅師のもとを離れるに及んで、つまり、薬山惟儼亡きあとのこと、同参（同学）の道吾円智《どうごえんち》＊18にそのような頼みごとをして、かれ（船子）は、ひとり秀州《とうしゅう》（浙江省）華亭《かてい》におもむいた。

「霊利《れいり》の座主一人」とは、先師《せんじ》の法を伝えるのに足るふさわしい人物、ということである。それも、「若《も》し雕琢《ちょうたく》する（玉をみがく）に堪《た》うるものならば、平生《へいぜい》の所得《しょとく》を傾倒し、以《もっ》て先師（薬山禅師）の恩に報《ほう》ぜん」がためだという。「平生《へいぜい》の所得《しょとく》」とは、常ひごろ、いだいていた法（みおしえ）、の意であろう。

この船子和尚とは船子徳誠《とくじょう》のことで、船子和尚は、道吾《どうご》（円智）と同じく薬山惟儼《やくさんいげん》禅師の法を嗣《つ》ぎ、唐代に生きた禅僧である。時代はまさにあの会昌《かいしょう》時代（会昌五〈八四五〉）、廃仏《はいぶつ》（廃教）があった時代のことで、当時の禅僧、たとえば巌頭《がんとう》禅師がそうであったように、船子自身も〝渡し守《もり》〟に身をやつして、小舟（扁舟）を操《あやつ》っては往来《おうらい》（往《ゆ》き来）の客に、み法《のり》を説いたという。

◇華亭《かてい》に至りて小舟《こぶね》を泛《うか》べ、縁に随《したが》って日を度《わた》る。人、其《そ》の高行《こうこう》（すぐれおこない）を知ること莫《な》し。
因《よ》って号して船子和尚と曰《い》ふ……乃《すなわ》ち舟を覆《くつがえ》して水に入って逝《せい》す『釈氏稽古略』巻第三

◇秀州《とうしゅう》（浙江省）華亭《かてい》に在《あ》って一小舟を浮かべ、往来《おうらい》の人を渡して縁に随《したが》い機に応じて法を説く。時人、
呼んで華亭《かてい》の船子和尚という。法を夾山善会《かっさんぜんね》に伝えて後、自ら舟を踏翻《とうほん》して煙波《えんぱ》に没《ぼっ》す『禅学大辞典』

時のひと（時人）は、徳誠《とくじょう》禅師のことを「華亭の船子和尚」とよんだ。夾山善会《かっさんぜんね》という高才《こうさい》（高材）を得た船子は、舟（扁舟《へんしゅう》）を履《くつ》がし、靄《もや》のたちこめる波の彼方《あなた》へと消え去っていった。

巌頭《がんとう》といい、この船子《せんす》といい、唐末を生きた禅者ならではの〝生き方〟といえよう（船子徳誠は、本貫《ほんがん》〈出身地〉も生没年も詳らかではない）。

本師《ほんじ》薬山惟儼《やくさんいげん》禅師の法（おしえ）をつたえのこしたい、もしそれ（伝授）に堪《た》えうるような人物（霊利の座主）がいたなら徹底的に鍛《きた》えあげたいから（平生の所得を傾倒し）、わたし（船子）のもとに寄越《よこ》してほしい、とかつての同輩（道吾）にたのみ、そこへ寄越《よこ》されたのが夾山善会《かっさんぜんね》（八〇五―八八一）である。

この夾山善会《かっさんぜんね》はついには船子和尚のおしえ（法）を嗣《つ》ぐのだが、この師弟の出会い（夾山、船子に見《まみ》ゆるの縁）については、「船子夾山図」「船子夾山問答図」などに図画されていて、それはいわゆる「禅機図《ぜんきず》」としてよくえがかれている（因陀羅《いんだら》〈生没年不詳。元末の禅宗画家〉の筆《て》によるものなどが知られている）。

船子和尚は、やってきた夾山善会《かっさんぜんね》にさっそく問答をしかけているが、かれの答えに満足できなかったようで、船子和尚は夾山《かっさん》を舟からサオでもって突きおとしてしまう（〔善〕会、口を開かんと擬《ぎ》するや、師、便ち篙《さお》を以て水中に撞在《とうざい》す）。そればかりか、水中にあって齷齪《あくせく》している夾山《かっさん》に、さらに「道《い》え、道え」と逼《せま》っている。夾山らしい究極の（気概ある）一句を吐《は》いてみせヨ、とうながしているのである。

そのように水中にあってアップアップするような窮地《きゅうち》に陥《おちい》ってこそ、夾山《かっさん》ははじめて、船子和尚が問いかけたその真意がわかって〝さとり〟を得るのである（因《よ》って大悟す。師、当下《とうげ》に舟を棄《す》てて逝《ゆ》く。其の終《おわり》を知ること莫《な》し〈以上の引用は、国訳一切経「史伝部」14『景徳伝燈録』〉）。

さきほどの引文（『景徳伝燈録』）をみると、法を伝えるにたる人物（嗣法《しほう》の弟子）、つまり、夾山善会《かっさんぜんね》を得た船子《せんす》こと徳誠《とくじょう》禅師は、「当下《とうげ》に舟を棄《す》てて逝《ゆ》く。其《そ》の終《おわり》を知ること莫《な》し」とあるから、嗣法《しほう》の弟子をえると、たちどころに、いずこともなく姿をくらましてしまった。*19

夾山善会《かっさんぜんね》は、「夾山、剣を揮《ふる》う」（『従容録』六八、『禅苑蒙求』上）の問答があるように、活人剣《かつにんけん》や殺人刀《せつにんとう》という表現を〝禅〟の世界にもちこんだはじめてのひとだという。

夾山というと、『碧巌録』「降魔表《ごうまひょう》」の著者がいる。こちらは「夾山無碍《むげ》」のことであって、夾山善会《かっさんぜんね》とは別人であって、『碧巌録』の共著者ともいうべき圜悟克勤《えんごこくごん》禅師をさす。

なお、徳山宣鑑禅師の嗣《し》（法のあとつぎ）巌頭全豁《がんとうぜんかつ》といい、薬山惟儼《やくさんいげん》の嗣《し》の船子和尚といい、残唐《ざんとう》という厳《きび》しい時代を生きた仏者・禅者らしいあり方を示している人物たちといえそうだ。これなど、いかにも独接心《どくぜっしん》（ひとりでする禅。接心《せっしん》・摂心《せっしん》とは、心を摂《おさ》めること）を愉《たの》しんだ志賀直哉ごのみのはなしではある。

独りでする禅というと、「枯禅」（ひとりざぜん）をおもう。「それは、枯木のように、ひとり無心に坐禅をつづけて、樵人の顧みるところともならぬ意である」（柳田『純禅の時代』）と。群居を好まない（枯禅）のひと、それはまさにここで採《と》りあげた船子和尚がそうで、志賀が魅《ひ》かれた所以《ゆえん》でもあろう。

＊1　**天龍**　唐代の人。南岳《なんがく》下。杭州（浙江省）の人。馬祖下の大梅法常《だいばいほうじょう》に法を嗣《つ》ぎ、門下に対し常に一指を立て、金華山の倶胝を打出した人。天龍一指の禅として知られるが、伝録には短い上堂と問答語おのおの一篇を載《の》すのみで、その行履《あんり》は不詳（『禅学大辞典』）。

南嶽懐奘→馬祖道一→大梅法常→杭州天龍→金華倶胝

＊2　**遶禅床三匝、振錫一下、卓然而立**　あるいはⓐ『碧巌録』第二〇則「龍牙西来意」の評唱にも同様の記述〈錫を持して章敬に到る。禅床を遶ること三匝《みたび》、錫を振うこと一下《ひとたび》し、卓然として立つ〉。

＊3　**真言**　加藤咄堂『無門関』上、第三則「倶胝竪指」（『碧巌録大講座』13、一五七頁）。倶胝和尚のダラニについてのべた記事は少ない。ここにかかげた加藤咄堂氏によるもののほか、井上秀天氏の『無門関の新研究』（二三六―二三七頁）に比較的くわしく記されている。その真言とは「ノウマクサッナン　サンミャクサンボダ　クチナン　タニャタ　**オン　シャレイ　シュレイ　ジュンティ　ソワカ**」。

＊4　**釈氏の死**　「世間に随順して死を示す意味」（『禅学大辞典』）で、『釈氏要覧』下に「釈氏の死を涅槃《ねはん》・円寂・帰真・帰寂・滅度・遷化・順世と謂《い》い、皆な一義なり」（釈氏死謂涅槃・円寂・帰真・帰寂・滅度・遷化・順世、皆一義也）と。釈氏とは、釈子、つまりは〝仏弟子〟（仏子）のことをさしていう。

＊5　**指頭を見ず**　以下の引文は、『景徳伝燈録』四（入矢監修）による。童子が「豁然と領解」したのは、同書の傍注によると、「一供過《そばづかえ》の童子有り、人に事を問わるる毎に亦た指を竪てて祇対《こた》う。人、師に謂いて曰く、和尚、童子も亦た仏法を会せり、凡そ問う有らば皆な和尚の如く指を竪つ。師一日潜かに刀子を袖に

して、童に問うて曰く、你《(なんじ)》仏法を会すと聞く、是なるや。童曰く、是なり。師曰く、如何なる是れ仏。童は指頭を竪起《た》つ。師は刀を以て其の指を断つ。童叫喚《さけ》びて走り出づ。師、童子を召す。童回首《ふりかえ》る。師曰く、如何なるか是れ仏。童、**手を挙《あ》ぐるに指頭を見ず**、豁然《からり》と大悟す」と。これは『五燈会元』巻第四（「金華倶胝和尚」章）中の記事だが、『景徳伝燈録』や『無門関』などと比しても、文意がかなり判然《はっきり》としていて分かりやすい。なおここでは「**童子ハ、わが手を挙《あ》げたが、師に断《た》たれたその一指を見ず**」の意にとった。

*6　「倶胝、遂に童子を喚ぶ。童子、頭を回す。倶胝曰く、『如何なるか是れ仏』と。童子、覚えず手を将《も》って起《た》つるも指頭を見ず、忽然として大悟す」。倶胝はふりかえった童子に、「如何なるか是れ仏」と問うている。

*7　天地同根万物一体とは、「禅家では、天地万物はそのまま仏性の顕現であり、自己の本心と異ならないの意として、好んで用いている（『禅語大辞典』）。

*8　**魔物**　入矢前掲書によると、「一体、どんなばけものがお前に出家や行脚のこころを引き起こさせたのか。魔魅は人をたぶらかす魔物。修行者の馳求する下心を露呈させる問い」との傍注がある（一三七頁）。

*9　**妄想するなかれ**　凡《およ》そ、学者、問いを致さば、師、多く之《こ》れに答へて云く、莫妄想《まくもうぞう》と（『景徳伝燈録』巻第八）。夢窓国師はその著『夢中問答《むちゆうもんどう》』で、「昔、無業《むごう》国師（馬祖の嗣）一生の間、学者の問いを答えるに、莫《まく》妄想《もうぞう》の一句を以てす。若《も》し人、此《こ》の一句を透得せば、本有《ほんぬ》の智慧徳相便《すなわ》ち現前《げんぜん》すべし」という（加藤訳）。

*10　吉州禾山の無殷《むいん》禅師は福州の人なり。姓は呉氏、七歳にして雪峯《せつぽう》の真覚大師に依《よ》って出家す。年満ちて受戒し、遊方《ゆほう》して筠陽に抵《いた》りて九峯《きゆうほう》に謁す。峯《ほう》、入室を許す（『景徳伝燈録』巻第一七）。

*11　**石鞏彎弓**　彎弓《わんきゆう》とは、弓を彎《ひ》くこと、弓を張ること。石鞏慧蔵《えぞう》が弟子を接化するにあたって、弓に矢をつがえて向けるのを常習したのに基づく因縁（『禅学大辞典』）。「彎弓《わんきゆう》」（弓を彎《ひ》くこと）を「張弓《ちようきゆう》」とも。三平《さんぺい》は唐代の僧にして、義忠禅師といい、支那福州楊子の子なり。初め石鞏に参ず、石鞏和尚、僧の

来るあれば即ち弓を引いて試む。一日三平和尚到《いた》る、石鞏弓を張《は》る例の如し、曰く此箭《このや》を看《み》よ。三平平然胸を開いて曰く、人を殺すの箭《や》か、人を活《い》かすの箭か、什麼生《そもさん》と。石鞏即ち弓を控えて曰く、吾れ三十年一張の弓に両双の箭を架《か》け、未だ半個《はんこ》の聖人を射得ずと、遂に弓箭を捨つという。之《これ》を石鞏張《ちょう》 弓《きゅう》又三平開《さんぺいかい》 胸《きょう》という……。（斎藤隆三『画題辞典』）。

嗣法次第は、曹溪慧能→青原行思→石頭希遷→大顚宝通→三平義忠となる。

＊12 **殺人箭か活人箭か**　加藤『碧巌録大講座』10、二七〇頁。

「三平胸を撥開して云《いわ》く、此《こ》れは是れ殺人箭《せつにんせん》か、活人箭《かつにんせん》か。〔石〕鞏、弓弦《きゅうげん》を弾ずること三下《さんげ》（弓の弦を三たびはじいた）。三平便《すなわ》ち礼拝《らいはい》す。〔石〕鞏云く、三十年、一張《ちょう》の弓、両隻《りょうせき》（二本）の箭《や》、今日《こんにち》只だ半箇《はんこ》の聖人を射得《いえ》たりといって、便ち弓箭《きゅうせん》を拗折《おうせつ》す（弓箭を折ってしまった）」（加藤前掲書、二六七頁）。

なお、旧大仙院《だいせんいん》方丈壁画のうち、「禅宗祖師図《そしず》」（狩野元信筆。東博蔵）六幅のうちに、「石鞏張弓・三平開胸」の図があり、そこには、松（?）の樹の根方《ねかた》にあって、彎弓《わんきゅう》した（弓を彎《ひ》いた）石鞏と、胸を撥開《はっかい》して（パッと開いて）そのままえに立ちはだかった、堂々たる立ち姿を呈した三平の像とがえがかれている。

＊13 **「箇」の字音**　宗派ごとの〝ヨミ〟をこまかにしるす観応《かんのう》の『補忘記《ぶもうき》』によると、真言宗では「箇」の字を〝カ〟と訓《よ》んで、一箇《か》といい、禅宗ではそれを〝コ〟（古）とよみならわし、一箇《こ》・半箇《はんこ》（一人・半人）という。

『補忘記《ぶもうき》』：〈「江戸前期の語学書」二巻。観応著。貞享四年（一六八七）刊。……所収の語に施された節《ふし》博士は国語アクセント史料としての高い価値を持つ〉（『日国』）。「再訂本〈三巻〉、九五年刊。……室町時代のアクセトを反映」（『大辞林』）と。

＊14 **元信筆**　東京帝室博物館（現、東京国立博物館）に狩野元信の筆（大徳寺大仙院旧蔵）があり、京都聖沢院には海北友松《かいほうゆうしょう》の図あり（斎藤前掲書）。

*15 **沙汰** 武宗会昌五年、道士趙帰真《ちょうきしん》、宰相李徳裕《りとくゆう》の謀《はかりごと》を用いて、天下の寺院を毀折し、**僧尼の俗に帰る者は二十六万人なり**。長安の人は夜穆王の家吏を見るに、云《いわ》く「李炎《りえん》は寿を奪い位を去る」と。宣宗《せんそう》は即位して、趙帰真等の十三人を捕えて之《こ》れを誅《ちゅう》す、李徳裕（七八七―八四九）は崖州《がいしゅう》に貶死《へんし》す（国訳『仏祖統記』第五四、九五八頁）

*16 『資治通鑑《つがん》』巻二四八〈会昌五年五月〉、『十八史略』『仏祖統記』四三巻

*17 なお『祖堂集』では、道吾をも鐘陵建昌の人としるす。また雲巌曇晟と道吾円智の二人は〝きょうだい〟とも？

*18 後に因《ちなみ》に道吾は夾山《かっさん》の〔善〕会《ね》禅師を指して来参せしむ（『釈氏稽古略』巻第三）。夾山を指して船子誠禅師に華亭《かてい》に見《まみ》へしむ（同前）。師、嘗《かつ》て同参の道吾《どうご》に謂《い》ひて曰く、他後に霊利の座主《ざす》有らば、一箇《こ》を指し来《きた》れと、道吾、後に京口和尚善会《ぜんね》を激勉して、師に参礼《さんらい》せしむ（『景徳伝燈録』巻第一四）。

*19 **船子、鱗を得たり** 『禅苑蒙求《ぜんねんもうぎゅう》』上の「船子、鱗《りん》（鱗は、大力量の人）を得たり」には、「乃《すなわ》ち船を覆《くつがえ》し、水に入りて逝《せい》す」とある。夾山という、法を伝授するに足る人材を得た船子は、釣るべきものを、もうこれ以上、もたなかった（「江波《こうは》を釣り尽くし始めて金鱗に遇《あ》う」『禅苑蒙求』）。

コラム

霊利の漢ということ

すでにみてきたように、船子徳誠《とくじょう》は本師（薬山惟儼）亡きあと、同輩（雲巌曇晟や道吾円智）とわかれてそれぞれの道を歩むが、その別れに際して、道吾にひとこと託す。「他後に霊利の座主《ざす》有らば、一箇《こ》を指し来《きた》れ」と。そして徳誠はひとり、蘇州華亭県におもむく。それと同趣のはなしが存するので、以下に紹介する。

登場人物は、臨済義玄、その本師の黄檗希運《おうばくきうん》、さらには黄檗を辞した臨済が師の指示でおもむく大愚《だいぐ》であ

る。

このはなしは、『臨済録』に付せられた馬防撰の「序」中にでてくる人物たちである。

河南に生れた義玄が、はるか江南の地に黄檗希運を訪ねるに至った詳しいいきさつは知られないが、恰も希運が洪州刺史の斐休（797-870）の帰依により、洪州高安県の近くに黄檗禅苑を開創し、天下の禅徒を集めつつあったのは、会昌（841-846）より大中初年（847-）にかけての頃である。義玄の参禅は恐らく会昌以前であり、希運の黄檗山開創に先立つが、とにかく黄檗の許に来た義玄は、彼の有名な大悟の日に至るまで、ひたすらに純一無雑の数年を送ったらしい。

彼の大悟の事件について、祖堂集の記載のみは、次に引くように、他と著しく異っているが、寧ろ此の甚だ素朴な文章には、極めて信をおくべきものがある。

……………………………………………………

ある日、黄檗和尚が説法のときに言った。昔、余が大寂禅師（馬祖）に参じていた頃、仲間に大愚という男があった。彼はずいぶん諸方に行脚し、識見高明だったが、衆と共に居るのを嫌い、今独り高安県の山中に庵居している。曾て、余と別れるとき、彼はこう言ったものだ――他日若しこれぞと思うすぐれた修行者が見つかったら、一人俺のところによこして欲しい、と。――衆僧の後方で聞いていた臨済は、一人ですたこら、大愚のところに出かけた。黄檗から聞いた話を告げて入門を乞うと、彼はその夜、大愚の前で、瑜伽唯識に関する学識を傾けて大いに論じた。大愚は一晩中、黙りこくって聞いていたが、翌朝、臨済に申し渡した――老僧はこの通りの山家住い、はるばる訪ねて来てくれた君のことを思って、とにかく一夜の宿をかしたまでだ。それだのに君は一晩中、わしの前で全く礼儀知らずにも、ごたごたと雑言を吐きちらしたりして何事だ。言い終るや、大愚は数棒を与えて戸外に突き出し、ぴしゃりと門をとじて了った（平野宗浄『定本 臨済禅師語録』、「解説」〈柳田聖山〉一四四頁。傍点は引用者）

なお、同記事は『祖堂集』巻第十九（江西下巻第六曹渓五代法孫）にある。

○

『臨済録』（朝比奈宗源訳注、岩波文庫、1935）／『臨済録』（入矢義高訳注、岩波文庫、1989）／『臨済録提唱』（足利紫山、大法輪閣、1954）／『臨済録』（柳田聖山、大蔵出版株式会社、1972）

○

『無門関』（西村恵信訳注、岩波文庫、1994）／『無門関講話』（神保如天、明治書院、1949）／『無門関提唱』（山本玄峰、大法輪閣、1960）／『無門関提唱』（朝比奈宗源、山喜房仏書林、1972）／『無門関の新研究』上・中・下巻（井上秀天、宝文館、1922―1925）／『無門関』（安谷白雲、春秋社、1965）／『無門関解釈』（紀平正美、岩波書店、1918）／『無門関』（平田高士、筑摩書房、1969）／『無門関を読む』（秋月龍珉、講談社学術文庫、2002）

○

『碧巌録』（国訳禅宗叢書　第七巻、同刊行会、1920）／『碧巌録』（朝比奈宗源、岩波文庫、1937）／『朝比奈宗源老師碧巌録提唱』（朝比奈宗源、山喜房仏書林、1980）『碧巌集』（平田高士、大蔵出版株式会社、1982）／『碧巌録新講話』（井上秀天、京文社書店、1931）／『碧巌録大講座』（加藤咄堂、平凡社）／『碧巌録』上・下（大森曹玄、橘出版、1994）／『碧巌録』上・中・下（入矢義高・溝口雄三・末木文美士・伊藤文生訳注、岩波文庫、1992、1994、1996）／『碧巌録の読み方』（西村恵信、大法輪閣、2010）／『『現代語訳　碧巌録』上・中・下（末木文美士編、岩波書店、2001-03）

○

『従容録』（加藤咄堂、「修養大講座」第九―十四巻、平凡社、1941-1942）／『従容録』（高崎直承校註、鴻盟社、1934）／『従容録』上・中（酒井得元脚註、曹洞宗宗務庁、1974、1981）

○

『趙州禅師語録』（鈴木大拙校閲、秋月龍珉校訂国訳、春秋社、1964）／『宏智覚禅師広録』（大正蔵）／『禅苑蒙求』（秋野孝道校訂）／『鉄笛倒吹』（風外本高）／『狂雲集全釈　上』（平野宗浄、春秋社、1976）／『頓悟要門』（平野宗浄、筑摩書房、1970）／『頓悟要門』（宇井伯寿、岩波文庫、1938）／『大慧書』（荒木見悟、筑摩書房、1969）／『日本の禅語録　六　大燈』（平野宗浄、講談社、1978）

○

『景徳伝燈録』上（佐橋法龍、春秋社、1970）／『景徳伝燈録』（新文豊出版公司）／『景徳伝燈録』（国訳一切経・史伝部十四、十五。1959、同）／『景徳伝燈録』三、四（入矢義高監修、禅文化研究所、1993、1997）／『雪峰真覚禅師年譜』（花園大学国際禅学研究所）

○

『釈氏稽古略』（小野玄妙、国訳一切経・史伝部）／『唐高僧伝記』(常盤大定、国訳一切経・史伝部)／『仏祖統記』(佐藤密雄、国訳一切経・史伝部)／『仏祖歴代通載』(大正蔵)／『聯灯会要』(大正蔵)

○

『純禅の時代』正・続(柳田聖山、禅文化研究所、1984-85)／「祖堂集」『禅語録』(柳田聖山、世界の名著 続3、中央公論社、1974)／『五灯会元』上・中・下(中国仏教典籍選刊、中華書局、1984)／『資治通鑑 巻第二百五十二』(重野・岡)／『般若心経・金剛般若経』(中村元・紀野一義、岩波、1960)

○

『道元禅師全集』(大久保道舟、春秋社、1940)／『道元禅師清規』(大久保道舟訳注、岩波書店、1941)／『道元入門』(秋月龍珉、講談社現代新書、1970)／『道元坐禅 ひとすじの沙門』(今枝愛真、日本放送出版協会、1976)／『正法眼蔵』(一)—(四)(水野弥穂子校注、岩波文庫)／『正法眼蔵』第一—第八(増谷文雄、角川書店、1973—75)／『現代語訳 正法眼蔵』(西嶋和夫、金沢文庫)／『正法眼蔵随聞記』(和辻哲郎校訂、岩波文庫、1929)／『正法眼蔵随聞記』(山崎正一、講談社学術文庫、2003)／典座教訓・赴粥飯法』(中村・石川・中村、講談社学術文庫、1991)／『正法眼蔵・行持』上・下(安良岡康作、講談社学術文庫、2002)／『道元禅師語録』(鏡島元隆、講談社学術文庫、1990)／『高僧名著禅宗 第五巻 道元禅師篇』(山本勇夫、平凡社、1930)

○

『大正新修大蔵経』(大蔵出版)／『釈氏要覧』(道誠 編)／『法苑珠林』(道世 編)／『国訳禅宗叢書』(同刊行会)／『日本の禅語録』(講談社)

○

『禅学大辞典』(禅学大辞典編纂所、大修館書店、1978)／『仏教大事典』(古田・金岡ほか、小学館、1988)『禅宗辞典』(山田孝道、光融館、1915)／『禅学辞典』(神保如天・安藤文英)／『禅学要鑑』(相沢恵海、瀬川書房、1907)／『禅語辞典』(佐橋法龍、春秋社、1978)／『禅語辞典』(入矢義高・古賀、思文閣出版)／『禅語字彙』(中川荘助、三宝出版会、1982)／『織田仏教大辞典』(織田得能、大蔵出版、1954)／『仏教学辞典』(多屋・横超・船橋、法蔵館、1955)／『仏教語大辞典』(中村 元、東京書籍、1981)／『日本仏家人名辞典』(鷲尾順敬纂、東京美術)／『中国禅宗人名索引』(鈴木哲雄編、其弘堂書店、1975)／『日本仏教語辞典』(岩本裕、平凡社、1988)／『字通』(白川 静、平凡社、1996)／『諸橋大漢和』(諸橋轍次、大修館書店)／『禅林象器箋』(無著道忠撰)／『祖庭事苑』(宋釋善卿 編)／『平凡社 大百科事典』(平凡社)／『日本禅宗史年表』(森大狂纂輯、龍吟社、1934)／『補忘記』貞享版・元禄版(白帝社)／『画題辞典』(斉藤隆三、新古画粋社、1919)／『芥子園畫譜』第四集・人物(上海書店)／『仏像図彙』『仏像図鑑 人之巻』(仏教珍籍刊行会)／『仏教入門図絵』(吉田龍英)／『仏祖

影道』(禅文化研究所)／『仏祖影道』(中華書局)

○

『中国の禅』(鎌田茂雄、講談社学術文庫、1980)／『中国地名辞典』(星 斌夫、名著出版会、1980)／『南支那の禅蹟を探る』(佐藤泰舜、古径荘)／『支那仏教史蹟』(常盤大定、金尾文淵堂)／『支那仏教史蹟踏査記』(常盤大定、同記刊行会)／『支那歴史問答』(冨山房、1894)／『中国史の風景』(山口直樹)／『愚中年譜』(佛通寺)／『雪峰年譜』(国際禅学研究所)

○

『大慧』(市川白弦、東方出版、1941)／『禅入門』(芳賀洞然、講談社、1963)／『現代人の禅』(増永霊鳳、春秋社)／『弓と禅』(オイゲン・ヘリゲル、福村出版)／『禅の道』(オイゲン・ヘリゲル、講談社学術文庫)／『禅とはなにか』(鎌田茂雄、講談社学術文庫、1979)『ブッダのことば』(中村元、岩波文庫)／『盤珪』(小林圓照、ノンブル社、2015)／『密教とは何か』(福田亮成、ノンブル社、2015)／「感興のことば—唐末五代転型期の禅宗における悟道論の探求—」(衣川賢次、『東洋文化研究所紀要　第一六六冊』)／「一山一寧禅師の禅と書法芸術」(衣川賢次)／『一山一寧　墨蹟集』(衣川賢次、2016)／『禅宗史要』(増永霊鳳、鴻盟社、1957)／『鈴木大拙選集　第二十五巻』(春秋社、1961)／『杜甫門前記』(土岐善麿、春秋社、1965)／『中国禅僧祖師伝』(丸山劫外、曹洞宗務庁、2011)／『一休　乱世に生きた禅者』(市川白弦、NHKブックス、1970)／『語録のことば　唐代の禅』(小川隆、禅文化研究所、2007)／『禅語を読む』(西村恵信、角川選書、2014)／『維摩経ノート』Ⅰ—Ⅴ(高橋尚夫、ノンブル社、2017—2019)／『元朝・中国渡航記』(今谷明、宝島社、1994)

○

『新十八史略詳解』(辛島驍・多久弘一、明治書院)／『十八史略新解』(簡野道明、明治書院、1933)／『十八史略』Ⅳ(花村豊生・丹波隼快、徳間書店、1975)／『十八史略評解』(中西 清、有精堂、1958)／『中国五千年史 地図年表』(陳 舜臣、集英社)

○

「漱石の書簡」(加藤正俊、『禅文化』第一九五号)／『夏目漱石』(古川久、佛乃世界社、1972)／「漱石と漢文学」(古川久『東京女子大学付屬比較文化研究所紀要』第八巻、1959)／『夏目漱石』(古川久、日本女子大学)／『漱石 人とその文学』(松岡譲、潮文閣、1942)／『夏目漱石』(森田草平、甲鳥書林)／『一平全集』(岡本一平、先進社)／『禅・宗教についての十五章』(辻双明、春秋社、1960)／『暗夜行路』前・後篇(志賀直哉、岩波文庫、1938)／近代日本人の肖像(写真)

○

『正法輪』(今井福山、妙心寺)／「徳山の棒・臨済の喝」『禅文化』56号ほか(柳田聖山、禅文化研究所)

*不足ある箇所については、続巻にて補いたい

※本文中の引用文について

必ずしも原文（オリジナル）と全同ではない。
なるべく原文を損なわないように、適宜改行したり、
追込みなどしたところもある。
原文に、送り仮名や読み仮名を付したところもある。
古い文献など、読みづらい箇所にはカッコ（パーレン）や、
かぎカッコ（「　」）をほどこして説明を補足したり、
あるいは圏点や傍線をほどこしたり、
送り字を補足し、語句には説明を付したところなどもある。

三世心不可得の周金剛から徳山托鉢まで

花園大学名誉教授
東大寺勧学院講師　小林圓照

本書「百六十七文字の公案」をこの「霊性文庫」に納めてはどうかという小私の提案について竹之下正俊氏から次のような言葉が返ってきた。

「禅僧でもなく学者でもない一介の自由人たる小生、人生の仕上げのような思いもあってつづってまいりました。書きたいことはあれこれと欲は出ますが、まずは一歩ずつといったところです」とあった。昨年（二〇一八）四月段階のご返事であり、ともかく「解題」を願いたいということであった。不肖、花園大学の禅学コースを出た一人であるが、昨今の中国禅学の研究動向にも疎くなっているので、入矢義高先生の流れを汲む衣川賢次先生に本書の総題目と上・下巻の原稿を点検してもらった。これにより竹之下氏は衣川先生より何らかのご指示と徳山関係の先生の著述をいただいたようである。

思えば同氏と小生とは、少し歳は離れて先輩・後輩の別はあるものの、かつては山田無文《むもん》老大師の学長時代の最盛期の花園大学仏教学科に共に学んだ者である。

久松真一先生の主体的人間学、市川白弦《いちかわはくげん》先生の批判的仏教学、柴山全慶《しばやまぜんけい》老師の禅学概論などを受講し、われわれ学生は全身の毛孔を透して、その実ある処を吸収したのである。仏教学科主任は藤吉慈海《ふじよしじかい》先生の温和にして、しかも厳しい教禅一如のご指導を仰いだ。戦後ながらもまだ参玄寮があり、白雲寮・高雄寮もでき、「臨専（臨済学院専門学校）」の雰囲気も残っていて、ともにその刺激を受けている。荻須純道《おぎすじゅんどう》先生も仏教史・禅宗史学を担当され、学監として事務局運営との行学一如を体現されていた。

月曜、早朝の全学講座の無《む》文節《もんぶし》の提唱を子守唄のように聴き、年二回の摂心《せっしん》（実践禅学）には総参・独参まであって、学生雲水ながらも妙心寺禅堂で、相応の汗を流したことでもある。そこでは当然、茶店の老婆に点心の在りかを詰問されて、金剛経の注釈ごとひっくり返った徳山の破綻も面白く聞いた。晩年の徳山托鉢のたたずまいも、柳田聖山先生にいわせば、「老徳山さんにも、認知のやまいが出ましたか？」との一句があったはずである。皆、花園という学園の揺りかごの中でしっかりと育てられたのであった。

山田無文老師
(1900- 1988)
祥福僧堂師家・花園大学名誉学長・臨済宗妙心寺派管長を歴任

今回、竹之下氏が禅学のテーマとして、徳山宣鑑禅師中心に選ばれたのは、夏目漱石や志賀直哉ら文人の影響に発するのかもしれない。出版編集の業務の傍ら、数十年に亙る研鑽、ご本人としては諸語録との奮戦苦闘した成果として集成したものであり、その功は決して些少なものではない。

同氏のご返事では、「『霊性文庫』へどうかというご提案、畏れおおいような、面映いような気もいたしますが」とヘジテイトしておられるが、遠慮は無用、「一介の自由人」こそが臨済・徳山に最も親しい存在であり、その声が求められている昨今でもある。三世心不可得ながらも一筋の変わらぬ菩提心の集約として、どうか文庫に載せて、同学の皆さんに、この徳山の『百六十七文字の公案』を披露して頂きたいと思う。

二〇一九年三月吉祥日

跋文

私事で恐縮だが、本稿をほぼ書き上げたころ、咽喉《のど》の調子が悪くなった。しわがれ声（嗄声《させい》）になってしまったのである。はじめ近くの病院の内科の診察を受けた。担当医より、耳鼻科での更なる受診をもとめられた。すると、新たに訪れた耳鼻科の専門医は、左の声帯が麻痺《まひ》しているので、もっと設備のととのった大きな病院の耳鼻科での検査をもとめられた。

はじめ風邪くらいにしかおもっていなかったので、予想外の展開に戸惑ったが、結果は、やはりというべきか、案のじょうというべきか、その左の声帯麻痺《まひ》は、とんでもない病因に由来していた。

声帯をつかさどっている神経を反回《はんかい》神経という——そのこともはじめて知った。その神経は、頭部から側頸部を通り胸郭内部にいたり、そこで反転して再びノドにかえる（反転して回《かえ》る）。そしてそこで神経ほんらいのハタラキ（発語）をつかさどるのである。

胸郭の弓部《きゅうぶ》にできた大動脈瘤がわざわいをして、ついには声帯をつかさどるという反回神経を圧して損傷をあたえ、それがため、しわがれ声（嗄声《させい》）になってしまった。発語困難におちいったのである。

反回神経とは、面白い神経だ。この神経が小生のいのちを〝すくってくれた〟のだ。〔致命傷にかかわる〕瘤《こぶ》の存在を知らしめてくれたのは、この反回神経である。嗄声のほうは、まだしも、大動脈にできた瘤《こぶ》はそれなりに大きく、開胸（開心）手術を要するという。主治医K先生の懇切な説明と励ましのおことばに力を得、諦めていた施術をあらためて決意。……七十歳を過ぎたばかりの頃のことだった（手術は九時間ちかくにおよんだ）。

こうして小生の「徳山托鉢」も小休止となった。

その後（術後）、出版先をさがしていると、「霊性文庫」を主宰なさっている小林圓照先生（花園大学名誉教授）より、文庫に入れたらどうかという、親切なお誘いを受けた。まことに有難いことだった。「霊性文庫」は、小林先生監修の個人文庫ともいうべきものだが、新鋭の著者がたはもとより、多くの学者がたのご著書がすでに文庫中にシリーズ入りしている。

小生にとっては、分にすぎたこと、おこがましいことともおもったが、そのお申出を素直におうけすることにした。そこで小林先生に「解題」をお願いしたら、これもまた、こころよくお引きうけくださった。重ねてのご高配に感謝である。

小生の「徳山托鉢」攷は、はじめは約三百頁くらいでおさめるつもりだったが、結果、上下二巻、合わせて七百ないし八百頁ほどのものとなってしまった。やはり、徳山托鉢は、素人には難関だったのである（結果的には、本書だけでも一〇〇頁ほど削除することになった）。

それを、お忙しい先生に読んでいただき、さらには解題をお願いするにことなって、じつに厚かましいこと、このうえもなかった。愚稿にお目通しいただいたばかりか、そのうえ小林先生は、斯界の精鋭、衣川《きぬがわ》賢次先生をもご紹介くださった。そのことは、小生にとっても望外の幸せであった。

衣川先生もお忙しい方で、今次の禅学界に新風を吹きこんでおられる第一人者である。岩波版の入矢義高著『求道と悦楽　中国の禅と詩』の解説で、そのご高名はかねてより聞き知っていた。

先生からは直截《ちょくせつ》なご指示は何もなかったが、抜刷《ぬきず》りやら、ご著書などをご恵送をたまわった。それらを拝見いたし、その明晰なご文章と、適切なテクストクリティークに感服するとともに、ありがたみをますます強くいだいた。ことに先生の「徳山と臨済」攷など、とても示唆にとむものがあって、もう少し早くご論著に接する機会があれば、こんかいの拙稿もいまよりかはマシなものになったろうにともおもうこと頻《しき》りだった。

さて小生の「徳山托鉢」攷は、小生自身編集者としてかつて勤めていた出版社（春秋社）で刊行された、辻雙明《つじそうめい》氏の『禅・宗教についての15章』に収録の一文「内村鑑三先生のことなど」中の、辻氏と作家の志賀直哉氏との対談

「徳山托鉢の話」をよみ、それに触発されて綴ったものである。

公案について語る資格など、もとより筆者にあろうはずはない。

平田高士老師（京都天龍寺管長）は、「徳山托鉢」の禅話についてふれ、こういっておられる。


この話の内容はきわめて理解が困難であるために、古来種々の解釈があるが、畢竟、徳山の「末後向上の一句」（禅のぎりぎり最高のところ）が中心問題となっている（平田高士『無門関』六〇—六一頁）

この話は、専門家（禅僧）ですら、透《とお》るのが難しい（難透の）公案だといわれている。確かにそのとおりだが、それだけではなかった。いろいろ思考回路があることをも、小生自身にしらしめてくれた。その意味でも、この稿をしあげたかったし、また、そうするのは有意義なことだった。もとより、半可《はんか》通《つう》（ディレッタント）たる小生のなすことである。それゆえにかえってまた、あれやこれやの試行錯誤を繰り返すことができた。

おもえばこれまでも編集という職業柄、各宗派（真言宗・浄土宗・浄土真宗・曹洞宗）の僧侶がたや、宗教学者（故宮田登氏〈筑波大学名誉教授〉や故小野泰博氏〈図書館情報大学教授〉など）や仏教者と接し触れあう機会が多かった。

なかでも、禅僧といわれる方々にお会いする機会もまた、筆者の履歴にもよろうが、多かったのも事実である。

山田無文老師（花園大学元学長、神戸祥福寺師家、妙心寺派元管長）、市川白弦師（花園大学名誉教授。「仏教者の戦争責任」の著者）、荻須純道師（花園大学名誉教授）、柳田聖山師（花園大学名誉教授、京都大学人文科学研究所元所長）、平田精耕師（天龍寺師家、同派元管長、花園大学名誉教授）、平野宗浄師（花園大学名誉教授、松島瑞巌僧堂元師家、禅文化研究所元所長）、大森曹玄老師（東京中野高歩院、花園大学元学長）など、禅の大学ならではの豪華なキャストであったし、駒沢大学の鈴木格禅老師（駒沢大学教授、駒澤大学禅研究所元所長）などがそうである。

大森曹玄老師筆
（和久隆氏蔵）

また、西村惠信師（花園大学元学長、禅文化研究所元所長）がそうだった。ことに西村師は、小生に出版社（春秋社）をご紹介くださった。

そのおり、面談・試験に先立ち、京都まで訪うてくれたのが、当時春秋社に在籍していた中村生雄氏（そののち阪大教授、学習院大学教授となった宗教学者）だった。その中村氏もいまはもう亡い（二〇一〇）。つい先頃（二〇一九）には、澤畑芳和氏（春秋社社長）も亡くなられ、当時の同僚もいまは多くが鬼籍に入ってしまったのは、なんとも寂しいかぎりである。

春秋社入社にさいしては西村師をはじめとして、山岡鉄舟ゆかりの高歩《こうほ》院《いん》（中野）の大森曹玄《そうげん》老師（直心影流師範。故人）や、浄土宗大本山光明寺《こうみょうじ》（鎌倉）のご法主《ほっす》の藤吉慈《じ》海《かい》師（故人。花園大学名誉教授）のお二人方は、かたじけなくも保証人の労をとってくださった。

またそののち人間禅教団の芳賀《はが》洞然《とうねん》老師（幸四郎、東京教育大学名誉教授。故人）とも数々お席をごいっしょし、そのつどいろいろとご指導をたまわったのもいまは懐かしい。また東京上野報恩寺の坂東《ばんどう》性純先生（故人。大谷大学・上野学園大学元教授）との語らいの日々も忘れられない。福田亮成先生（大正大学名誉教授）や遠藤祐純先生（同）をはじめ苫米地誠一先生（同）など大正大学の各宗派の先生方にも親しく接していただいた、感謝申し上げる。

私事で恐縮だが、最初に入った理系の大学に馴染めず、そこからは早々に退散するハメになった。が、それを黙って許してくれたのは、いまは亡き父正敬である。ただし、あとは自己責任で過ごせという厳命だったが、やりたかったことは存分にできたような気がしている。

最後に卒論の指導教授のおひとりだった小林圓照先生には重ねて感謝申し上げる。その先生も御歳八十五歳になられた。小林先生は、怠惰で、そのうえ術後の無気力感に襲われていた小生をいつも励ましてくださり、早く刊行するようにと、常づね叱咤激励してくださった、まことに有り難いことである。

ついでに本書のタイトル「百六十七文字の公案」について、いささかふれておきたい。

小説家の志賀直哉が辻雙明師との対談の折、「徳山托鉢」章についてふれ、「あれ非常にいい話ですね」といっているが、まさにそのことばに触発されて、その〝いい話〟を、なんとか自分なりに読んでみたいという気がおこった——これが本書を書きしるすことになった直接のきっかけである。

志賀はまた、「老廃の身」(昭和三九年)という小品のなかでも「徳山托鉢」についてふれている。

徳山托鉢といふ禅の話は私は昔から大好きな話であるが、機鋒鋭い棒使いの名人が年老いて、未だその時刻でもないのに庫裡に鉄鉢を持って飯を貰いに行き、弟子の僧の一喝に会い、黙ってそのまま引返したといふ、それだけの話だが、私は自分が年をとって、腹がへって我慢出来なくなる事が時々ある。この話も実はもっと簡単に考へていい話ではないかと思ふやうになった

この〝話〟とは、むろん『無門関』中の「徳山托鉢」章のことで、本書の主題でもある。もとより、素人なりの理解にすぎないことは充分に承知している。また『無門関』という公案そのものに直接、挑もうとしたのでもなかった。そのさい『碧巌録』『従容録』など、ほかの語録といわれるものをも援用したが、それについても同様で、まったく恣意《しい》的な理解・解釈にすぎない(本書執筆にあたっては、西村師の『無門関』に大いに助けられた)。

なんとか、志賀の〝手助け〟みたようなことをしてみたい、そんな気持ちもあったし、この公案には何かしら魅《ひ》かれるものをも感じていた。

それからは、日ごろ「徳山托鉢」の話を読んでは、その感想を、心おぼえとして〝記憶〟のノートに書きつづってきた。だれのため、というものでもなかったが、それなりの量の〝妄想《もうぞう》〟がうまれた。片《き》れぎれの断片《メモ》だったが、散逸しないようにと、それをパソコンに向かって入力した。そのまとめにかかったのは、この数年のことだった。それは、おもいのほか量《はか》があった。(本稿について、なんらの感想をつづったのは、じつのところこの数年にすぎない。このたびの病に罹るまでの一年ないし二年ほどのことであった。それはじっさい量《はか》がいった。それほど志賀直哉と辻雙明師との談に触発されるところは大きかった。)

そこで、それにタイトルをつけておこうとおもった。『無門関』「徳山托鉢」章などと呼べば、直截《ちよくせつ》すぎて、おこがましいようで、そのうえ素人には手に負えなくなってくるとおもった。

禅の公案集として知られている『無門関』中のこの「徳山托鉢」章は、文字数にすると、タイトルをいれても、わずか百六十七文字（原漢文）である。短いお経として知られる般若心経が二百七十六文字（同）であるから、「徳山托鉢」章はそれよりも百字ほど短い公案ということになる。『般若心経』よりも短い公案であることがわかったので、すかさず「百六十七文字の公案」とのタイトルを付した。

長年、編集をなりわいとしてきたので、ついつい癖がでて、そのタイトルの上に「志賀直哉の未完シナリオ」などと冠してみたいなどともおもったが、いまはそのままにしておいた。

わたくし事だが、学校を卒業して直ぐに出版社（春秋社）に就職した。そこを辞めてからは、編集プロダクションを数年いとなみ、ついで自らの出版社（ノンブル社）を起《た》ち上げて今日にいたっている。したがって残念ながら、それ以外の職に就いたことはない。考えてみると、文字どおり編集業務一筋の後半生ということになろう。

しかし出版社経営といってもまるっきりの素人だったから、よくぞここまでやってきたの感はある。それを支えてくれた連合いに感謝したい。それが今日まで続いたのは著者や読者、そしてまわりの人びとに恵まれたからでもあった。創業メンバーである伴侶の石幡弥生氏（デザイナー）にも感謝をつたえたい。またおなじように、創業メンバーとして会社を支えてくれた、いまは亡き太田純子氏（妻木松吉翁の後半生をえがいた『帝都戦慄の説教強盗』の著者）へも感謝のまことをささげたい。

志賀の世寿にはまだほど遠いが、そろそろひとつのくぎりの歳を迎える。「百六十七文字」に収まるようなすっきりとした人生がすごせたかどうかは、じつに心もとないけれども……

二〇二〇年一月吉祥日

竹俊 しるす

PS

その一

出版社を創めてから三十九年がたつという、おもえば、ながい歳月であった
ご支援くださった読者のかたがた、著者がたに御礼申しあげたい、まことにありがたいことである
感謝のおもいに充ち満ちた歳月であった
本書の上梓が、ささやかながらも、それらの方々のご恩にむくいる〝しるし〟の一端にもなればとおもう

その二

禅で「江湖」というと、揚子江と洞庭湖をさし、あわせて〝諸方〟を指すことばである。その洞庭湖《どうていこ》の北を湖北、南を湖南という。『宋高僧伝』の「唐朗州徳山院宣鑒伝」は、両地方について、こうしるす
　重湖の間に禅道大いに興ると聞き　云々
重湖《じゅうこ》とは、湖北・湖南の地のことである。湖南省常徳府武陵県には乾明寺《けんみょうじ》（古徳山禅院）があり、宣鑑禅師はそこに住していた
もっというと、湖南・湖北の地はもともと、周金剛こと徳山宣鑑が、禅僧としてうまれかわったゆかりの地でもある
さらにいえば、徳山の本師、龍潭崇信《りゅうたんそうしん》禅師（湖南省）や、潙仰《いぎょう》宗の祖師、大潙大円《だいいだいえん》（湖南省）の故地でもあった
そればかりか、かつて多くの禅僧がこの地を往《ゆ》き来《か》った、そのような土地柄でもあったろう

その三

二〇一九年も、もう終わろうとする頃、湖北省省都の武漢《ぶかん》でウイルス（Ｃｏｖｉｄ19）発生との騒動がわきおこった
そればかりか、新コロナは世界各地をせっけんし、いたるところにまん延していった
――宣鑑禅師ゆかりの地にほど遠からぬところでもあった。そして、この地はなによりも
ユートピア伝説でしられる桃源郷（平和・理想郷）の地（湖南省桃源県）近くでもあったはずなのに……
日誌の欄に罹患者数の項をもうけて、日々しるしている。
いっときも早く、その数が零になる終焉の日を願って……

竹俊　生

東西霊性文庫11
百六十七文字の公案——徳山宣鑑《とくさんせんかん》とふたりの学人《がくにん》
2020年11月28日 第1版第1刷発行

監　修　小林　圓照
著　者
発行者　竹之下正俊

発行所　株式会社ノンブル社

〒169-0051　東京都新宿区西早稲田 1-8-22-201
☎03-3203-3357　FAX 03-3203-2156
振替　00170-8-11093

ISBN978-4-86644-022-4　C0315

装丁：石幡やよい　　イラスト：Mugiko

印刷・製本　亜細亜印刷株式会社

東西霊性文庫

小林圓照
①**原人論**——人間性の真実を求めて

清水大介
②**波即海**——イェーガー虚雲の神秘思想と禅

小林圓照
③**はた織りカビールの詩魂**

花岡永子
④**キリスト教と仏教をめぐって**
——根源的いのちの現成としての「禅」

松岡由香子
⑤**仏教になぜ浄土教が生まれたか**

小林圓照
⑥**盤珪**——不生のひじり

鈴木大拙
⑦**無量光・名号**〔英文対訳〕

鈴木大拙
⑧**妙好人、浅原才市を読み解く**〔英文対訳〕

鈴木大拙
⑨**アジアの社会倫理の底流と仏教思想**〔英文対訳〕

島崎義孝
⑩**原発　瞬楽永苦**——日本社会のエートスと仏教の位相

---

⑪**百六十七文字の公案**
——徳山宣鑑とふたりの学人

続巻

わたしの「徳山托鉢」攷
——続・百六十七文字の公案

目次

1　徳山托鉢をめぐって
2　歩歩荊棘を生ず
3　徳山父子の別れ
4　資料篇　徳山宣鑑伝
5　香厳になりたかった漱石
参考文献つづき

⑪につづき、無門関「托鉢」章の考察。ことに三禅匠（大燈国師、万松老人、大覚禅師）の見解をとりあげ、この話の根底にある「悟上の衲僧が托鉢して法堂に下たは只ではあるまい」との指摘（無門関鈔）を再検証してみたい